マカオに向かうサンタ・クルス号でのザビエルの奇跡（リスボン、海洋博物館蔵）

JN230869

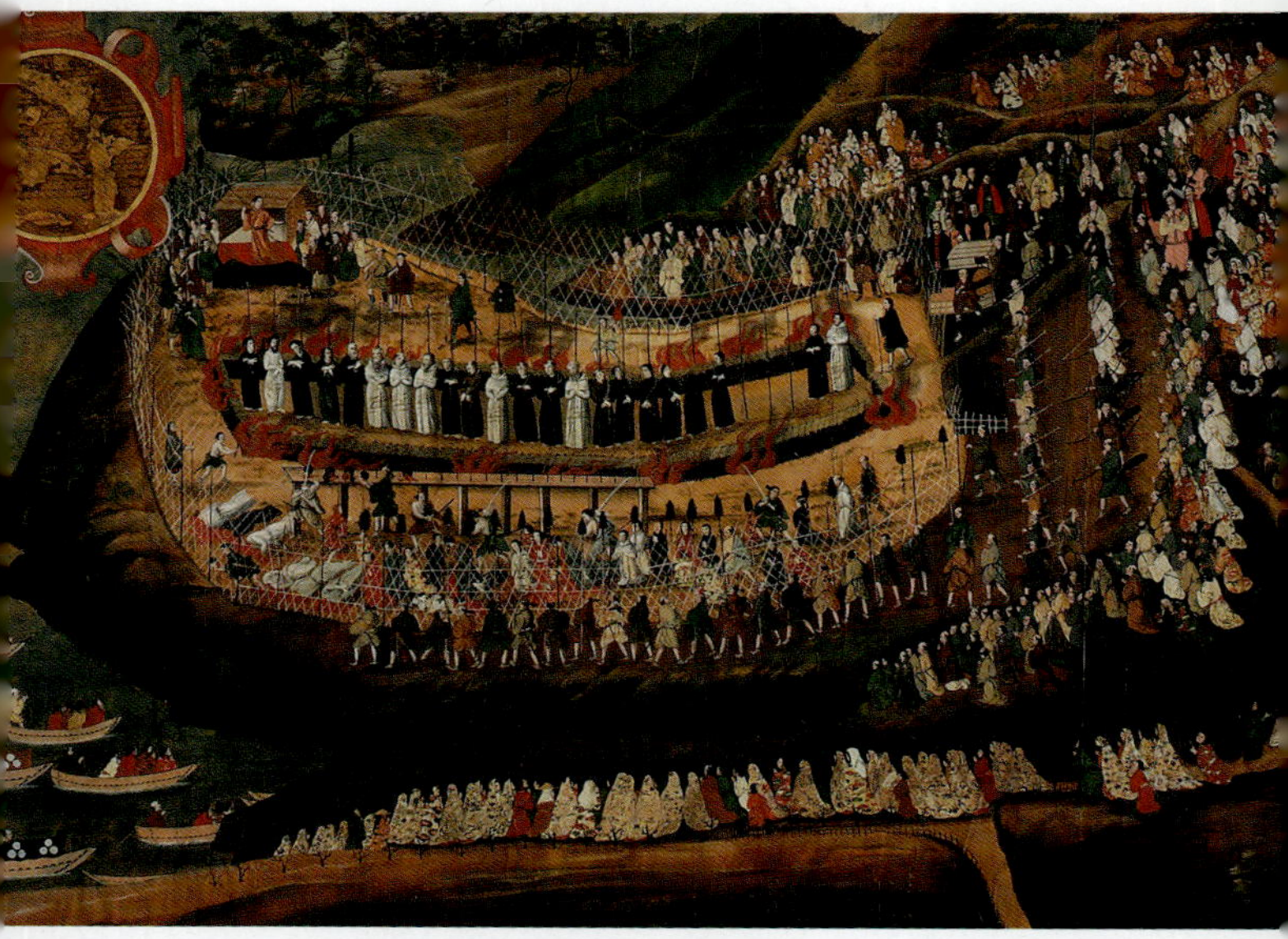

元和の大殉教　1622年９月10日、長崎で処刑されたキリスト教徒55名を描いたもの（ローマ、ジェス教会蔵）

中公新書 2516

佐藤彰一著

宣教のヨーロッパ

大航海時代のイエズス会と托鉢修道会

中央公論新社刊

はじめに

災禍の大波と民心の動揺

一四世紀と一五世紀のヨーロッパは、息つく間もなく戦争、疫病の蔓延《まんえん》の災禍に見舞われた。英仏百年戦争、ペストの大流行、度重なる飢饉《ききん》、教会大分裂、イングランドでのバラ戦争、フランスでの国王シャルル六世の発狂、オルレアン大公暗殺とこれへの報復としてのブルゴーニュ大公ジャンの暗殺、ブルゴーニュ大公シャルル（豪胆公）の敗死と大公国の政治的解体、フス戦争、オスマン帝国の迫りくる脅威。指折り数えてみても、両手の指では足りないほどの惨事と大事件が引きも切らず出来《しゅったい》した。

キリスト教世界の都市のいたるところで、人々はキリスト受難の聖史劇を見ようと、教会の前庭にしつらえられた舞台の前に殺到した。劇は数時間にもわたって原罪と贖罪《しょくざい》のドラマを繰り広げ、人々は固唾《かたず》を呑《の》んで見入った。彼らの眼前で地獄の世界が繰り広げられ、ユダが裏切り、キリストが息絶え、マリアは悲しみのあまり失神する。その情景は教会の祭壇画として、あるいは嘆きの母マリアとキリストの姿として木や大理石の素材に彫られ、教会堂の回廊を飾った。

不安が心を締めつける。突然、死の大鎌《おおがま》に刈り取られ、終油《しゅうゆ》の秘跡（病者の塗油）を受ける間もなく息絶えた者は憐《あわ》れである。一四〇七年一一月のパリで夜陰に乗じてオルレアン大公ルイを襲撃し、惨殺させたブルゴーニュ大公ジャンへの非難の言葉は、挑戦の言葉もなく、警告もせずに屠《ほふ》ってしまい、被害者の魂を無間《むげん》の闇《やみ》に浮遊する危険にさらしたことに対するものであった。「メメント・モリ Memento Mori（死を思え）」の言葉が警告するように、絶えず死を想起し、死の作法「アルス・モリエンディ Ars Moriendi」を学ぶことが流行となった。逸名作者の手になる同名の書物は、一四六五年から一五〇〇年にかけて、一〇〇版を数えるほど読まれた。デューラーの銅版画に描かれた砂時計をもつ不気味な老人の姿は、この時代の世相を映している。

Ars Moriendi の木版画

デューラー「騎士と死と悪魔」

信仰の個人化

この時代の世情を語るとき、死の不安と厭世《えんせい》主義だけを強調するのは正しい見方とは言えない。これとは正反対の動きも見て取れるのである。そのひとつは信仰の「個人化」とでも称される現象であり、もうひとつは「純粋の福音」への希求とでも表現しうる心性の広がりである。信仰における個人主義的形式は、信仰形態のなかで最も奥深い形式であることは、議論するまでもないことである。敬虔《けいけん》な魂は、形式だけの実践で満足できず、キリストの人格との内面的一体化を求めるのは自然な心の動きと言える。こうした人々の最も重要な書物は『キリストの倣《まね》び *Imitatio Christi*』であり、一四世紀ライン地方の幾つかの修道院から出た、神秘的な思潮であった。そうした動きは「新しき信心 Devotio Moderna」と表され、世俗にあっても修道院に在るがごとく、「完徳」を求める心根を育《はぐく》んだ。

書物は信仰の個人化を促すのに格好の媒体である。一五二〇年以前にラテン語の完全版聖書は一六〇版を数え、ドイツ語、フランス語、イタリア語などのいわゆる俗語による印刷は六〇版以上、加えて詩篇《しへん》、新約聖書、使徒の書簡の類《たぐい》も印刷本で数多く普及した。人々はいたるところで、自発的に小グループで寄り集まり、聖書を読み、自らの宗教体験を語り合い、祈りを捧《ささ》げた。それは既存の教会との絆《きずな》を断ち切るのではなく、形式的な儀礼的典礼では満たされない内奥の欲求に応《こた》えるためであった。聖書を通じてキリスト教の、純粋な原初状態に回帰しようとしたのである。後にプロテスタントの規範のひとつになる、聖書の無謬《むびゅう》性という観念の源流がここに見られる。

教会改革のベクトル

内面からの信仰を求める人々の批判の対象であった教会は、どのような状態にあったのであろうか。司教の発した禁令には、教会参事会員が私生児とひとつ屋根の下で暮らすことや、女子修道院での修道女の安逸な生活など、この時代の聖職者や修道士、修道女の深刻な堕落がうかがわれるが、そのこと自体は千年の歴史を経た体制にあっては、とくに目新しいことではなかった。最大の深刻な問題は聖職禄《ろく》(ベネフィキウム)の恣《し》意的な運用であった。

主に土地や様々の収益権で構成される聖職禄は、聖職者の財源であり、その収入で生活が賄われるわけだが、その額はシャルル八世の腹心であったギヨーム・ブリソネの場合、サン・マロ司教、サンス大司教、サン・ジェルマン修道院長を兼職し、莫大《ばくだい》な額にのぼった。これは極端な事例であるが、そこまでいかなくとも司教聖職禄を得ていながら、司教座には司教が不在で、司教聖職禄から少額の給金を与えて、恒常的に代理を置いて済ませるなど、小教区の司祭にいたるまでこうした便法が横行し、ミサや説教がまともに執り行われない事態が蔓延するという状況がより深刻であった。信徒たちの信仰心を受け止める存在が、教会に不在であったのである。

この状況を身をもって体現していたのは、ほかならぬ教皇アレクサンデル六世ボルジアであった。フィレンツェのドミニコ会士サヴォナローラが一四九五年に著した説教『教会の改革について』は、彼の教会改革の綱領を示しているが、そのなかで改革が必要なのは「頭から四肢にいたるまで」と、教皇から一般信徒にいたるまでの改革を訴えているのは興味深い。これに関連して自らの子供を七歳になると剃髪《ていはつ》させ、空席の聖職禄を取得するチャンスを狙《ねら》う一般信徒の姿が、病根の深さを象徴するものとして挙げられる。

沸き立つ異境への夢

一五世紀のヨーロッパ人が思い描いた世界の像は、どのような姿であったであろうか。間近にあったのは、敵対するイスラーム世界であり、キリスト教世界とイスラーム世界との間に横たわる地帯は、戦闘ゾーンであった。ヨーロッパの西に勢力を張ったムーア人は後退し、スペインのグラナダに小王国を残していたものの、往時の力を失っていた。だが東方では、オスマン朝のトルコ人が一四五三年にビザンティン帝国の首都コンスタンティノープルを攻め落とし、ギリシア、アルバニア、セルビアを征服し、ドナウ地帯に進出すべく不気味な気配を見せていた。

それでもイスラーム世界は、かつて古代ローマ帝国の一部であったか、その周縁部を勢力圏にしていたという意味では、ヨーロッパ人にとって完全な「異境」ではなかった。イスラーム圏という政治的、文化的衝立《ついたて》の向こうにある世界は、ブラック・アフリカやアジアの様々な国々の神秘的な姿が、雑然と見えかくれするだけであった。伝統的に彼らの脳裏に浮かぶそうした未知の空間は、一四世紀に書かれ、一五世紀末に印刷本として普及したマルコ・ポーロの『東方見聞録』や、ジョン・マンデヴィルの『東方旅行記』が、大成功を収めたところからうかがわれる。東方の驚異とそこからもたらされる途方もない富への夢想が、ヨーロッパ人のうちに好奇心と金銭欲を掻《か》きたてた。

航海者たちの大海原

「異境」に到達する夢を叶《かな》え、その地とヨーロッパを恒常的に往還する方策を見つける役割を担ったのは冒険的航海者たちであった。彼らはアリストテレス以来の伝統と理論的推測から、地球は球形であると確信していた。紀元後二世紀のアレクサンドリアの天文学者クラウディオス・プトレマイオスは、著作で自分より少し前の時代の「テュロスの水夫」という名前で知られている人物が、ヨーロッパとアジアを合わせた広がりが、地球の経度にして二二五度の広がりをもつと考えていたことを紹介しているが、プトレマイオス自身は一八〇度（実際は東西約一三〇度）であると考えている。

ところが一四世紀後半の大学者で枢機卿《すうききょう》でもあったピエール・ダイイは、ある種の百科事典でもあった『世界像 *Imago Mundi*』において、古い二二五度説を唱え、それが権威となって定着してしまった。一四九二年のクリストフォロ・コロンボ（コロンブス）の悲劇は、ダイイの説を疑わなかったことである。むろんコロンブスは太平洋の存在を知らず、丸い地球を西に向かって航行することで、東方の中国（カタイ）とジパング（日本）に到達するためには、経度にして一三五度の「大洋（大西洋）」を横断すればよいと考えたのだった。

キャラベル船（中央）

帆船と航海技術の発展

ポルトガル人航海者たちは、王室の指導のもとに、より体系的に未知の海域に乗り出す準備を行った。航海王子の異名をとったエンリケ王子は、自らが総長を務めた主キリスト騎士修道会の拠点があるサグレス岬と指呼の間にあるサン・ヴィセンテ岬に冒険航海者と学者を集め、大洋を航海する船舶の設計に取り掛かった。その結果生まれたのがキャラベル船と呼ばれる三本マストの操作性の高い帆船であった。前檣《ぜんしょう》（フォアマスト）と大檣《たいしょう》（メインマスト）は順風を受けて帆走するための四角帆を張り、後檣《こうしょう》（ミズンマスト）には逆風用の三角帆（ラテンセイル）を使って航海するという優れた機動性を具《そな》えていた。また大洋を航海する船にとって大敵の高波にも耐えられるように、船首楼が大幅に嵩上《かさあ》げされた。航海技術の面でも革新が見られた。北半球の洋上を航海する場合、緯度の測定は北極星を利用できたが、赤道以南では北極星を目視できない。この問題を解決したのはエンリケの数学委員会であった。方法はまったく経験的なやり方であるが、毎日の太陽の子午線正中高度を観測して記録した赤緯表と、洋上地点の天中の高度とを照合して、緯度を割り出す方法である。北緯三〇度付近のマディラ諸島から、ひたすら西進したコロンブスにとって、南半球の航海知識はさほど必要ではなかったが、リスボンから大西洋を南下し、赤道を越えて喜望峰《きぼうほう》を回り、インドへの直接航路、すなわち「南海路」を開こうとしたポルトガルの航海者たちにとっては大事な知見であった。

インド航路の開拓

ポルトガルのエンリケ王子の臣下ヌーノ・トリスタンがアフリカ西海岸沿いに南下し、セネガル川の河口を発見し、ブラック・アフリカ世界と最初の直接的接触をしたのは、一四四四年のことであった。それから長い年月をかけてアフリカ西海岸の海流や風向の研究が行われ、同じくポルトガル人バルトロメウ・ディアスが一四八八年五月に、ようやくアフリカ南端とも言える喜望峰に到達し、一二月にリスボンに帰港した。

ディアスの事業を引き継いだのが、主キリスト騎士修道会の一員であったヴァスコ・ダ・ガマであった。彼は一四九七年七月八日に、新造のキャラベル船二隻を含む四隻の船団でリスボン港を出発し、アフリカ南西海岸の寄港地を経由し、ここからまず偏東風を利用し、ついで南大西洋で船を西から東に運ぶ海流と風向を利用した。一一月二二日に喜望峰を回り、アフリカ東海岸に沿って、南下する海流と闘いながら北上し、モザンビークに到達し、ここでアラブ人が率いる四隻のダウ船と遭遇した。これらは金、銀、真珠、香辛料を舶載し、インドからの帰途にあった。ガマ一行は土地の首長たちとの紛争の可能性を懸念し、少し離れたケニアのマリンディに入港し、モンスーンに乗ってインドまで航行するための水先案内人を雇った。ガマの船団は一四九八年五月二三日、インド西海岸のカリカットに入港した。復路もまた同じような航海技術上の障害が立ちはだかったが、約三ヶ月後にカリカットを出港して帰国の途についた二隻は、約一年の期間を要して、翌年の七月一〇日に艦隊のうちの一隻がリスボン港に入った。ヴァスコ・ダ・ガマ自身の船は、彼の兄が途中病死したこともありアゾレス諸島のテルセイラ島に逗留《とうりゅう》したため、帰着したのは八月末であった。

このようにして、ポルトガル人の執念がここに実った。インドへの直接航路、香辛料のルートが開かれたのである。

キリスト教の東漸と西進

キリスト教会の首座であった教皇庁は、時代の展開のなかで常にその教線の拡大を目指した。七世紀のはじめグレゴリウス一世は旧ローマ帝国世界を越えての宣教を命じ、西暦一〇〇〇年の教皇であったシルヴェストル二世は、東ヨーロッパの宣教を主導した。一三世紀半ば以後は、主にフランチェスコ会とドミニコ会の二大托鉢《たくはつ》修道会が、その主たる担い手となった。シトー会やプレモントレ会は、一三世紀の初頭から、宣教の現場から徐々に姿を消していった。

イスラーム世界の彼方《かなた》にある東方の国々への宣教の関心は、一一二二年に教皇カリクストゥス二世が「インド」司教なる人物を引見したことに始まる。ここで「インド」司教とされている者は、エチオピアからインド洋沿いに、インド北部までを統括する存在と表された。それはやがてラテン世界で、プレスター・ジョンの伝説へと発展してゆく。ペルシアの向こうにキリスト教を奉ずる王たちが存在する、あるいはキリスト教の宣教を待ち焦がれている支配者が存在するという言説が流布した。マルコ・ポーロは著作のなかで、中国の大汗《たいかん》はキリスト教に改宗し、トルコ人の背後を衝《つ》くべく、宣教団の到来を心待ちにしていると述べた。また十字軍の思想に大きくコミットしていたコロンブスは、フィレンツェの天文学者トスカネッリから送られてきた手紙に、中国の君主がキリスト教の布教を強く望んでいると書かれていたことで、同じように彼が生涯にわたり、カタイとジパングに最短で行ける西方航路を開拓することに固執した理由であると考える歴史家もいる。黄金と香辛料貿易がもたらす富への欲望だけではなかったのである。

「新大陸」では、メキシコの宣教がもっぱら三つの托鉢修道会、すなわちドミニコ会、フランチェスコ会、アウグスティノ会が、地理的に区切って分担する形で展開した。フランチェスコ会が高地南部やサカテカス、ドゥランゴ、トピアなどの銀鉱山地帯、ドミニコ会は南部とメキシコ・シティ周辺、アウグスティノ会が北東部である。

教皇パウルス三世の教皇勅書『戦う教会の統率に』（一五四〇年）によって新たに誕生したイエズス会（Societas Jesu）が、アメリカ大陸への布教を開始したのは一五四九年からであり、主にペルーが舞台であった。やがてメキシコでも布教活動を始めるが、その姿は目覚ましいものがあり、メキシコの経済発展に大きな役割を果たすことになる。だがイエズス会の宣教活動が重要な歴史的トピックをなすのは、むしろ中国と日本などの東アジアでの活動であった。

目次

はじめに　i
災禍の大波と民心の動揺　信仰の個人化　教会改革のベクトル　沸き立つ異境への夢　航海者たちの大海原　帆船と航海技術の発展　インド航路の開拓　キリスト教の東漸と西進

第一章　燃えさかる宗教改革の火の手　1
1　魂の軌跡——マルティン・ルター　1
内面のドラマ　九五箇条の提題　反乱するルター　ヴォルムス帝国議会
2　改革に揺れるドイツ　8
フォン・フッテンとドイツ騎士の反乱　都市と上層市民の心性　ツヴィングリと南西諸都市　トマス・ミュンツァーと農民反乱　プロテスタントの誕生とシュマールカルデン同盟

3　ジャン・カルヴァンと『キリスト教綱要』　17
フランスでの反響　モーの改革　フランソワ一世の姿勢　カルヴァンの思想と軌跡
4　イギリス国教会への道　24
ヘンリー八世の離婚問題　エドワード六世治下における改革の進展　「血塗れ」のメアリー　エリザベス一世の妥協

第二章　カトリック改革とトレント公会議

33
1　福音への純粋な探求と人文主義（ユマニスム）　33
カトリック改革か対抗宗教改革か　先駆者ロレンツォ・ヴァッラ　人文主義とペラギウス的側面　教皇ハドリアヌス六世が存命であったなら……　一五二七年のローマ劫掠　改革聖職者の生きたイメージとしてのギベルティ　教皇パウルス三世の決断　新枢機卿と教皇　カトリック改革の新興勢力　公会議に向けて
2　トレント公会議　49

会議の推移　覚醒の兆候　原罪と義化問題　秘跡は神の制度である
聖餐の秘跡　司牧活動と聖職ヒエラルキー　規律化の進展

第三章　イエズス会の誕生と成長 ―― 61

1　イグナティウスと最初の同伴者たち　61
「七人のスペインの悪魔」　イグナティウスの回心　マンレーサでの洞窟
修行と聖地への巡礼　アルカラからパリへ　勉学の成果　イエズス
会の誕生

2　『霊操』とは何か　71
霊操実践の仕組み　罪についての観想　キリストの生涯についての観想
イエズス会のイメージ形成　イグナティウスの死

3　イエズス会の勢力拡大　77
急速な膨張　「諸君のインドはここだ！」　教育の重視　イエズス会
学校の教育カリキュラム　イエズス会の危機

第四章　托鉢修道会の動き――フランチェスコ会とドミニコ会――85

1　「遠いオリエント」への宣教――発端としてのモンゴル帝国　85
モンゴル帝国との出会い　「モンゴル人の十字軍」か

2　モンテコルヴィーノと中国宣教　90
教皇庁の二つの目論見　モンテコルヴィーノの北京までの旅程　オロン・スムでのカトリック宣教　モンゴル帝国の大司教管区　教皇クレメンス五世の底意　モンテコルヴィーノの死とその後

3　中世後期における宣教活動の停滞　99
モンゴル帝国キリスト教化の挫折　東西教会統一の失敗　ペスト禍の影響　不足する宣教活動の担い手

第五章　イエズス会のアジア進出――105

1　ポルトガル帝国の出現――重商主義とメシア信仰　105
大西洋交易への専心　王権による重商主義政策の推進　マヌエル一世とメシア思想の影

2　ポルトガルのインド支配とイエズス会　112
インド西海岸の交易体制　ポルトガル人の武力征服と極東進出　ゴアとザビエル　カーストの宣教　聖トマス伝説
3　中国と東南アジアへの宣教　122
中国宣教の先駆者マテオ・リッチ　清朝での展開　アレクザンドル・ド・ロードのベトナム宣教

第六章　新大陸のキリスト教化

129
1　冒険航海者たちの「新大陸」　129
コロンブスの確信　十字軍精神のコロンブス　北アメリカと南アメリカの探索　マゼランと世界周航
2　新大陸の諸勢力とスペイン人による征服　138
新世界の人々　マヤ文明と科学精神　征服者アステカ帝国　コルテスによるメキシコ征服　アンデス高原のインカ帝国　ピサロのペルー征服

3　宣教活動の展開　149
カリブ海域の様相　メキシコにおける修道会の棲み分け　パナマの南
ポルトガルの新大陸　北アメリカとカナダの植民者

第七章　イエズス会の日本宣教――161

1　ザビエル日本へ　161
インド以西における日本認識　ポルトガル人の訪問　ザビエル、アンジロウに会う　日本への渡航と初期の活動　宣教戦略の練り直し
2　豊後、京、大村の宣教　171
豊後の教訓　長崎と五島・天草諸島の宣教
3　一五八〇年代の躍進　177
「順応政策」　宣教「カタログ」が語るもの
4　徳川幕府の禁教令へ　182
関ヶ原の戦いとその帰結　大村喜前の棄教　禁教令の布告

第八章　日本宣教の構造 189

1　イエズス会宣教活動の財源 189
極東の貿易空間　宣教活動とポルトガル人の貿易活動　財政的苦境
イエズス会独自の貿易活動　貿易活動への異論

2　宣教領域の組織化 198
司教管区の創設をめぐる議論　長崎が最初の司教座となる　宣教空間の
新たな線引き

3　托鉢修道会の日本宣教 204
イエズス会による独占の終焉　マニラにおけるフランチェスコ会の動向
イエズス会とフランチェスコ会の対立　フランチェスコ会の日本復帰
ドミニコ会と薩摩　非力なアウグスティノ会

第九章　キリスト教の世界化 213

1　あるインディオの世界認識 213
アンリ四世の暗殺　チマルパインの経歴　日本から来たサムライたち

日本のキリスト教化への期待　チマルパインの世界

2　キリスト教による世界化の拠点——新大陸　222

ラテン語のグローバル化　アリストテレス主義と思考のグローバル化

スコラ学の革新　「約束の地」メキシコ

おわりに　230

あとがき　233

参考文献　241

事項索引　254

人名索引　262

第一章　燃えさかる宗教改革の火の手

1　魂の軌跡——マルティン・ルター

内面のドラマ

宗教改革の点火者であったマルティン・ルターは、一四八三年頃にハルツ山にほど近いアイスレーベンに、鉱山経営者となった元農民の長男として生まれた。学業に秀でたルターは、父親からマクデブルクの司教座学校、アイゼナハの学校、そしてエアフルト大学（テューリンゲン）へと送られ、一五〇二年に学芸の学士、一五〇五年には哲学教師の資格を得た。この年二二歳のルターは、エアフルトのアウグスティノ会の門を叩《たた》き、修道誓願を果たした。修道士になった彼は、敬虔で禁欲的、そして従順であり、優れた修道士の手本のような存在であった。

この間司祭に叙任され、一五一〇年にはエルベ川沿いの都市にあるヴィッテンベルク大学の講師に任ぜられ、神学の博士号を取得した。こうした、はた目には順調で申し分ない経歴を歩んでいながら、彼は久しく煩悶《はんもん》のうちにあった。断食や徹夜勤行《ごんぎょう》、使徒的な営みが、神の聖性のもとでどれだけの価値をもちうるのか。神の聖性に引き比べたときの、修道生活の「不完全さ」に圧倒されたルターは、聖パウロの言葉「福音には神の義が啓示されている」（『ローマの信徒への手紙』一章17）に囚《とら》われていた。これはいかなる意味なのか。イエス・キリストその人が恐ろしい審判を告げるためだけに、人々の前に姿を現すのであろうか。

図1—1　ブドウ園で働くルター（クラナハ子作）

図1—2　ルター（クラナハ父作）

煩悶と模索のなかで迎えた一五一三年のある冬の夜、聖パウロのあの言葉「福音には神の義が啓示されている」に続く、「それは、はじめから終わりまで信仰を通して実現される」という言葉に思い当たる。こうして彼は「神の義」（裁き）が恐ろしい法廷のことではなく、「神が与え、信仰をもつならばそれを通じて生きる義のことである」と理解するようになる。修道士として長年の間、あらゆる肉の欲望と精神の誘惑との戦いを続け、禁欲修行を実践してきた果てに、それが虚栄であったことを、突然に思いいたるのである。信仰、ただ信仰によってのみ、人は神の裁きに、自らの責を負うことができるのであり、それを助けるのが償い人イエスである。「罪を贖《あがな》う人たれ、より一層贖い、より一層信ぜよ、さすれば汝《なんじ》はキリストの喜びのうちにある Esto peccator et pecca fortiter sed fortius fide et gaude in Christo」。

彼の心は平静となり、神への全き信頼のうちに、再び聖書の研究にのめり込んだ。一五一五年から、ルターはパウロの『ローマの信徒への手紙』を大学で講義した。多数の学生が聴講に押しかけた。彼はこの講義のなかで初めて、後に新教の柱のひとつとなる教説「信仰による正当化」を、その思想と教義の深奥から語りかけた。プロテスタンティズムの三つの主要原理、すなわち、聖職者だけでなくすべてのキリスト教徒が司祭の役割を果たす権利をもつとする万人司祭制、教皇の無謬性に代えての聖書の無謬性、何よりも信仰を有することが重要であるとする信仰による正当化の三原理である。

九五箇条の提題

一五一四年にブランデンブルク選帝侯の一門に生まれたアルブレヒトが、裏取引でマインツ大司教座をも取得するという噂《うわさ》が流れていた。アルブレヒトはすでにマクデブルク大司教のポストを得ていた。冒頭に述べたように、複数の教会の顕職を兼ねるのは、この時代にあっては珍しいことではなかった。アルブレヒトは司教たちの抵抗を和らげるために、自分がマインツ大司教に選ばれても、ローマ教皇庁に納める大司教用マント（パリウム）分担金を司教座に求めることをしないと約束した。彼はアウクスブルクのフッガー家に、その代金二万四〇〇〇ドゥカートを用立ててもらったのである。そして教皇レオ一〇世に贖宥状《しょくゆうじょう》の発行を認めてもらう。その収益の半分は教皇庁のサン・ピエトロ大聖堂の建設費、半分をフッガーへの借財返済に充てる腹づもりであった。贖宥状のための説教と祈りを担当したのがドミニコ会士テッツェルであった。彼は巧みな弁舌で、信徒の懐具合に応じて、贖宥の内容を限定しながら、あらゆる段階の贖宥状を「販売」した。

こうしたことはルターの耳にも入ってきた。彼が最も許容しえないと感じたのは、喜捨や特別の祈禱《きとう》が、天国に入る保証になるという、キリスト教徒の妄信と誤った思想である。テッツェルはザクセン地方には入らなかった。それはルターを恐れたためではなく、むしろ大公フリードリヒ三世を慮《おもんぱか》ってのことであった。

フリードリヒは聖遺物の蒐集家《しゅうしゅうか》として知られ、総計一万七四四三点の聖遺物をワルトブルク城の中に所有し、これを諸聖人の祝日に公開し、なにがしかの喜捨によって、一二万七七九九日（約三五〇年分！）の贖宥が得られるとされていたから、テッェルはこれと軋轢《あつれき》を起こしたくないという気持ちが働いたのであろう。

ルターは一五一七年一〇月三一日に新マインツ大司教宛《あて》に書簡をしたため、こうしたやり方を止《や》めさせるよう嘆願した。この書簡に、彼は神学者たちに依頼して検討させるべき、贖宥についての九五項目の提題を折り込んだ。そうしたテーゼのなかには次のようなものがある。

「我らが主イエス・キリストは次のように言われる。贖罪を行いなさい。それは信徒の一生が贖罪であることを望まれた言葉である（第一提題）」。また次のようなものもあった。「もし教皇聖下が贖宥状説教者による搾取を知られたなら、教皇は聖ペテロの伽藍《がらん》が灰になったままの姿を見るほうが、子羊たちの皮と肉と骨で再建されたことを知るよりも好まれることを、キリスト教徒に知らしむべきである（第五〇提題）」。

アルブレヒトからの回答はなく、そこでルターはこれらの提題の写しをテッェルと教皇庁の神学者に送ったが、彼らはそれらを否定した。そこでルターの友人と学生たちは、これを印刷業者に託した。こうして、一五一八年にはドイツ全土がルターの主張を知ることになる。

反乱するルター

もし印刷術がなかったならば、ルターの主張はこれほどまでの急速な拡散を見なかったかもしれない。修道士ルターは内面の確信を得て満足していたのだから、教会の改革にまでいたらなかった可能性は否定できない。だが九五提題が広く知れ渡った今となっては、修道院の中に留《とど》まってはいられなかった。いたるところから、キリスト教がより福音的な宗教たることを望む人々が、馳《は》せ参じた。アルブレヒト・デューラーのように、ドイツがローマの庇護《ひご》から脱することを望んだ者もいたし、騎士にして思想家ウルリヒ・フォン・フッテンのように、教皇の財政主義に嫌気がさした世俗の権力者も少なくなかった。ルターの初発の動機が宗教的なものであったのは確かであるが、それ以外の教会に関する社会的、経済的、政治的原因がすべて、ドイツの宗教改革へと収斂《しゅうれん》してゆく客観的状況が作られつつあったのである。

ルターの主張はケルン大学やフランドルのルーヴァン大学で断罪された。教皇庁は一五二〇年に、教皇勅書『主よ急ぎ語り給《たま》え *Exsurge Domine*』を発して、ルターを異端的教説の持ち主として断罪し、主張を取り消すよう迫った。彼は教皇特使が、ケルンで自分の著作を焚書《ふんしょ》にしたことを知ると、一五二〇年一二月一〇日に、ヴィッテンベルクの広場で先の教皇勅書と、教会の法的概念を象徴する教会法の書物を何冊も火に投じた。その数日後、教皇はルターを破門に処した。

こうしてルターは退路を断たれてしまった。というより勅書を火に焼《く》べた段階で自ら退路を断ったと言ってもよいであろう。信仰する者の内面や救済の問題を論じた『キリスト教徒の自由について』や『教皇のバビロン捕囚』を著し、ローマ教会が実践する秘跡を批判した。彼は洗礼と、聖餐《せいさん》の秘跡のうちパンと葡萄酒《ぶどうしゅ》の聖体拝領以外の典礼を斥《しりぞ》けた。ドイツ語で「ドイツ国のキリスト教徒貴族への呼びかけ」を書き、教皇の権威と聖職者組織を否定し、すべてのキリスト教徒が聖書を解釈する権利を求め、公会議の開催を要求した。

公会議は開催されず、その代わりに新たに神聖ローマ皇帝となったカール五世は、一五二一年の春、ヴォルムスに帝国議会を召集した。その日程には宗教問題が取り上げられるはずで、ルターも召集された。

ヴォルムス帝国議会

帝国議会に彼が姿を現したのは四月一七日であった。彼は皇帝から自説の撤回をあらためて求められた。これに対して、彼はよく考えてみると回答し、皇帝は翌日までの時間的猶予を与えた。この期に及んでの煩悶の一夜が明けると、ルターは自らの弱さを責め、祈り、自説への確信をさらに強固にした。彼は持論を縷々《るる》長々と述べたあとで、次のように締めくくった。

「もし私が聖書の典拠と、決定的な理性によって説得されないならば、私は撤回するつもりはない。私は教皇の無謬性も、公会議の無謬性も信じないからである。彼らがしばしば誤りを犯し、矛盾をきたすのは明らかなことである。私は自分が引用する聖書の議論で打ち負かされるとしても、私の良心は神の言葉からは離れるつもりはない。私は何ものも撤回できないし、そのつもりもない。なぜなら自らの良心に反して行動するのは危険であり、そのようにする権利もない。神が私をお救い下さるように。アーメン」。

かくして五月になると、ルターを帝国から追放するようにとの勅令が出された。何びとも彼を受け入れてはならないとされた。だがこれと表裏の論理としてあったのは、彼を捕らえ、帝国の法廷で裁くことは推奨すべきこととするものであった。だが今やルターには強力な支援者がいた。それはザクセン大公の、かのフリードリヒ三世である。ヴォルムスからの帰途、フリードリヒ麾下《きか》の騎士団はルターを誘拐に見せかけ拉致《らち》し、ワルトブルク城に連れ去った。彼はこの城に一年間隠棲《いんせい》し、聖書のドイツ語訳に取り組んだ。友人たちは、たとえばデューラーのようにルターはもうこの世にはいないと信じた者たちもいた。

2 改革に揺れるドイツ

フォン・フッテンとドイツ騎士の反乱

一五二二年にフランツ・フォン・ジッキンゲンが主導した、殁落《ぼつらく》小貴族の行動は、ルターの思惑の先を行っていた。帝国をローマの軛《くびき》から解放し、全土に「真の信仰」を広めることを彼らは目指した。フォン・ジッキンゲンが、個人的に軋轢があったこともあって、最初の攻撃は選帝侯トリーア大司教の土地で戦いの火蓋《ひぶた》が切られた。しかし戦況ははかばかしくなく、数週間後には撤退を余儀なくされている。そもそもルターは、これら反乱騎士たちに心を寄せるどころか、騎士たちに従順を説き、反乱に合流する潜在的な勢力に冷や水を浴びせた。トリーア大司教は、ファルツ選帝侯フィリップ・フォン・ヘッセンの支援を受けて、ラントシュトゥール（パラティナ地方）にあるフォン・ジッキンゲンの城を包囲した。結局フランツ・フォン・ジッキンゲンは一五二三年五月に、戦いでの負傷がもとで死歿《しぼつ》した。フォン・ジッキンゲンと連携していたウルリヒ・フォン・フッテンもまた形勢が危うくなり、アルザス地方の都市シュレットシュタットに逃れ、ついでバーゼル、ミュルーズと逃亡を続け、この年の八月にチューリヒで歿した。

小貴族の反乱の鎮圧に結束してあたった君侯たちは、再度の反乱を阻止するために、とくにフランケン地方で二三の城塞《じょうさい》を破却した。

反乱を起こした小貴族たちは、むろん反乱を起こすにあたって政治的、社会的動機が皆無ではなかったが、主要な動機は宗教的なものであった。フランツ・フォン・ジッキンゲンは、後にバーゼルの聖堂司祭となる人文主義者ヨハンネス・エコランパディウスやギリシア学者でルターの盟友メランヒトン、ドミニコ会士で、イングランドに渡り、ケンブリッジ大学で神学教授となり、イングランドの宗教改革に影響を与えたマルティン・ブーツァーなどを庇護していた。フォン・フッテンが作った諷刺《ふうし》詩は、極めて独特なルター思想の解釈であった。だがこうしたすべてが、一五二二年と二三年における、ドイツでの宗教改革の誕生と定着の潜在的要素であった。

都市と上層市民の心性

ヴォルムス帝国議会の翌日から、ドイツが宗教問題に揺れたことは、先に述べた一五二二年から翌年にかけての小貴族の反乱にも表れている。それとほぼ並行して、各地の都市も大きな動きを見せた。まず一五二一年に早々と都市コンスタンツが、ルターを断罪したヴォルムス勅令を拒否した。これに続く数年間はコンスタンツを見習うようにしてシュヴァーベンの諸都市が勅令を拒否した。二四年にはルターの教説を支持する大都市ニュルンベルク、エアフルト、マクデブルク、ブレーメン、ブレスラウ等々が続いた。これらその大部分が自由都市であったところでは、あたかも独立の小国家のように行動し、統治することに慣れており、開明的な上層市民が代表する都市当局が態度決定を行ったのである。彼らはルターの教説のなかの「ローマとの断絶！」のうちに、国民的独立の叫びを聞き、人によっては宗教生活を自律的に営むために、司教の権威から脱して、聖書に基づいて誤りを糺《ただ》し、敬虔な心根を養うことを目指そうとした。また都市が経営主体となっている学校や病院の負担を、教会財産を充当して軽減しようという思惑も無視できない。

このように、ある面ドイツ諸都市の宗教改革は、聖職者の覇権に対する俗人の側からする反抗という側面があったことは否定できない。

ツヴィングリと南西諸都市

その傾向は、ライン川上流のスイスやアルザスに入るとより鮮明になる。この地での改革の導入は、ルターにとっていかなるリスクももたらさなかった。それはウルリヒ・ツヴィングリという名前の司祭が、別に改革の旗を掲げていたからである。

ツヴィングリは一五一八年暮れにチューリヒの聖堂司祭に任じられたが、翌年から教義の面でも、典礼祭祀《さいし》の面でもルターよりも遥《はる》かにラジカルな改革を構想していた。ツヴィングリは当然のことながら、ルターの動向には注目していて、彼の著作をバーゼルから取り寄せて、読んでいた。彼の蔵書には、二六点のルターの著作が含まれていたことが知られている。だが彼には、ルターの思想は当時の「論壇」の大家エラスムスの思想の延長・発展形でしかないと感じられた。確かにルターはエラスムスの賛美者で、自らの改革運動にこのロッテルダムの賢人からの賛同を得たいと望んだが、神による救済よりも、内面の意志による「救済」を重視するペラギウス的思想の持ち主であったこの賢人は、ルターに賛同しなかった。

ツヴィングリによるチューリヒでの改革は、ベルン、バーゼルへと波及し、ストラスブールへと飛び火する形勢にあった。この都市では司教が継続的に不在であり、聖職者は強欲で評判が芳しくなかった。一五一八年にこの都市でルターの四冊の著作が印刷・出版され、二〇年には一七冊が出版された。そして一五二一年には、市内にあるザンクト・ラウレンティウス教会の司祭で、聴罪司祭でもあったマテウス・ツェルが、ルター的改革思想の原点とも言うべき

『ローマの信徒への手紙』についての説教を行った。こうして改革のための火が点《とも》され、ツェルの周辺には、有能な聖職身分の賛同者の集団が形成された。シュレットシュタット出身のドミニコ会士で、先に挙げたマルティン・ブーツァーがそのひとりとなり、これに傑出したユマニストで「キャピトン Capiton」を通称にしていたヴォルフガンク・ケフェルが加わった。都市ストラスブールを統治した上層市民たちは、進んで彼らの教えに耳を傾け、その思想に同調した。この都市では都市参事会が、改革思想に基づいて修正された典礼の採用を決定した。

こうして一五二四年に「ドイツ式ミサ」なるものが始まったが、それは旧来のカトリック典礼を大幅に保持した内容であった。しかし次第にこのなかから、聖別されたパンを司祭が高く掲げる「聖体奉挙」や、装飾や図像装置が取り払われるようになる。そして一五二九年には、カトリック式ミサは全面的に禁止された。

トマス・ミュンツァーと農民反乱

ミュンツァーはテューリンゲンの出身で、ライプツィヒとフランクフルトの大学で神学を学び、一五一九年にルターの弟子となった人物である。ルターが一五二二年にヴィッテンベルクから追放されたとき、ミュンツァーも同じように追放された。そしてザクセン地方にあるツヴィッカウの司祭となった。彼は聖書の研究を通してではなく、文字通りの神の啓示を経験し、救いは直接神の声を心の中に聞くことで達成されるという「聖霊原理」を唱えた。

神の教えは魂のなかで働く神の意向の作動であり、それは一種の漸次的神格化としての救済を実現するのである。「神の声を聴きうるものは、この世のあらゆる欲望を離脱し、徹底した自己変革を達成できたものだけである」（森田安一《もりたやすかず》）。それをなしうるのは、貧しく社会的に抑圧された者であり、彼らこそが「神に選ばれた」エリートなのである。ここに見て取れるのは、「革命の神学」であり、世界の終わりは近づいており、それに備えなければならないとする終末論的希求である。詳しく述べることはしないが、そうした思想を極端に先鋭化したのが再洗礼派と呼ばれた一派で、その運動は南ドイツから低地諸地方に広まった。そしてヴェストファーレンの司教座都市ミュンスターを拠点にして、所有財産制を廃止し、再度の洗礼を強制し、旧約聖書にならい一夫多妻制を実践するという、「千年王国」的な極端な神権体制を敷いたが、一五三五年に徹底的に抹殺された。

こうした「預言者」たちは、混乱の種を撒《ま》くだけであると考えたルターは、蟄居《ちっきょ》していたワルトブルク城を出て、天啓を得たと称する者を排除するために、説教を続け、聖書と既存の体制への服従を求めた。こうした風潮のなかで、中世末期から慢性的に勃発《ぼっぱつ》していた農民の反乱が一五二五年に再燃した。そしてそれはシュヴァルツヴァルト、シュヴァーベン、南ドイツ、アルザス、オーストリア、テューリンゲン、ザクセンへと燎原《りょうげん》の火のように燃え広がった。シュヴァーベンの農民たちが振りかざした綱領「十二箇条」には、農奴制と賦役の撤廃と並んで、すべての者への狩猟権の承認、十分の一税の廃止もしくはこれを救貧に充当すべしといった要求が記されていた。教会は略奪され、城には火が放たれ、領主層は殺害された。ルターは沈黙を守ることはできなかった。彼は「シュヴァーベン農民の十二箇条にたいする平和勧告」と題する一文を草して、農民には服従を、貴族には抑制を呼びかけた。だがそれも効果をもたらさなかった。そこでルターは一五二五年五月に「農民の殺人・強盗団について」というおぞましい題名のパンフレットを書き、「慈悲の時は終わった。今や剣と怒りの時である」として、血の弾圧を呼びかけたのであった。この後、間もなくミュンツァーの軍隊はテューリンゲンのフランケンハウゼンで敗北し、ミュンツァーは捕らえられ、この月の終わりに斬《ざん》首《しゅ》された。こうして、犠牲者の数が一〇万人に達したとされている、血なまぐさい農民反乱も終わりを告げた。

プロテスタントの誕生とシュマールカルデン同盟

宗教改革の発信元とも言えるルターにとって、いわば自らの言説が人質に取られ、「改革」の美名のもとに、野放図な思想が跳梁跋扈《ちょうりょうばっこ》することは堪えがたいことであった。「恐ろしいことは、彼らが自分たちの犯罪を、福音のマントで覆い隠していることである」とルターは書く。彼には躊躇《ちゅうちょ》は一切なかった。彼には福音の真実が傷つくよりは、反乱農民が抹殺されることのほうが遥かに望ましかった。彼はこのときから、真の宗教改革は君主によってしか達成されないのではないかと考えるようになっていた。彼を救ってくれたのはザクセン大公フリー

図1—3　シュマールカルデン同盟関連地図

ドリヒ三世であり、後にはヘッセン方伯フィリップがルターの思想に共感し友人となった。ドイツ騎士修道会大総長であったアルベルトは早くからルターの教説に感銘を受け、そのためドイツ騎士修道会国家の中心であったプロイセン地方は、ルター派の領域となった。

これら世俗の有力者がルターを支持したことは、その福音思想に惹《ひ》かれたのも事実であるが、一方では自領にある教会財産を世俗化し、自らの利益とし、また教会領を還俗《げんぞく》することで、政治的独立を補完できるという思惑も否定できない。一五二六年にシュパイアーで帝国議会が開催され、ここであらためて五年前のヴォルムス帝国議会の勅令の採択が諮られたが、これは否決された。そこでその三年後の一五二九年に再度シュパイアーで帝国議会が開催され、部分的に改変が加えられたヴォルムス勅令の採択が求められた折、六名の世俗君主（ザクセン選帝侯ヨハンネス、ヘッセン方伯フィリップ、ブランデンブルク＝アンスバッハ辺境伯ゲオルク、ブラウンシュヴァイク＝リューネブルク大公エルネスト、アンハルト侯ヴォルフガンク）と一四都市（ストラスブール、ニュルンベルク、ウルム、コンスタンツ、リンダウ、メミンゲンなど）が、これを拒否し、宗教改革へのコミットメントを公然と表明し、「抗議」の意志を宣明した。「プロテスタント」という表現はこれに由来するとされている。ちなみにその語源となったと思《おぼ》しきラテン語「protestari」は、「抗議する」というニュアンスより、むしろ「声高に宣言する」の意味のほうがより近いと思われる。

こうして一五三一年三月に、ルター派の政治同盟シュマールカルデン同盟が成立した。この名前はテューリンゲンの小都市シュマールカルデンの市庁舎で同盟が結ばれたことに由来している。その規約は六年後の一五三七年に、ルターやメランヒトンらによって作成された。神学的側面で言えば、プロテスタント側の教義は一枚岩ではなかった。一五三〇年一一月に、皇帝カール五世がプロテスタント側に呼びかけ、アウクスブルク帝国議会においてその教義の説明を行う神学者たちを送り込むように提案したが、プロテスタント側は三人の異なる信仰告白を述べる代表を送らざるをえなかった。ルター派でルターの福音思想に忠実な信仰告白のほかに、チューリヒ、バーゼル、ベルンの三都市を代表した信仰箇条は、濃厚にツヴィングリ的であり、四都市派（ストラスブール、メミンゲン、コンスタンツ、リンダウ）の代表は、ルター派とツヴィングリ派の中間に位置づけられる内容であった。ドイツにおける宗教改革の教義と教会政策が、異なる指向を孕《はら》むものであったことを示している。

3　ジャン・カルヴァンと『キリスト教綱要』

フランスでの反響

マルティン・ルターが上げた狼煙《のろし》の反響は、ヨーロッパ・キリスト教世界に前例のない宗教的発酵を見いだした。それは神学の領域に留まらなかった。よく知られている同時代の『フランソワ一世治下のパリ一市民の日記』には以下のような記述が見られる。

一五二〇年に、ドイツのザクセン大公領で、聖アウグスティノ会のマルティン・ルターと称する或《あ》る異端的な神学者が、教皇の権力に反抗する多くの発言をし、その力を殺《そ》ぐ多くの書物を書いた。また教会の命令や儀式に関して、多くの欠陥や悪弊があると反対した。彼はこの問題について何冊かの書物を書き、それらはドイツのすべての都市で印刷され出版され、フランス全土でも同様である。教皇レオ一〇世はこのことに注意を喚起し、フランス国王とパリ大学に自分は驚愕《きょうがく》していると伝えた。この人物は最終的に教皇レオとパリ大学その他から異端宣告をされ、全キリスト教会から破門された。

だが、この日記の著者はルターのことを、通り一遍の断罪された異端者として扱い、言って見れば一件落着という型通りに事件を記述しているだけである。だがもっと事情に通じている者たちもいた。ドイツからのニュースがヨーロッパ全土に驚くべき速さで伝わっていた。バーゼルやニュルンベルクに文通相手をもっていた人文主義者は、事態の推移を根掘り葉掘り尋ね、このルターというのはどんな人物なのかを知りたがったし、また何を説教したのかにも関心を向けた。「文芸共和国」と呼ばれた人文主義者のネットワークが、話題の伝播《でんぱ》に大きな役割を演じ、贖宥状やヴォルムス帝国議会の出来事の結びつきを、まことしやかに解説した。こうした知識人たちは、ルターの思想よりも、アウグスティノ会修道士が教会や皇帝の権威をものともしない豪胆さに感銘を受けたのであった。

しかしそのようには見ない者たちもいた。ドミニコ会、フランチェスコ会、アウグスティノ会といった説教する托鉢修道会士たちである。彼らの多くはルターを手本にしようとしていた。教会当局の権威は、彼らの服従も、教義も統制できない水準にまで失墜していた。一般の信徒はこぞって彼らの説教に耳を傾けた。彼らは久しく聖職者の堕落や、高利貸、蓄財に激しい非難を浴びせてきたが、今や信仰による救済と原始キリスト教会への回帰を、高らかに宣している。こうした説教修道士を通して、宗教改革はキリスト教徒大衆に届くことになる。

書物や版画を載せたパンフレットの類も無視できない。アントウェルペン、パリ、リヨンには大市を訪れるドイツ商人が、ルター関連の書物や印刷物を大きな梱《こり》で大量に持ち込んだ。このなかには贖宥状を茶化《ちゃか》した版画や、英雄的な修道士（ルター）が化物じみた獅子《しし》（教皇レオ）を追い回している諷刺的な図柄も見られた。

モーの改革

一五一八年にモー司教のギヨーム・ブリソネは、自分の司教区に住むことを決断した。国王シャルル八世の宰相の息子で、枢機卿にもなった宮廷人の高位聖職者がこうした行動をとることは、誰《だれ》も予期していなかった。彼は教会の悪弊を利用して、一族が繁栄していることに大きなひけ目を感じていた。またローマへの旅の折に、ブリソネは頻繁に郊外の「神の愛」（Divino

図1—4　ルフェーヴル・デタープル

Amore）礼拝堂に詣《もう》で、司牧の務めに専念することを決意した。この点については、ルターとは何の関《かか》わりもない、彼個人の信仰のなせる業であった。彼はエラスムスの賛美者であり、神学者でユマニストとして著名なルフェーヴル・デタープルの弟子であった。師を説得して司教区の総代理に就任してもらった。さらにジェラール・ルーセル、ギヨーム・ファレル、ミシェル・ダランド、ギリシア学者ヴァターブルといった綺《き》羅星《らぼし》のような、パリの第一級の説教家に協力を呼びかけて、聖職者の教育にあたった。

一五二三年にルフェーヴルは新約聖書のフランス語訳を出版したが、その序文を「唯一の太陽、生命の真理主イエス・キリストが、すべての者によってその福音が純粋に唱えられるのを望み給うときは来たれり」、と昂揚《こうよう》した口調で始めている。モーの改革者たちは、ルターの著作を熱心に研究し、激しく議論した。オランダ出身の激越な論客ミシェル・ダランドとの交流のなかで、ギヨーム・ファレルがカトリック信仰から完全に離脱し、聖人崇敬と聖人の実在を否定するにいたった。司教の同意のもとに、モー司教区では聖人崇敬は簡略化され、聖処女も聖人も言及されることはなく、それらの図像が隠され、祈禱はラテン語からフランス語に代えられた。

パリからそれほど離れていないモーでのこうした動向は、すぐにフランスの王都にも伝わった。カトリック教義の信奉者であったソルボンヌや高等法院は動揺した。一五二五年に最初の迫害が、フランスの「ルター主義者」に襲いかかった。ルフェーヴル、ファレル、ダランドらはストラスブールへの逃亡を余儀なくされ、この地で先のマルティン・ブーツァーやヴォルフガンク・ケフェルらのドイツの改革者たちの影響を受けた。モー・サークルの解体もあって、司教ギヨーム・ブリソネの行動も頓挫《とんざ》した。

フランソワ一世の姿勢

神聖皇帝カール五世と対照的に、フランス国王フランソワ一世は「信仰を曲解した者」に暴力的な弾圧を加えることを嫌悪した。彼が宗教改革に共感をもっていたからではない。逆に教会の伝統的な姿を維持することに利益を見いだしていた。それは一五一六年にフランス王国と教皇庁が政教条約を結んだからであった。それでも、国王は文学や芸術の庇護者であるという世評を守りたかったし、その寛大な享楽主義への指向からして、国家の基本的な利益が阻害されない限り、自分が迫害者になることは考えられなかったのである。またスイスとドイツへの政治的思惑もあった。スイスに関しては傭兵《ようへい》の供給源としての思惑が、ドイツに関してはカール五世への政治的阻害要因たらしめるべく、改革運動に微温的態度を取り続けた理由であった。

一五三〇年頃になると、フランス全土に改革派の数が増え、そのなかには過激な行動に訴える者たちも出てきた。一五三四年一〇月一八日の朝、パリ、オルレアン、トゥール、ブロワでプラカードが市壁に掲げられていた。そこには教皇権と国王の関係を当てこする一文が読み取れた。フランソワ一世は怒り、牙《きば》を剝《む》いた。数ヶ月にわたり多くの者が嫌疑をかけられ火刑に処された。改革の指導者たちはこぞって、逃亡せざるをえなかった。国王はプロテスタントである自分の同盟者の手前、迫害を正当化して「彼らは自らの夢想か、誤った意見をもち、宗教だけでなく、公的秩序をも転覆しようとした再洗礼派か謀反者である」という趣旨の文書を公にしなければならなかった。だが改革を支持する側にとって、彼らは迫害の殉教者であった。彼らの信仰と記憶とを知らしめなければならない。北フランスのノワイヨンに生まれたジャン・カルヴァン(一五〇九年生まれ)をして、ラテン語で『キリスト教綱要 *Institutio christianae religionis*』(一五三六年)を出版するよう仕向けたのは、そうした思いであった。

カルヴァンの思想と軌跡

カルヴァンの思想は当然のことながら、ルターをはじめとする改革派の論客に多くを負っている。彼の議論の特徴は、法律家的な厳密さとキリスト教信仰への燃えるような愛であるとされる。その主著『キリスト教綱要』では宗教改革のすべての基本主題が論じられていて、それらの中心に位置しているのは神の唯一の媒介者たるキリストである。人間は取り返しがつかないほど原罪に塗《まみ》れていて、自分では何もなしえない。しかし神は、たとえ我々が何の価値もないとしても、恩寵《おんちょう》により永遠に救済してくれる。これが予定説であり、この思想はルターにも、ツヴィングリにも多少とも共通している。キリストはその言葉により現前し、その言葉は聖書においてのみ語られている。カルヴァンの考える聖餐論は、非常にニュアンスに富んでいる。ルターの場合は聖別がキリストの血と身体を祭壇上に真に現前させるとし、またツヴィングリが聖餐は単なる象徴的儀式でしかないとするのに対して、カルヴァンは聖体拝領をする信徒にとってパンと葡萄酒は、キリストの約束によって救世主の血と身体になるのだという、両者の中間に位置する理解であると言えよう。

一五三六年にカルヴァンはたまたまジュネーヴに立ち寄った。フランスから逃亡し、この地に滞在していたギヨーム・ファレルが、カルヴァンにこの都市の教会改革の手助けをしてほしいと依頼した。その後、紆余曲折《うよきょくせつ》はあったもののジュネーヴ教会はカルヴァン派の拠点となった。

図1—5　ジャン・カルヴァン

『キリスト教綱要』の公刊以後、宗教改革はカルヴァン主義の形でヨーロッパの全域に広まった。当時ヨーロッパの経済的首都とも称されたアントウェルペンでは、商業を営むブルジョワ市民の中に徐々に浸透した。賃労働者層ははじめ再洗礼派の革命的思想に共感したが、それが弱まった後はルター派の妥協的性格を厭《いと》い、よりラジカルなカルヴァン派の教えを支持するようになった。

フランスでは次第に継続化し、暴力的な姿をとるようになる迫害にもかかわらず、宗教改革はフランスの各地に広まった。とくに顕著であったのはパリ盆地と南フランスであった。

4 イギリス国教会への道

ヘンリー八世の離婚問題

ルター派の改革の波がヨーロッパ全土に波及していた時期、イングランドの宗教状況はかなり特殊であった。ここでは教会制度の弛緩《しかん》状態が他のどの国よりも目立っていた。一五三五年にヨーク大司教が、説教ができる司祭は一二人もいないと嘆いていた。また大陸でも見られたように、司教座収入が国王の官僚への俸禄《ほうろく》となっていて、司教の肩書きをもちながらも、その実もっぱら政治や外交の役職を務める場合も多かった。その頂点にいたのが枢機卿ウルジーであり、彼は一五一八年にローマから、終身教皇特使の肩書きを与えられ、イングランド王国全域に関して、教会および修道院の改革を統括した。最も重大であったのはこうした面での成果ではなく、彼の後ろ盾を得た結果、イングランド教会が教皇庁との直接的な関係をもたなくなったことであった。

一四世紀後半の教会改革者ウィクリフや、次の世紀のロラード派の運動の記憶が人々の間で、聖職者の蓄財や聖餐典礼への反感を蓄積させていたものの、たとえば一五二一年にはロンドン司教が、見せしめに五〇〇人の嫌疑者を捕らえ、その幾人かを処刑するなど、ときどきに懲罰してみせれば、本格的な宗教騒乱には発展しない状況であった。教養ある階層の間には、ジョン・コレットやその友人のトマス・モアのような人文主義の影響が広まっていた。人文主義思潮と神学に情熱を傾けたヘンリー八世は、伝統的な教会の断固たる支持者であり、自身がルター主義への反論を意図して書き、出版した七つの秘跡に関する論考は、教皇レオ一〇世をして国王に「信仰の擁護者」の名誉ある肩書きを与えたほどであった。

このようなローマ教会への国王の忠誠は、国家理性と君主の欲望が絡んだ離婚問題というありきたりの事件によって、突然に疑問符を打たれることになる。国家理性とは、一五〇九年にアラゴン王家のキャサリンを妻に迎えていたヘンリー八世には、メアリー王女しかおらず、テューダー朝を継続するための息子がいなかったという事実であり、欲望とは王妃にふさわしい高貴な女性アン・ブーリンに出会ったということであった。ヘンリーは一五二七年にローマ教皇庁に婚姻の「解消」を求めた。「解消」は、そもそも結婚そのものが有効に成立していない点を主張することで、教会法で認められていない「離婚」を実体としてクリアする便法である。多くの場合首尾良く取りつけることができるはずの免除が、今回は違っていた。神聖ローマ皇帝カール五世がキャサリン・オブ・アラゴンの甥《おい》であり、皇帝は一族の名誉に関わることとして、教皇クレメンス七世に圧力をかけて、婚姻解消の許しを与えないよう手を回したからであった。

犠牲となったのは、教皇庁との交渉の任にあたった枢機卿ウルジーであった。一五三〇年にロンドン塔に幽閉されるとすぐに死歿した。詳しい経緯は不明であるが、国王の指示によって密《ひそ》かに葬られた可能性を誰しも考えるであろう。こうしてイングランド教会とローマとを繋《つな》ぐ唯一の環が外れてしまった。またこの年から、慣例に従って新教会の初穂料を教皇庁に納入するのを議会に停止させた。爾今《じこん》、これらはすべてイングランドの内部で取り計られることになった。国王の婚姻関係解消問題も同じで、ヘンリー八世は新たに叙任したカンタベリー大司教トマス・クランマーに結婚の解消をさせ、アン・ブーリンを王妃として戴冠《たいかん》させた。これに対して教皇庁は時をおかず、ヘンリー八世を破門に処した。国王はこれに対して、男女を問わずすべての臣下に、ローマ教会の権威の否定を含んだ宣誓を要求した。これを拒否したのは、ロチェスター司教ジョン・フィシャーやトマス・モアなどの一握りの者たちであり、彼らは反逆罪で裁かれ、処刑された。

このようにして発足したイングランド国教会において、国王によって霊的問題の総代理官となったトマス・クロムウェルは、修道院財産の還俗を企てた。それによって国庫収入の増加が期待できるし、それ以上に新興の土地所有貴族に土地を下賜することで自らへの支持を獲得する効果も予想できた。だが反対に修道院財産の没収は、修道院からの喜捨で露命を繋ぐ貧民大衆や、さらなる耕作条件の悪化を懸念した保有農民の抵抗にあった。彼らは「恩寵の巡礼」と称する半ば宗教的、半ば社会的反乱運動を北部諸地方で展開した。だが、ノーフォーク公の言葉巧みな説得で、この運動は阻止された。

ローマ教皇庁との関係の断絶にもかかわらず、イングランド王権はカトリック正統教義の維持をそれほど放棄することはなかった。

エドワード六世治下における改革の進展

ヘンリー八世が一五四七年に歿すると、年若い息子エドワード六世が王位を継承した。これによってサマセット公エドワード・シーモアや司教クランマー、ラティマーらの影響下に、イングランド教会はプロテスタントへの傾斜を強めていった。この現象はイングランドに特有な仕方で現れた。すなわち公式の祈禱書『共通祈禱書 *Book of Common Prayer*』の編集である。ウィンザー城に集められた司教や神学者たちの委員会が編集したこの祈禱書は、議会で審議されたあとに、一五四九年に正式に法定された。

もっともイングランドへの改革派の影響は、偶然的な仕方で生じていた。サマセット公がケンブリッジ大学で講義をさせようと招聘《しょうへい》したのが、ドイツ人マルティン・ブーツァーであったし、以前にカプチン会修道士であったイタリア人亡命者オキノとヴェルミーリも、彼らがジュネーヴ滞在中に体得したカルヴァン派の教義を紹介していた。あまつさえ、カルヴァン自身が国王とサマセット公、クランマーに書簡を寄せて、改革の方向性を指導した。

一五五二年に祈禱書の新しい版が作られ、そこではミサの呼称や聖餐におけるキリストの現前をうかがわせる呼びかけが、すべて削除された。加えてクランマーが四二の信仰箇条を、国王の命令のもとに公式に作成し、それが国教会の教義を決定した。こうして最終的にラジカルな改革へといたった。司教座の聖職位階は保持されたものの、教義と典礼は全面的にジュネーヴ派の改革の息吹を反映するものであった。

「血塗れ」のメアリー

ヘンリー八世とキャサリン・オブ・アラゴンの間に生まれたメアリー一世、すなわちメアリー・テューダーは、一五五三年に即位したが、彼女は様々な圧力にもかかわらず、カトリックの教義を奉じていた。そこでまずローマ教皇庁との和解に乗り出した。イングランド教会と教皇庁との分離以来、ローマに亡命中であった枢機卿ポールが、教皇特使としてイングランドに到来した。一五五四年一〇月三〇日に彼は議会と居並ぶ貴族を前に、跪《ひざまず》き恭しく赦免を宣言した。これにより、ローマ・カトリックに対してヘンリー八世以来取られた様々の処置が撤廃された。

だがこのカトリック復活劇は、多方面に不安を呼び覚まさずには済まなかった。とくに修道院財産の取得者は、その返還を強制されるのではないかと懸念した。またイングランドの世論は、議会が反対したにもかかわらず、女王がカール五世の息子でスペイン皇太子のフィリップ

（後のフェリペ二世）と結婚することが、イングランドをスペインの属国にしてしまうのではないかと恐れた。穏健派であった枢機卿レジナルド・ポールや、プロテスタントに厳しくあたることが、どれほど誤りであり、危険でもあるかを理解していたフィリップの意向を無視して、メアリーは弾圧の幕を切って落とした。これにより女王は「血塗《ちまみ》れ」のメアリー、ブラディ・メアリーの異名を奉られることになった。数百人のプロテスタントが拷問を受け、殺された。ヒュー・ラティマーは火刑の薪の上で、「しっかりせよ！　我々は神の加護により、今日イングランドにもはや永遠に消すことができない火を灯《とも》すのだから」と叫んだとされている。

この四年後の一五五八年の同じ日に、メアリー一世と枢機卿ポールは死歿した。

エリザベス一世の妥協

新しく女王に即位したエリザベスは、ほとんど異教崇拝とも言うべき、人文主義的文化環境の中で成長し、宗教問題については懐疑的な思想の持ち主であった。当時の用語法ではほとんど無神論者と称されてもおかしくなかった。それは宗教の教義には無関心であるような態度を指す。

彼女はアン・ブーリンの娘であり、教皇がヘンリー八世の最初の結婚の解消を拒否していた頃に生まれたので、カトリック教徒の目からすると私生児であり、それゆえ王冠の簒奪者《さんだつしゃ》であった。王冠は本来ヘンリー八世の最も近い正統の後継者であったスコットランド女王メアリ

図1—6　エリザベス1世

ー・ステュアートに行くべきである、というのが大方の意見であった。エリザベスは、カトリックの儀礼にのっとって戴冠の儀式を執り行う司教を見つけるのに苦労した。彼女は父ヘンリー八世と似たような解決法に満足したことであろう。つまり、君主を教会の長に戴《いただ》き、ローマとの関係を絶つという政策である。ただし伝統的なカトリックの信仰と儀礼と聖職者の組織を温存させたうえで、である。

一五五九年に召集した議会の庶民院の多数派は、ラジカルな改革派が占めた。そしてメアリー一世が布告した諸王令を廃止し、エリザベスに教会の最高権者でないとしても、少なくとも統治する権利を認める国王至上法（Act of Supremacy）に同意した。だがこれと引き換えにエドワード六世時代に、明瞭《めいりょう》にプロテスタント指向をもって作成された『共通祈禱書』の改訂新版に、彼女は同意しなければならなかった。一五六三年に公式の教義を固定させるために、カンタベリー大司教マシュー・パーカーは三九信仰箇条を公にさせた。これはまた「ウェストミンスター信仰箇条」とも呼ばれる。

こうして英国国教会の特徴を確定することになる、エリザベスの妥協が生まれた。とくにプロテスタント教義に抵触する、カトリックに特徴的な面が放棄された。ミサは聖餐式と規定し直され、悔悛《かいしゅん》や終油の秘跡が廃止された。聖書を何よりも優先し、イングランド教会の教皇に対する独立的地位を謳《うた》っている。

第二章　カトリック改革とトレント公会議

1　福音への純粋な探求と人文主義（ユマニスム）

カトリック改革か対抗宗教改革か

マルティン・ルターによって点火された宗教改革という歴史的事件に対応して、ローマ教会、すなわちカトリック教会の側でも教会を覆う悪弊を一掃し、信徒の魂の救済に真摯《しんし》に向き合わなければならないという気運が高まりつつあった。こうしたカトリック側の動きを歴史的にどのように意義づけるかによって、カトリック勢力の動向をどのような名前で呼ぶか、異なってくる。この動きがカトリック側の自発的な取り組みに端緒があるのだとすれば、カトリック改革の名がふさわしい。いや、ルターの圧力がなければ、カトリック側の改革の動きはなかったであろうと見るならば、これは「対抗宗教改革 Counter-Reformation」と称するのが適切であろう。
私の立場は、ルターの影響力を否定するものではないが、カトリック側からの改革のそもそもの動因は、ルターへの反動より遥かに深いところに根ざした根源的な意思に発していたとするというものである。

先駆者ロレンツォ・ヴァッラ

教会の歴史において、「改革」という言葉は常に、純粋な原初状態への精神の回帰という観念を呼び醒《さ》ます。原初状態とは神の言葉を記した聖書のことである。ここから一五世紀末期の二つの大きな精神的潮流が流れだしたのである。それは純粋な宗教への希求と、人文主義的文献学の発展である。前者はすでに触れたように「新しき信心」として、社会的な広がりを見せて展開した。後者は、神の言葉を正しく理解するための学識の陶冶《とうや》として発展するのである。

人文主義の王としての文献学の営みは、「永遠の言葉」を伝える聖書の言語を、以前に付された古註《こちゅう》（スコリア）や中世初期の注釈から解放し、純化することで、新たな光のもとで理解しようと努めるものであった。一五世紀中頃に、ローマ皇帝コンスタンティヌス大帝が教皇に教皇領を寄進したことを証明している寄進状が偽書であることを論証したロレンツォ・ヴァッラが、『新約聖書付註』――この書物は著者の死後かなり後にエラスムスにより出版された――を著し、聖ヒエロニュムスによる新約聖書のギリシア語からラテン語への翻訳には、多くの不適切な訳や明らかな誤訳があることを指摘したのは、そうした傾向の前兆であった。

人文主義とペラギウス的側面

ギリシア語やヘブライ語の学習熱の高まりは、学者がそれまで用いられてきたラテン語訳の聖書を使うことを止めさせるまでにいたった。ジョヴァンニ・ピコ・デッラ・ミランドラはこれまでの聖書は不完全であり、神の啓示の一部をそれまでの教会が認識していなかったと考えた。だが、ピコの弟子であり「当代のヘブライ語学者のプリンス」とまで称されたロイヒリンを含め、ユマニストは全体として見れば、そこまで極論はしていない。ルフェーヴル・デターブルの『詩篇五折』（ローマ典礼版、ガリカ版など五種の『詩篇』の吟味）やエラスムスの『新約聖書』は、いわば公定版のウルガタ版ラテン語聖書を手直ししているか、あるいは無視して自己の翻訳を作っている。

聖書の中でキリストは信徒に直接に語りかけている。「イエス・キリストは言う」、あるいは「聖ペテロが語るには」といった、いわば直接話法の文体がルフェーヴルの翻訳スタイルであった。この話法はキリストの言葉が直接に語られ、より親密な内奥からの発露として、読む者により強い感銘を与えたであろう。そもそも誤った不誠実な聖書解釈は何の役に立つのであろうか。無学な碌《ろく》に説教もできない司祭は、一体何の役に立つのか。聖ペテロが述べるように、すべてのキリストの信者が聖務に参画できないのだろうか。今や開明的なキリスト教は、聖職者が自分とイエス・キリストの間の媒介者となることに、かろうじて耐えているだけなのだ。こうした信徒の思いは、司祭や修道士への批判となって噴出した。教会や修道院の実践の多くが、信徒たちには無益と映った。エラスムスは巡礼者を揶《や》揄《ゆ》し、聖遺物崇敬や修道士の禁欲苦行を笑い飛ばした。

図2―1　エラスムス

それでもルフェーヴルは、あるとき聖パウロの言葉を注釈し、次のように述べた。「我々は自らの業の価値については沈黙しよう。それはごく小さなものであり、いやむしろほとんど無に等しい。神の恩恵を讃《たた》えよう。それこそがすべてなのだから」。しばしばルターの先駆者と称されたルフェーヴルであるが、この言葉をあまり絶対視しないほうが賢明である。彼は神が予《あらかじ》めすべて決定しているという予定説を否定し、人間の自由意志と、神の恩寵との折り合いをいかにつけるかに思い悩んだ。エラスムスの思想も根本において、類似していた。人間の自由意志に多くを恃《たの》む五世紀の異端者ペラギウスになぞらえて、半ペラギウス派と称されるのもこの面においてであり、エラスムスの場合、ルターに何度も請われながら、その教説に賛同しなかった理由も、この人間の自由意志へのこだわりであった。それがユマニストとしての本領であった。

教皇ハドリアヌス六世が存命であったなら……

「もしハドリアヌス六世が存命であったなら、すべてが違っていたであろう」と言ったのは、一六世紀史の泰斗マルク・ヴナールであった。極端に複雑系の学問である歴史学に「もし」は禁句であるが、歴史家はごく稀《まれ》にこのような嘆息をついて、その不慮の死を嘆きたくなる人物がいるものである。そのひとりが教皇ハドリアヌス六世であった。

図2―2　教皇ハドリアヌス6世

教皇レオ一〇世が、ヴォルムス帝国議会がルターを追放に処した一五二一年に死歿すると、教皇選挙会議（コンクラーベ）は翌年一月九日に、オランダ枢機卿アドリアン・フロリスを教皇に選出した。このユトレヒト生まれのオランダ人はルーヴァン大学で学位をとり、この大学で神学の教授を務めていたが、やがて請われて神聖ローマ皇帝マクシミリアンの息子カール五世の家庭教師となった。さらにスペイン全域を統括する大異端審問所の所長となり、国王不在の折には摂政の役割も務めた。したがって、ハドリアヌス六世として教皇に選ばれる必然性は薄かったとしても、無名の枢機卿ではなかった。

オランダ出身者として、彼はイタリア人が牛耳る教皇庁への北方のキリスト教世界の反乱を理解することができた。エラスムスの友人でもあった新教皇は、厳格で容赦することがない性格の持ち主であった。彼が最初に行ったのは、教皇庁で行われていた数多くの華やかな盛儀を廃止し、その種の装置や道具を廃棄し、廷臣であった芸術家を駆逐することであった。一五二二年一二月に開催されたニュルンベルク帝国議会に教皇特使として派遣された枢機卿キエリカティは、教会の混乱の原因が教皇庁と高位聖職者の腐敗にあることを率直に認め、教会改革を推進することを約束するという教皇の意向を伝えた。だが、それから九ヶ月後の一五二三年九月一四日に教皇は突然この世を去った。

ハドリアヌス六世は最後のイタリア人以外の教皇となった。以後一九七八年にポーランド人ヨハネ・パウロ二世が聖座に座るまで、四〇〇年以上にわたりイタリア人がその地位を独占することになるのである。

一五二七年のローマ劫掠

わずか一年半の教皇座に終わったハドリアヌス六世を継承したのは、レオ一〇世の従兄弟《いとこ》で、メディチ家出身のユリウスであった。彼はクレメンス七世として教皇座に登った。聖座から見

図2―3　ローマ劫掠

図2―4　カール5世

たところ、ルターの災禍はそれほど危急の案件とは思えず、一門出身の教皇がそうであったように、彼の関心は芸術や外交、そして自らの門閥の将来に向けられていた。スペイン、イタリアの地中海諸国では、カトリック的伝統は微動だにしていなかった。北方の国々でも、神学者たちが正統教義を変わることなく奉じていた。パリにはソルボンヌがあり、イングランドではヘンリー八世その人がカトリックの有能な擁護者であった。

クレメンス七世の足掛け一二年の在位期間において、ヨーロッパの耳目を聳動《しょうどう》させたのは一五二七年五月六日に始まる、カール五世が率いた神聖ローマ帝国軍のローマ劫掠《ごうりゃく》である。その背景にあったのはフランス王フランソワ一世と、神聖ローマ皇帝カール五世との年来の対立である。約一年前にフランソワはミラノ大公やヴェネツィア、フィレンツェなどの諸都市とともに、教皇軍も含めた同盟を構築するのに成功していた。これに対して皇帝軍が、ブルボン侯を司令官としてローマに進軍し、占領軍として数ヶ月にわたって略奪の限りを尽くしたのである。ルター派のドイツ人兵士を多く抱えていたこともあり、ヴァチカン宮殿のフレスコ画にはルターの名前がいたるところに刻まれ、ルネサンス芸術の精華の多くが破壊されただけでなく、それまで維持された古代ローマの遺跡も数多く破壊された。教皇庁の敵手はこれを「バビロンへの神の罰」と囃《はや》し、皇帝の敵陣営は聖都の略奪という蛮行を呪《のろ》い、教会や美術、文芸に対して「異端者やマラーノ（キリスト教に改宗したユダヤ人への蔑称《べっしょう》）」の兵士たちが働いた非道を激しく非難した。カールのイメージは、少なくともイタリアでは長く大きな打撃を受けることになった。

こうした大事件はさておき、大きく見ればルターの公然たるローマ教会への敵対からカルヴァンの『キリスト教綱要』の成立までの、すなわち一五二三年から三四年までの時期が、教会を一体として維持したまま改革するための最高のチャンスであり、これをクレメンス七世はみすみす逃してしまったというのがヴナールの説である。

改革聖職者の生きたイメージとしてのギベルティ

教会を統一したままに改革するという歴史的課題を自らのものとする好機を永久に逸してはしまったが、クレメンス七世期のカトリック教会は、自らの改革と発展の未来にとって大きな役割を果たすことになる二人の人物を有した。ひとりはイエズス会の創始者となる、イグナティウス・デ・ロヨラである。この人物については次章で詳しく紹介するので、ここでは名前を挙げるに留める。もうひとりは、改革された教会人のあるべき姿を予示して見せたジョヴァンニ＝マッテオ・ギベルティである。

図2—5　ギベルティ

ジェノヴァ人ギベルティは、卓越した手腕でクレメンス七世への奉仕を続けてきたが、教皇は感謝のしるしに一五二四年に、彼にヴェローナ司教の座を与えた。ギベルティは一四九七年にジェノヴァに創設され、多くの熱心な帰依者を得ていた「神の愛」礼拝堂が、一五一四年にローマ郊外に移転したこともあり、足繁《あししげ》く通って祈りを捧げていた。礼拝堂の信徒仲間はひとつの「兄弟団」を組織していた。パリ近くのモー司教となり、改革活動に勤《いそ》しんだブリソネもまた、ローマ滞在中はこの礼拝堂に通っていた。

ギベルティは教皇の恩顧を得て、少なからざる数の聖職禄を兼帯していた。彼はヴェローナ司教聖職禄のみを保持し、それ以外をすべて返還して、任地に赴き、一五三四年に死歿するまでこの地に住んだ。この任地への定住と、管区内の小教区の定期的な巡回だけで、立て直しが顕著に進んだ。ことに若い聖職者の教育に熱心に取り組み、ヴェローナ聖堂の神学校を開いた。司教自らが将来の司祭となる人物を吟味し、都市ヴェローナのみならず、農村小教区に配属するいわば田舎司祭にいたるまで検分を怠らなかった。

改革は一般信徒の教化にまで及んだ。彼は指令を発し、日曜日ごとに教区の子供に「公教要理（カテキズム）」を説くように命じ、司祭たちに日々の福音を説教するよう指示した。また慈善活動にも乗り出し、合わせて三つの救済施設を創設し、孤児や病者やペスト患者を収容した。

こうした司教の活動は、この時代にあってはまったく新しいものであった。ギベルティの影響は広汎《こうはん》であった。彼はカトリック改革の息吹に触れた司祭の生きたイメージを提示したのであった。

教皇パウルス三世の決断

クレメンス七世の後を承《う》けて一五三四年に教皇に選出され、パウルス三世として登位したのは、枢機卿ファルネーゼで、すでに六六歳に達していた。姉妹のジュリア・ラ・ベッラが、かつて教皇アレクサンデル六世ボルジアの愛人でなかったならば、枢機卿にも登ることのなかった人物であった。だが一方で、莫大な富の所有者であり、ローマの中心に豪壮なファルネーゼ宮殿を建て、それを後に芸術家カラッチ一族が、異教的な寓意《ぐうい》作品で飾った。

さる高名な美術史家が「一六世紀イタリアの建築で最も壮大で素晴らしい傑作」と讃えたこの名建築は、アントニオ・ダ・サンガッロの手になり、上層階の建て増しに際して、設計を担当したのがミケランジェロであった。その後ルイ一四世が教皇庁大使の公邸として使用し、ついでフランス政府のイタリア王国への大使館としていたが、一九一一年に所有者のブルボン・シチリア家から買い取り、主たる機能はフランス大使館であるが、三階部分には「ローマ・フランス学院」が付設されている。このフランス政府の学術機関は古代ローマ史を含めてイタリア研究の中心として世界的に有名である。

個人的な思い出になるが、二〇〇三年九月にパリに出張していた折、友人から「中世初期の復讐《ふくしゅう》」をテーマにした国際研究集会をローマ・フランス学院で主宰するが帰国の途中に立ち寄ってみないかと打診された。かねてからこの建物は一度入ってみたいと考えていたので即座に応諾した。三階の大広間で開かれたレセプションは、これ以上ないセッティングで、テベレ川に面したバルコニーから見える菫色《すみれいろ》に暮れなずむローマの夕景は、しばし茫然《ぼうぜん》と見とれるほかない美しい情景であった。

図2—6　ファルネーゼ宮

本題に戻ることにしよう。

ファルネーゼ枢機卿は第五ラテラノ公会議（一五一二〜一七）以後に、次第に改革理念に捉えられていったようである。そして教皇に登位して間もなく公会議の開催を告げ、公会議の召集が一五三六年六月二日に発せられたが、実際に公会議が開始するまで、なお一〇年の歳月を要した。だが、この間に教皇はカトリック改革のための、様々な勢力を糾合し、組織化することができたのである。

その最初は聖庁学院の刷新であり、教養と熱意の点で最良の人材を集めた。ジョヴァンニ＝ピエトロ・カラファが改革司祭の集団を統括した。中核となったのが史上初の司祭、すなわち聖職者が組織した兄弟団「テアト会」であり、これは先に述べたジェノヴァを起源の地とし、後にローマ郊外に移った「神の愛」礼拝堂のメンバーから派生した組織である。後に教皇パウルス四世となるカラファの周りには、ガスパーリ・コンタリーニ、レジナルド・ポール、ヤコポ・サドレトなど改革の理想に燃えた人文主義者が集っていた。パウルス三世はカラファを含めたこれら四人を、一気に枢機卿に取り立てたのである。一説にはエラスムスも打診を受けたということだが、真偽のほどは定かではない。

新枢機卿と教皇

一五三六年のこの大規模な昇任は、教会の未来の方向性をうらなうものであった。新枢機卿たちは、近い将来に予定されている公会議の素案を作る仕事が託されていることを、よく認識していた。そして翌三七年に、「教会改革に関する助言」と題する報告書を提出した。そこには教会が苦しんでいる悪弊が、率直に縷々告発されていた。司教人事の誤り、聖職禄の兼帯、聖職者の無知、そしてこれらと並んで、驚くべきことにエラスムスの著作の有害な影響というものも挙げられている。この間の事情を臆測《おくそく》するのは人間の感情の機微に触れるが、自分たちと歩みをともにしなければ、排除も厭わないというマキアヴェリズムの実践なのであろうか。

しかし、この点について確実に言えるのは、ローマは異端と戦うために、弾圧政策を放棄していないことである。教皇は一五四一年に再び公会議開催を告げたが、それはドイツの国民的公会議開催の動きを牽制《けんせい》するのが目的であった。ドイツを枠組とする公会議の開催は、明らかにローマの権威の低下をもたらさずにはおかないからであるし、それが教義上の寛容を支持するのは火を見るよりも明らかだからである。また、ルター思想がイタリアにも浸透しつつあったことにも危機感を懐《いだ》いた。教皇の危惧《きぐ》は一五四二年にカプチン会修道士で会長代理の要職にあったベルナルディノ・オキノが、プロテスタント陣営に宗旨替えをした事実によって裏書きされた。だからパウルス三世の胸中には、公会議を開催する考えと、他方で異端審問所を組織するという硬軟両様の措置をとる考えが浮かんでいた。

スペインを別にすれば、抑圧政策は、通例の裁判所でも、また寛容な対応と厳罰とを首尾一貫することなく行ってきた教会裁判所でも放棄されていた。ルター派との議論の対象になっている問題を、一貫した論理で捉え判断する作業は、裁判官たちの能力を越えることがしばしばであった。だが、パウルス三世は、一五四二年にローマに異端審問所を再び開設した。その管理・統括を行ったのが枢機卿団であった。イタリア全土でドミニコ会の神学者で構成された法廷が、被疑者を訴追し、判決を下すことになる。教皇はこの制度をキリスト教世界全体に拡大する意向であった。

カトリック改革の新興勢力

「悪」を糺すのに異端者を火刑にし、改革の指令を発するだけで十分だと考える者はいない。この点で幸いなことに、ローマ教会には新しい勢力が台頭してきた。一三世紀に見られたように、新たな要請には新たな宗教組織が対応したのである。フランチェスコ会の厳格で知られたマッテオ・ダ・バスキオの指揮のもとにカプチン修道会が、一五二六年に古いフランチェスコ会から生まれた。新たな修道会の発足には多くの困難があり、またフランチェスコ会士との論争は絶えることがなかった。先に述べたように、一五四二年にカプチン会でその情熱と弁舌で知られたオキノが、プロテスタントの陣営に移るという叛逆《はんぎゃく》があったものの、カプチン会士の説教と、ペスト禍に見舞われた地域にも足を踏み入れるという彼らの英雄的な行動で衆望をかちえ、「異端」への抵抗を活性化した。

ちょうど同じ頃に、イグナティウス・デ・ロヨラと彼の同伴者たちが、聖地巡礼の計画を放棄して、一五三七年にローマに到着した。努力の結果、彼らは自分たちの意向を教皇に認めてもらうのに成功し、一五四〇年には彼らの組織、イエズス会の会憲の承認も取りつけた。彼らの会は後に詳しく述べるように、通例の修道会（オルド ordo）ではなく、拠点としての修道院に拠《よ》らないある種の結社（ソキエタス societas）であり、これまで見られなかった特異な組織と言えた。会士は司祭の資格を有し、通例修道士がなす三つの誓願、すなわち清貧、貞潔、服従のほかに、第四の誓願を行った。それは「教皇への服従」である。

図2―7　イグナティウス・デ・ロヨラ

さらにイエズス会士に独特なのは、会士が在俗の聖職者である司祭と同じ黒の衣服（スータン）を身につけたことである。彼らが司祭の資格をもっているところからすれば、別段異とするにはあたらないが、やはり誓願を行うという点で、一般の司祭ではなく、その本質において修道士的性格が濃厚であることは誰の目にも明らかであろう。先に聖職者の「兄弟団」としてテアト会を挙げたが、構成員の資格の点でこれに類似している。このような未曽有《みぞう》な聖職者の在り方は、時代の要請であるのかもしれない。

他の修道士と異なり、彼らは礼拝堂での聖務日課としての祈禱を免除された。これは世俗で使徒的活動に勤しむのを容易にするための措置であった。この点は既存の托鉢修道会、ことにドミニコ会のありようにも類似しているが、共同で行う典礼からの離脱の度合いは一層徹底していた。また彼らは大学での教育を受けさせることで、会士に神学と人文学の堅固な教養と知識を与えるよう配慮した。イエズス会士は当初は遠隔の土地や、地中海諸国への宣教を望んだが、次第に教会の緊急の要請によって、ドイツ、フランス、オランダに向かうようになった。彼らはそこでカトリック信仰のための戦いの先兵となったのである。

公会議に向けて

カトリック教会は来たるべき公会議が、和解のための会議になることを久しく希望していた。枢機卿ヤコポ・サドレトはメランヒトンとジュネーヴ市民に宛てた書簡で、分裂した教会の一体性を回復する希望を述べている。一五四一年にレーゲンスブルク帝国議会への教皇特使となったガスパーリ・コンタリーニは、「義化 justificatio（罪ある人間がキリストの贖罪により正しい人として神に認められること）」についての解釈の細部について、ルター派との間で合意ができたと信じている。神聖ローマ皇帝カール五世自身も、開かれる予定の公会議に関して、少なからぬ要求を出した。プロテスタントである自分の家臣たちが安全に迎えられ、妥協点を見つけるために自由に主張ができるようにとの配慮からである。イタリア都市でありながら神聖ローマ帝国に属する北イタリアの都市トレント（神聖ローマ帝国領内にあったところからドイツ語名トリエントと表されることもある）を開催場所に選んだのは、教皇と皇帝、双方の意向を酌《く》んだ絶妙の選択というほかはない。

こうして一五四五年一二月一三日に公会議が開会した。だがプロテスタント側は一人も出席しなかった。この時点で、この会議がカトリックとプロテスタントを一体化するための公会議ではなく、ローマに忠実であり続ける教会の側を、より強力にするためのものであることを、多くの人が理解したのであった。

2　トレント公会議

会議の推移

哲学者で歴史家でもあったライプニッツは、一六九三年にフランスの神学者であったボッスュエに書簡を送り、そのなかでトレント公会議が「むしろイタリア国民の地方公会議であり、そうでない人を入れたのは形を整え、あたかも本物であるかのように繕うためであった」と確

図2―8　トレント公会議

信している旨を述べている。一五四五年一二月一三日に行われた開会式にはイタリア人を除けば、大司教四人のうちフランス人が一人、二一人の司教のうちフランス人とドイツ人が各々一人ずつであった。むろん枢機卿も四名が出席していたが、そのうち三名は教皇特使の資格としてであった。

その他に修道会の代表や修道士、外交官、神学者、法学者たちも開会の儀式に参列していた。だが議決の際に投票権をもつのは大司教・司教と四大托鉢修道会長（フランチェスコ会、ドミニコ会、アウグスティノ会、カルメル会）とイエズス会長が、それぞれ一票、そしてベネディクト派修道院長が三名列席していたが、投票は三人で一票であった。中世初期以来のベネディクト派修道院勢力の中世末期における凋落《ちょうらく》ぶりは明瞭である。それでもベネディクト派は続く一七世紀のいわゆる「古典時代」に入ると、パリのサン・ジェルマン・デ・プレ修道院が中心となって、サン・モール会が結成され、とくに聖書、教父著作、そして歴史研究の面で輝かしい歴史を刻むことになる。

最初の会議の出席者は、総数で三四人であった。法的には「普遍公会議 Oecumenicus」、すなわち世界規模と謳われているのに、実際には常時教皇庁に出入りする司教の数にも及ばなかったのである。

一五四七年の春には、ペスト禍を理由に開催地がボローニャに移された。一五四九年に教皇パウルス三世は、カール五世が開催地をトレントに戻すように圧力を加えたために無期限の休会を宣言したまま、この世を去った。その後新教皇ユリウス三世が、一五五一年五月に再びトレントで公会議を開くことに同意したが、一五五二年にカトリック側のカール五世とプロテスタント勢力であるシュマールカルデン同盟側のザクセン大公の反乱による混乱と、ドイツ南部でのルター派軍隊の拡大が、都市トレントにも脅威になったた

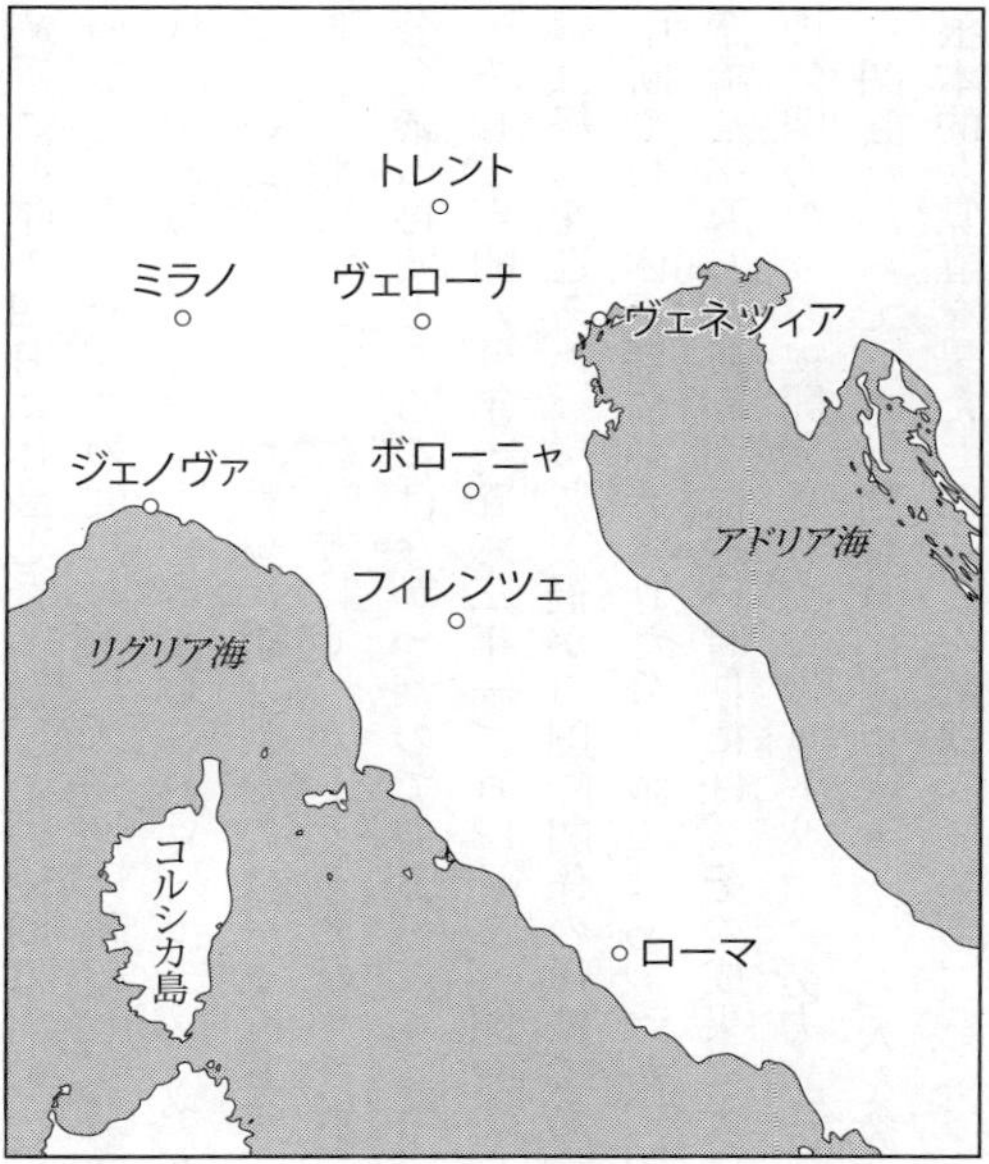

図2―9　トレント公会議関連地図

め、この年の四月に休会となった。この中断は実に一〇年に及び、再開されたのは一五六二年のことであった。この間にユリウス三世は死歿し、新教皇に選ばれたのはかつて枢機卿として辣腕《らつわん》を振るったジョヴァンニ＝ピエトロ・カラファであった。そしてパウルス四世として聖座についた。カラファが教皇に選ばれたのは一五五五年であったが、彼は公会議に対して反対であり、またフランスに味方して、カール五世のハプスブルク家との戦争に入ったこともあって、公会議の再開どころではなかったのである。

そして再開の翌年一五六三年一二月四日に、開会から閉会まで一八年を要したトレント公会議は終幕を迎えた。ペスト禍から国際関係の帰結である戦争まで、様々の要因で数次にわたる中断や長い休止期に翻弄《ほんろう》された公会議ではあったが、閉幕を告げた教皇ピウス四世は、自らが議論を主導した終わりに近い時期には、その成果に大いに満足したに違いない。ほとんど大方の無関心のうちに開催されたこのカトリック勢力立て直しの会議が、大いなる熱狂のうちに幕を閉じたからである。閉幕時には出席者二三七人を数えた。「この事実はカトリック教会が、根本的な覚醒《かくせい》を果たしたことを物語っている」（ジャン・ドリュモー）。

覚醒の兆候

ローマでは、後にオラトリオ会を組織するフィレンツェ生まれの司祭フィリッポ・ネリがサン・ジローラモ教会に、ローマの名士を集め、独特のユーモアを湛《たた》えた熱意をもって聴衆に呼びかけ、慈悲と慈善活動を呼びかけた。彼が組織したオラトリウム（oratorium）での集会がオラトリオ会の名称の起源である。オラトリオ会は修道会ではなく、一六世紀にしばしば見られた司祭と信徒との愛徳により結ばれた団体である。

スペインではアビラの修道女テレサが深い神秘的な体験をし、幾度となく自分の魂が煉獄《れんごく》から天国へ飛び立つのを目にしたとされる。彼女は一五六二年にアビラの地に改革カルメル会を立ち上げた。そして聴罪師の命令で、自分の生涯を書き記した。彼女は中世末期にしばしば見られた女性神秘家の系譜に連なる存在である。しかし先達に比べて、制度面の改革にコミットする点は、この時代の気風も大きく作用したものと思われる。

神学の復興もこの時代を彩る一面である。これにはイエズス会がアウグスティノ会やドミニコ会と並んで貢献した。また大学世界、すなわちサラマンカ大学、インゴルシュタット大学、ルーヴァン大学などで、顕著な復活が見られた。神学者たちはもはやスコラ学者の所説を繰り返すのに飽き足りず、ユマニストから原典、すなわち聖書や教父の著作に遡《さかのぼ》って研究することを学んだ。

聖職者や修道士、修道女ばかりでなく一般の信徒の間にも動きが見られた。「異端」の進展は、司祭たちを不安にさせるようになった。彼らは以前にも増して信徒の教化に努力するよう心がけた。結果として教皇の首位性とそのイメージを信徒大衆に植えつける効果をもった。論争やシュマールカルデン戦争のような戦乱が信徒たちの平安を断ち切り、信仰の内実をなすものが何かを明瞭に定義するよう働きかけ、改革の活力がどれほどのものかを測るよう望んだのであった。

原罪と義化問題

トレント公会議の成果は、教義と司牧活動の両面に関わっている。最初に取り上げるのは教義に関わる問題であり、その最たるものが原罪とそこから人間を救い、義なる存在に変える「義化」（カトリック）、「義認」（プロテスタント）の問題である。

プロテスタント神学は、そもそもその出発点を原罪という極端にドラマティックな概念から出発していた。ルターは一五一八年に「自由意志とは人間の堕落の後は単なる名辞でしかなく、何事を為すにしても、人間は大罪を犯すのみである」と断定していた。トレント公会議はこの大問題に対して、カトリックの立場を明白に定義しなければならなかったのであるが、それには次のような回答を与えている。神は人間を創造することで、様々の賜物《たまもの》をかなえた。最も重要なのは三位一体の生への参与である。原罪はただアダムとその子孫に苦しみと肉体の死と無知をもたらすだけでなく、「悪魔の力の囚われ人《びと》となることをもたらされた」。しかしながら、人間と神との和解が、媒介者（キリスト）により果たされ、キリストの功徳を子や大人に施すのが洗礼であるとする。洗礼を受けた者は神の共同相続人となるのである。

この点でルターは洗礼を受けた者であっても、根本は罪人であるとするのに対して、公会議は「神は蘇《よみがえ》った人を決して憎むことなく、また洗礼を通してイエス・キリストと共に正しく埋葬された者を決して罪人とはしない」と説き、ルターの右の考えに対しては、「自由意志は消滅しておらず、ただ弱まり、悪に染まり易《やす》くなっているだけである」とする。

この原罪からの救い、「義化」の問題は一六世紀に最も多くの論争を呼んだテーマであった。公会議でも四四の特別部会、六一の全体部会で審議された。その結論は以下のようである。

義化が神の業であるとしても、人はその恩寵を待ち、準備することも、また拒絶することもできる。良き業は信仰の必然的な補完要素である。

秘跡は神の制度である

ルターにとって秘跡の儀礼は無価値であり、実質的な効力もなく、行為によって表現する神の言葉の説教でしかない。カトリック教会は、信仰による義化についての先に述べた立場からも、まったく当然のこととして、秘跡の実効性と力を主張する。七つの秘跡、すなわち洗礼、堅信、聖餐、悔悛、終油、叙階、結婚は、ルターが言うように、単に信仰を涵養《かんよう》するだけのものでも、ツヴィングリが主張するようにキリスト教という宗教の単純な儀礼的な印というわけでもない。あらゆる信者が、位階が異なるすべての秘跡に与《あずか》れるわけではない。また洗礼や堅信や叙階の秘跡は取り消し不可であり、繰り返すこともできない。

秘跡の効力は、秘跡の客観的性格から、それを授ける者の恩寵の状態に依《よ》らず有効である。

秘跡を授ける側の全き恩寵を主張したヤン・フス以降、秘跡の有効性を、授ける主体の徳の点で問題視する見方がヨーロッパには広まっていたが、これに対して、その客観性を説き、秘跡は神の制度であると結論づけている。

聖餐の秘跡

聖餐の秘跡は、聖体の秘跡とも呼ばれる。すでにルターの回心のところでも触れたように、義化の問題に劣らず論争の的となった教義上の問題である。

トレント公会議の時期に、カトリック教会はプロテスタント勢力から、幾系統かのそれぞれ異なる見解を提示されていた。ルターは比較的ローマ教会に近い見解を懐いていた。彼は実体変化説、すなわちパンと葡萄酒という実体がキリストの身体と血に変化するという説を確かに否定している。しかし彼は実体共存説を承認している。それはキリストの身体と血とが、聖餐においてパンと葡萄酒と共存しているという説である。彼はそれを譬《たと》えて、赤熱した鉄の中に火が燃えているように、キリストはパンと葡萄酒の中にあると述べている。

一五三七年にルターが起草したシュマールカルデン同盟規約第六項には、「祭壇上の秘跡について、我らはパンと葡萄酒が、聖餐式においてキリストの真の身体と血であることを信じ、これを敬虔なるキリスト教徒であれ、不信心なキリスト教徒であれ受け入れる」と記している。

これとは逆に「聖餐形式論者」とされるツヴィングリやカールシュタットらは、聖餐は単にキリストを追想する儀礼でしかないと主張する。ツヴィングリは自説をひとつの譬え話にして解説している。「ある家族の家長が遠方に出かけるとき、彼は自分の妻に自分の横顔を刻んだ指環《ゆびわ》を渡してこう言う。ここにあるのは汝の夫である。だから私は決して汝のもとを去ることがない。私が不在のときも、汝は私に恵まれている。この家長こそが我が主イエス・キリストである。彼は不在でありながらも、妻たる教会に、聖餐の秘跡に自らの面影を宿すのである」。

トレント公会議はこのように複数のプロテスタント側の聖餐についての見解に対して、以下のように「実体変化」説を説明し、カトリックの教義として提示するのである。「聖餐というこの上なく聖なる秘跡において、もし誰かがパンと葡萄酒という実体が我が主イエス・キリストと共にあると言い、そしてこの不可思議で唯一のパンが身体に、葡萄酒が血に変容することを否認し、存在するのはパンと葡萄酒の外見でしかないと主張するならば、その者は呪われるべきである」。

ローマ教会はこうして実体変化説を確認し、教義の軸のひとつとして維持するのである。

司牧活動と聖職ヒエラルキー

トレント公会議は、これまで述べた教義に関する問題と並んで、教会組織と聖職者の活動についても取り組んだ。プロテスタントの原理の柱のひとつに万人司祭制があり、それは聖職者階級の存在を前提にするカトリック教会とは正面から対立する主張だからである。カール五世が、公会議を教会の規律問題だけに絞るように望んだのに対して、ローマ教会は、むしろ教義問題に多くの時間を割きたいと願っていた。結局、事態は双方の思惑の中間で収まることになった。つまり神学面の問題に正面から向き合い、教会改革の問題点を整理することである。実際、ローマ教会にとっても教会の信徒へのメッセージを、以前よりも効果的に伝えることを望むのであれば、規律問題を検討し、必要な改革を行うのは不可欠の措置であった。

規律問題の鍵《かぎ》となったのは枢機卿、大司教、司教らの複数の管区の兼帯問題である。たとえば司教の任地への不在の許容は、複数の管区兼帯と密接に結びついている。司教の任地居住義務が厳密に施行されたならば、管区兼帯という悪弊が自然に消滅するという帰結が導かれることになる。

これについての公会議の議論は、司教の任地居住問題は「神の法」に関わることなのか、それとも「教会の法」に関することなのかを定めることである。前者であるならば、教皇庁に裁量の余地はない。例外なく司教は任地に居住しなければならない。もし後者であるならば、教皇庁に裁量の余地があり、必要があれば任地の司教を長期に教皇庁の要務につかせることも可能となる。スペインとフランスの司教団は「神の法」に属するという主張を展開したが、結局は「教会の法」であるとする教皇庁側に押し切られてしまった。だが、司教が管区から長期に離れることには厳しい制限が課されることになった。終わりに近い第二三会期はこの問題を審議したが、結論は「司教座を三ヶ月以上留守にする場合は、首座司教もしくは教皇に書面で伺いを立てなければならない」とされた。

規律化の進展

教会は本質的に位階制を伴い、そこでは聖職者団体が神の制度である、という根本認識が確認され、教会は聖書を解釈する権能を自らに留保した。

公会議で検討され、結論を得ることができた教義上の、また司牧に関する合意事項は、教皇ピウス四世によって承認され、すべての聖職者に課された信仰告白のうちに要約されている。司教や聖職者の生活、典礼、秘跡の実施状況などについて、検討が行われ改革が進んだ。すべての聖職禄受領者は基本的に任地に居住しなければならず、司教は自ら説教し、あるいは説教を監督しなければならないとされた。聖職者は教育を受けていなければならず、修道院は閉門を常態とする等々である。

弱点もあった。すでに指摘したように、教会が聖職禄（ベネフィキウム）のシステムを結局問題にしなかったことである。だがその代わりに、教会法に極めて革命的な思考が導入された。それは、教会の諸々《もろもろ》の制度をそれ自体として見るのではなく、「魂への奉仕」との関連で見るという視点が出現したことであった。トレント公会議はその意味で、近代の司牧活動への道を開いたのである。

第三章　イエズス会の誕生と成長

1　イグナティウスと最初の同伴者たち

「七人のスペインの悪魔」

一九世紀英国の文化史家ジョン・アディントン・シモンズは、イエズス会の生みの親イグナティウス・デ・ロヨラとその初期の同伴者たちが、一五三五年に聖地に渡るためにイタリアに到着したときのことを、「七人のスペインの悪魔がイタリアに入った」と形容した。英国教会のプロテスタントであるシモンズからすれば、「恥ずべき教養と、恥知らずの虚言を弄《ろう》し、罪深い詭弁《きべん》家」と彼が評するイエズス会の創始者たちが、「七人のスペインの悪魔」と映ったのであろう。だが、このカトリック世界に新たな展望を与え、巨大な歴史的役割を果たした若者たちの幾人かは、死後ほどなく聖人として列聖されることになる者たちであった。

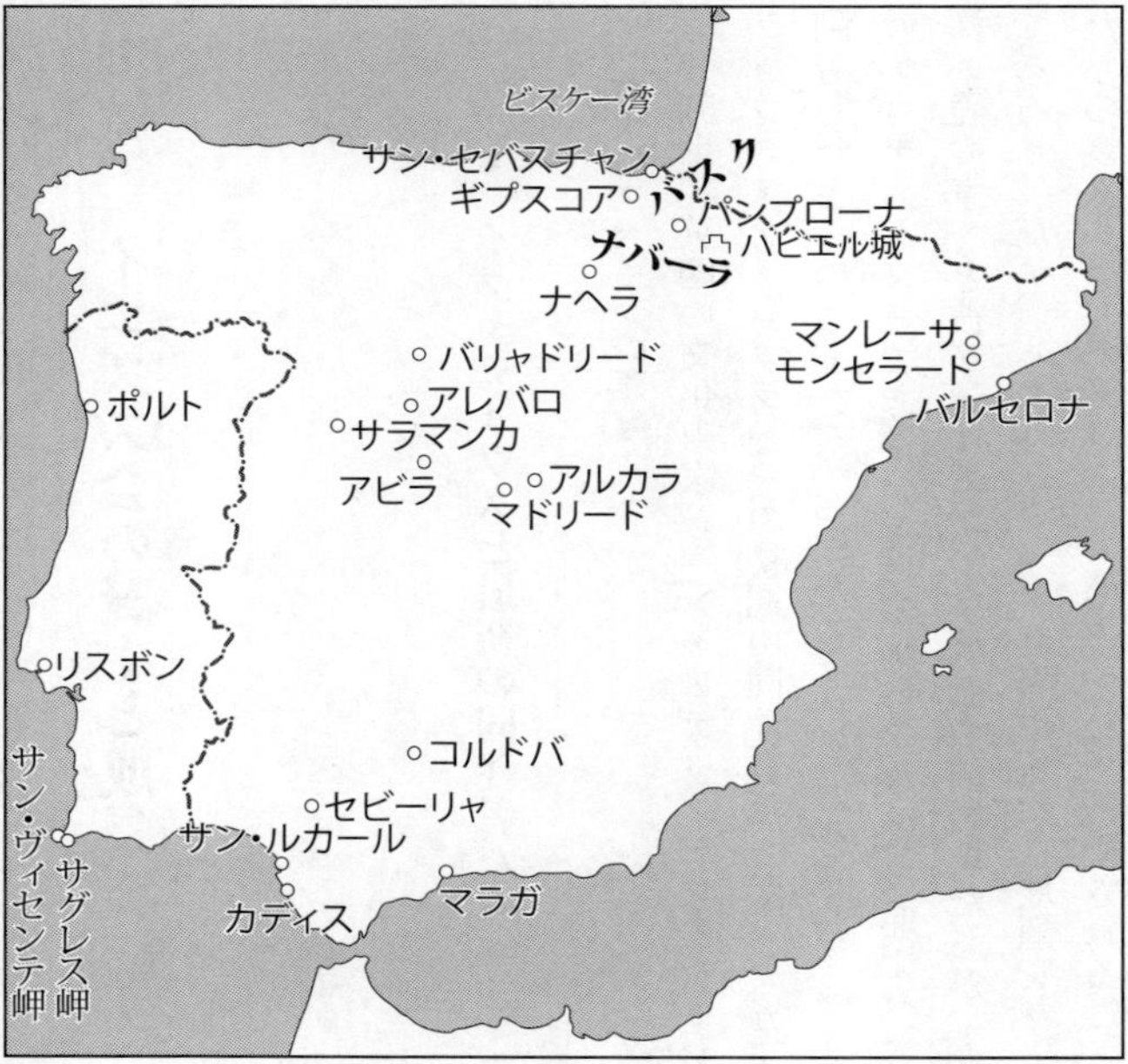

図3―1　イベリア半島地図

イグナティウスの回心

イグナティウス・デ・ロヨラは、一四九一年頃スペインはバスク地方のビスケー湾に面したサン・セバスチャンに近い丘陵地帯にあるギプスコアのロヨラ城に生まれた。家系は小貴族で、生まれたときにつけられた名はイニェゴ・ロペス・デ・ロヨラであった。イグナティウスという名前は、彼がパリ大学に学んだ頃にキリスト教初期に殉教した聖イグナティウスへの崇敬から選んだものであった。

小貴族と言っても、日本語でしばしば「郷士」——ドン・キホーテを想起――と訳される、爵位をもたない土着のエリートで、騎士の教育を受け、読み書きを学び、宮廷での作法なども一通り身につけた。一三歳になると、彼はアラゴン王フェルナンド二世の首席財務官であったホアン・ベラスケス・デ・クエラーのアレバロ（カスティーリャ）の邸宅に送られた。一五一七年にベラスケスが他界すると、イグナティウスは、ナバーラ王国副王でナヘラ大公のドン・アントニオ・マリク・デ・ララのもとで軍務についた。フランス国王フランソワ一世がカルロス五世との対決の結果スペインに攻め込んだとき、イグナティウスはパンプローナ防衛戦に加わり、大砲弾の一撃で右足を粉砕され、左足も負傷した。苦痛に耐えて何度か手術を受けたが、生涯にわたり右足の不自由をかこった。

ロヨラ城で負傷からの回復に努めていた折、好みの騎士道物語が手元になかったため、唯一手近にあったカスティーリャ語に翻訳されたヤコブ・ダ・ヴォラギーネの『黄金聖人伝記集 *Legenda Aurea*』や、ルドルフ・フォン・ザクセンの『キリストの生涯』などを読んだ。前者は自らの人生を聖人のそれとして思い描くきっかけとなった。そしてあれほど身近であった騎士道の夢を放棄することに繋がった。騎士となり華々しい武勲を挙げることの挫折《ざせつ》が回心の契機となったのは、聖フランチェスコの場合と共通していて、興味深い。

だが一方で片足が不自由になりながらも、騎士道への夢を断ち切れないでいる自分に悶々《もんもん》とする日が続いた。『自叙伝』によれば、やがて彼は騎士道物語を楽しんだあとには、気持ちがささくれ立つのに対して、聖人の物語を読んだあとには、静かで満ち足りた思いになる自分を

図3—2　モンセラート修道院

図3—3　モンセラート修道院の「黒いマリア」像

意識するようになる。こうした内面の経験を経て、彼は神が聖人伝を通して自分に語りかけているのだという確信をもった。そして完全に新しい生活に入ることを決意した。

マンレーサでの洞窟修行と聖地への巡礼

イグナティウスは負傷から回復して間もない一五二二年二月に、巡礼の旅に出る。彼は最初バルセロナ近くにあるベネディクト派のモンセラート修道院の門を叩き、修練士としてこの修道院を有名にしている「黒いマリア」像のもとで徹夜勤行に励み、この修行のなかで武人としての過去の自分との訣別《けつべつ》を果たした。彼は徹夜勤行のなかで、フランス人修道士ジャン・シャノンに告解を行い、院長であり神秘主義者であったガルシア・ヒメネス・デ・シスネロスが著した『霊的生活の鍛錬 *Ejercitorio de la vida espiritual*』を読み、これを通じて「新しい信心」の息吹にも触れた。

だが彼の最終目標はエルサレム巡礼であり、その地に生涯留まるのが理想であった。バルセロナがペスト禍にさらされたために、彼は近くのマンレーサ村に留まり、結局この地で約一一ヶ月を過ごすことになった。彼は山間の地の、ある洞窟《どうくつ》に起居し、『キリストの倣び』を読み、自ら祈り、断食、鞭打《むちう》ち苦行を実践した。同時に後にイエズス会士の教本ともなる『霊操 *Exercitia spiritualia*』として知られる著作も書き起こした。やがて極端な激情は収まり、神への信仰は聖書が存在しなくとも、確固として内奥に定まることを神によって直接に教えられたと確信した。

一年弱に及んだマンレーサの実りある滞在を終えて、一五二三年にイグナティウスはヴェネツィアを経由して、エルサレムに到着した。彼は三週間にわたってキリスト所縁の土地を、大いなる喜びをもって巡礼した。だが聖地を扼《やく》していたスルタンが、キリスト教徒に対して厳しい対応をとり始めたために、聖地でキリスト教徒の巡礼者の世話をしていたフランチェスコ会士たちは、巡礼者たちに聖地からの退去を強く勧め、あまつさえもし拒むならば破門にすると威嚇した。イグナティウスは聖地に留まり、キリスト教徒の「魂の助け」に勤しむことを願っていたが、そのためには本格的な教学上の知識を身につけることの必要性も実感していた。

アルカラからパリへ

一五二四年秋には、彼はバルセロナでヘロニモ・アルデボルの指導でラテン語を学んでいた。学習は自分の半分以下の年齢の子供たちと一緒である。時間を見つけては街に出て托鉢をして、得られたパンを、通りをねぐらにしている浮浪者たちと分けあったりした。こうした生活を二年ほど経て、彼はようやく大学での実りある講義に出席できるという確信をもった。こうして新設のアルカラ大学で学び始めるのであるが、この大学の授業プログラムはパリ大学の強い影響を受けて作られており、またイタリア・ルネサンスの息吹をも伝えていた。アルカラは、とくにスペインにおけるエラスムスの著作の発信センターでもあったので、彼はこの地でエラスムスの『キリスト教騎士提要 *Enchiridion militis Christiani*』の出版元で、そのカスティーリャ語の訳者であったミゲル・デ・エグイアの知遇も得た。

彼はアルカラ大学で人文学を学ぶつもりであったが、ドミニコ会の異端審問所の嫌疑を受けて四二日間投獄された。その原因は、彼が著した『霊操』が、当時カスティーリャを席巻《せっけん》していた開明的な思想運動、「光明派」と翻訳される「アルンブラドス alumbrados」と気脈を通じた書物ではないかと疑われたからであった。そこで知人の勧めもあって、スペイン最古の大学であるサラマンカ大学で気持ちを新たにして勉学に励もうとやって来た。しかしここでもアルカラと同様の嫌疑をかけられ、裁判では無罪評決が得られたもののこの地での勉学を断念し、パリに向かうことにした。

一五二八年二月にパリに到着したとき、彼は中年を迎え三七歳になっていた。勉学の費用に充てるためにツテを頼ってフランドルやロンドンまで足を運び、自身の分だけでなく、同志となった他の学生の分も捻出《ねんしゅつ》した。パリに戻ると「主の御許の朋友《ほうゆう》」として、他の学生を集め、ミサを行い、霊的な話題で議論を重ねた。彼が学生登録をしたモンテギュー学寮は、かつてエラスムスやカルヴァンが学んだところであった。だが自分のラテン語がまだ不十分と感じた彼は、サント・バルブ学寮に移った。この頃から彼は自分をイニェゴではなく、イグナティウスと称するようになる。

図3－4　ザビエルが生まれ育った城

仲間となった学生のうちスペインで知り合っていた者もいれば、パリで初めて知り合いになった若者もいた。イグナティウスのルームメイトのサヴォア人司祭ピエール・ファーヴル、そして自らの友人でナバーラの小貴族の出であるフランシスコ・ザビエル、さらには三人のスペイン人ディエゴ・ライネス、アルフォンソ・サルメロン、ニコラス・ボバデーリャ、加えてポルトガル人のシモン・ロドリゲスなどであった。本章の冒頭でシモンズが「七人のスペインの悪魔」と形容したのは、必ずしも正確な表現ではなかった。

そのことはさておき、この国際的なグループがやがて「イエズス会」を結成することになる。パリ大学での勉学の合間をぬって、全員がイグナティウスの創案になる「霊操」を実践した。そして一五三四年八月一五日にパリの市壁の外にあったモンマルトルの丘にある礼拝堂で、イグナティウスを含む七人が、清貧と貞節を永遠に誓い、勉学を終了したあかつきには、揃《そろ》って聖地巡礼に旅立つことを約束したのであった。

勉学の成果

パリ大学在学中にイグナティウスは、「パリ大学方式」とも呼べるこの大学の勉学・研究方法と、カリキュラムの実践的性格に非常に印象づけられた。彼は後にイエズス会の学校を創設するにあたって、この方式を採用した。またサン・ジャック街にあったドミニコ会の修道院で、神学の研究にも励んだ。ここで聖トマス・アキナスのスコラ学を学び魅了され、これも後にはイエズス会の教育に取り込まれることになる。

一五三五年に、イグナティウスは人文学の課程を終了し、めでたく修士号の学位を獲得した。四四歳のことである。彼は自分の家族の問題を整理し、また勉学に酷使した体を休めるために、スペインに一時帰った。この間にピエール・ファーヴルが新たに三人の仲間をリクルートし、「霊操」を実践させていた。すなわちファーヴルの少年時代の友達クロード・ジェイ、ピカルディー人のパシャーズ・ブロエ、プロヴァンス人ジャン・コドゥールで全員がフランス人、しかもパリ大学の人文学の修士号取得者であった。

イエズス会の誕生

新たに仲間に入った三名を含め九人が、徒歩で聖地への航海の乗船地ヴェネツィアに向かった。学生の衣装を纏《まと》い、革製の頭陀袋《ずだぶくろ》にわずかの着替えと、聖書と筆記用具だけを収めた一行は、苦労の末に一五三七年一月八日にヴェネツィアに到着した。そこにはイグナティウスがほぼ一年前に到着し、仲間を待つ間に神学の研究をしながら、「霊操」の実践を勧めることで、またもや異端審問所と悶着《もんちゃく》を起こしていた。それでも新しくスペイン人ディエゴ・ホセスを仲間に引き入れていた。このヴェネツィア滞在中に、彼らはこの地に駐在していた教皇特使のヴィンチェンツォ・ニクサンティから司祭の叙階を受けた。

こうして船を待つ間、パレスティナでのキリスト教徒とスルタンとの緊張関係が一段と高まり、この年も翌年も聖地に向けての船出はないことが分かると一行はローマに向かい、教皇パウルス三世に、かつて彼らがモンマルトルの丘で誓った、教皇の僕として奉仕することを願い出た。一五三八年のクリスマスの朝、イグナティウスは聖地で行うはずであった最初のミサを、ローマのサンタ・マリア・マッジョーレ教会で司式した。

一五三九年の四旬節《しじゅんせつ》（復活祭前の四〇日間）の折に、彼らは次の段階への歩を進める。すな

図３―５　教皇パウルス３世に自著『霊操』を献呈するロヨラ

わち教皇に直接従属する会派を結成して、宣教に出てゆくことを決定したのである。イグナティウスは、最初の会憲であるいわゆる「五章」またはは「会派信条 Formula」と称される規約を作るよう選ばれた。この会憲は教皇勅書『戦う教会の統率に』の中で、一五四〇年九月二七日に教皇パウルス三世によって承認された。ちなみにフランシスコ・ザビエルは早くも翌年四月七日に、その後イエズス会士になった二人の仲間を従えて、リスボン港からインドに向けて出発している。勅書を得ての待ちに待った海外宣教の先駆けであり、彼らの昂揚がいかに高かったかを示している。

インドから彼が書き送った手紙は、航海の長い道のりと、彼《か》の地の不可思議玄妙な風物について語っている。イエズス会の神学校では、このように海外、とりわけインドの拠点であったゴアから送られてきた会士の手紙を教室で読み聞かせるのが習慣となった。それは、ここで学びながら異郷での宣教の希望に胸を膨らませている若い会士に、情熱を植えつけたに違いない。

イグナティウスはザビエルがリスボンを離れた翌日の四月八日に、イエズス会の初代総長に選出された。

2 『霊操』とは何か

霊操実践の仕組み

イエズス会に正式の会士として認めてもらうためには、それまで作られた各種修道会派の戒律から学んだ要素を、イグナティウス自身の経験を混じえながら創案した、『霊操』に書き記されている内容を実践する必要があった。いわば会士となるためのイニシエーション（通過儀礼）とでも呼べるもので、四週間（二八日）に及ぶ観想のプログラムである。一回が一時間の長さで、これを一日に五回繰り返す。この五回は同じ内容についての観想を繰り返すのではなく、毎回違ったトピックについて行うのである。そのうえで、各週がそれぞれ異なる大枠の課題にあてられていて、一週間を経ると別課題の段階に進行する仕組みである。この霊操実践は、

一六、一七世紀に日本を宣教に訪れたイエズス会士が、日本人会士の養成にも用いたものであった。

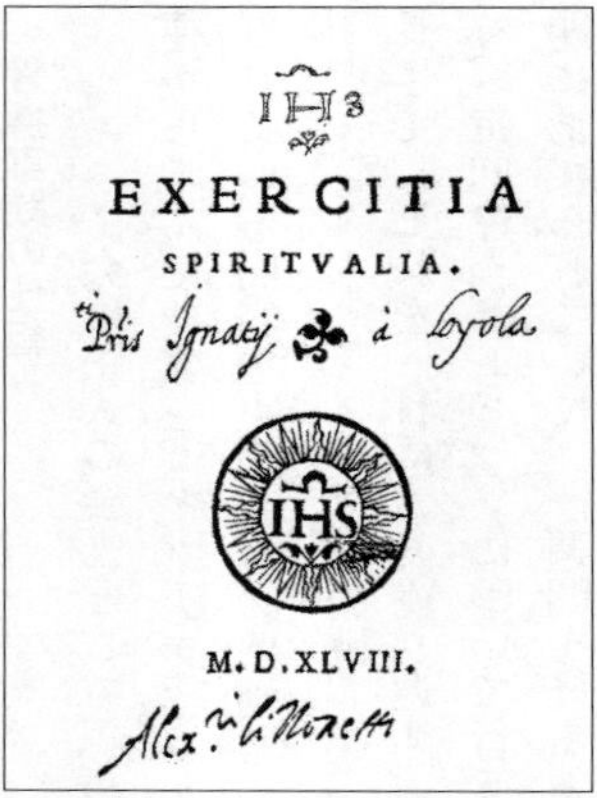
IHS

EXERCITIA

SPIRITVALIA.

P.tris Ignatij à Loyola

IHS

M.D.XLVIII.

図3―6　『霊操』初版本

罪についての観想

最初の一週間は、罪についての観想実践である。まず霊操の基本原理と趣旨が、人間の神への従属とその倫理的帰結を内容として述べられる。そして何の解説もしないで、著者は良心と告解の検証のための様々な典拠を挙げ、その後に観想者が一週間にわたって毎日実践を求められる、五つの観想課題が示される。

この五課題とは、①「罪の歴史」あるいは「三重の罪」、すなわち天使の堕落、エデンの園でのアダムとイヴが犯した罪、かりそめの死に直面する罪人《つみびと》についての観想である。そこから十字架に架けられたキリストの姿に、読み手である観想者は対面させられ、キリストとの想像上の対話をするよう促される。我々がキリストに何をなし、今何をなしつつあるか、そして何をなすべきかを、である。

②観想者自身の生涯と罪の特徴について焦点が当てられる。そしてその頂点として、それにもかかわらず、「神はこれまで私を生かしてくれた」という感謝の思いで観想が締めくくられ

る。

③「大いなる慰めまたは大いなる悲哀を感じたり、ほかにも増して霊的感情を覚えたりした点について」、集中して「繰り返し」思いをめぐらすこと。ここで観想者はマリア、キリスト、神なる父への祈りを通して「三重の対話」を行い、罪に対するより深い嫌悪をもち、また罪深くあることが孕む、精神の働きを省察するよう促される。

④は③と同様の観想を続けること。

⑤地獄についての観想。それは観想者を不安にさせるためではなく、観想者が災禍から免れていることとの感謝の気持ちをもってする観想である。

最後に観想者に、この段階を通過するのに有用な助言となる補足的な指示が述べられる。この部分は続く各週の観想プログラムの最後に、多少の修正を施して付加される。

キリストの生涯についての観想

第二週は、キリストの呼びかけと「人間の王」の呼びかけを比較するところから始まる。これはキリストの生涯を最後の晩餐まで想起しながら実施する観想が中心である。五課題のうち①②はキリストの生涯についての観想。③④は①②の反復である。⑤は「感覚の祈り」、つまり五感による想像力に訴える、より直感的な感受性の訓練である。その目的はキリストについての知識と愛と奉仕の感覚を陶冶すること。キリストの受肉と誕生、そして青年期をめぐる祈りのあとに、イグナティウスはこの週の四日目の課題として、とくに生き方の選択についての観想をセットする。

彼は二つの水準の観想、すなわち富と名誉と自惚《うぬぼ》れを追求する悪魔的な誘惑と、よりキリストに忠実な清貧、謙遜《けんそん》、従順の生き方を比較対照しながらの実践を勧める。同じ日に、倫理的に胡乱《うろん》な手段で得られた金銭を管理するための戦略について省察するよう求められる。イグナティウスは金銭によって何をなしたかではなく、この種の決断を複雑にする、心乱れる金銭への愛着に焦点を当てる。中世の倫理神学の比喩《ひゆ》を引きながら、彼は三つのシナリオについて考察するよう仕向ける。すなわち、漠然と逡巡《しゅんじゅん》して決断を遅らせている状態。ついで内心で微妙な取引をしている状態。そしてはっきりと合理化して割り切っている状態で、これは純粋に金銭への愛着に屈した状態である。

これら二つの課題は、最初の地上の王や、それに続く清貧、謙遜、従順の三種の謙虚な生き方と同じように、複雑な祈願で終わる。どちらも神の業である最も高い霊的清貧が有効に働くよう祈願する。

イエズス会のイメージ形成

第三週はキリストの最後の晩餐以後、殉教と死と埋葬をめぐる祈りを献《ささ》げる一週間であり、うち砕かれたキリストと共に、この悲惨な境遇に恩寵を求めるのである。この時点で、イグナティウスはよく整えられた食事のためのガイド・ラインを提示する。

第四週はキリストの復活と顕現への祈りから始まる。その目的は、回りくどい表現がされているが、キリストの経験を想像によって共有することを呼びかけることである。これに「愛の高みに達するための観想」が続く。

以上が『霊操』の概略である。これは伝統的な修道会の場合に当てはめるならば「戒律」にあたる文書と言えよう。ここでは観想修行の様々な時点で感じられる慰めと悲哀の内面の動きが、とくにひとりの個人が第一週の開始時に直面する挑戦と、第二週目の「神による選び」として取り上げられている。数ページのうちに、『霊操』は個人と神とのダイナミックな関係について、何よりもイグナティウスが考える最も基本的な前提を緊密に提示し、この隔離と検証と観想と、そして深い内面の変化の折々における、個人の意識とその強度を高めるべくしつらえられた配慮が凝縮されている。

これはドグマの書物ではないが、ドグマティックな書物である。これはキリスト教徒に共通のメッセージを伝える書であり、そのメッセージとは論議すべきものというより、各人が己のものとするメッセージなのである。マヨルカ島出身のイエズス会士で、イグナティウスの助手を務めたヘロニモ・ナダルは、イエズス会を軍隊の「騎兵大隊」になぞらえている。イエズス会文書において、こうしたイメージは繰り返し出てくるが、それぞれの会士が自らをそのようにみなしていたのか、確たることは言えない。ただ、「会派信条」の冒頭には、会士は「十字の旗印の下に集う神の戦士 militare Deo sub vexillo crucis」と謳っている。「神の戦士」は中世において修道士の同義語であった。こうしたイメージはエラスムスの著作『キリスト教騎士提要』なども共有するイメージである。学者の中には、イグナティウスは『霊操』の中のイメージをエラスムスの『提要』の影響のもとに構築したとする論者もいる。

イグナティウスの死

イグナティウスは一五四一年にイエズス会総長に就任したあと、その死までほとんどローマを離れなかった。彼の生涯の最後の段階で、イエズス会士の数は一〇人から一〇〇〇人に増加し、ヨーロッパ、アフリカ、南米、アジアに展開していた。手紙による音信システムと管区長の任命などを通じて、彼はこのグローバルな組織の中で決定的に重要な役割を果たした。

イグナティウスは会の創設者、そして初代総長となったが、中世後期の宮廷人の文化と、勃《ぼっ》興《こう》しつつあった近代官僚制の文化を自らの仕事に持ち込んだ。彼の書簡六〇〇〇通が今に残るのは、後者がもたらしたものであった。前者に関してはイグナティウスの宮廷での訓練と外交的経験が、後の事業に果たした貢献を指摘する研究者もいる。

だが、大部分の学者は、イグナティウスが中世と近代世界の移行期に生きた人間であることで意見が一致している。彼の個性と世界観の多くが中世後期の騎士的観念に由来している。一例を挙げるなら、彼が主張する「霊操」の中の「二つの水準の観想」は、一五一八年二月にバリャドリードの宮廷でカスティーリャ王のカルロス一世を迎えたとき、あるいは一五一一年にアラゴン王フェルナンド二世がセビーリャで十字軍を呼びかけた折に遡る。しかし近代人としての側面も、その人生と著作にうかがえる。「霊操」は明らかに「新しき信心」の発展形であるし、イエズス会が擁護する頻繁な告解は、宗教改革運動の一側面であった。イグナティウスはまた、教会における神秘主義の伝統のなかで理解されなければならない。マンレーサでの彼の内なる経験は、彼の生涯とミッションを形成する鍵となる多くの神秘的経験のうちの最初のものであった。

一五五〇年からは、イグナティウスはほとんど身動きできない状態にあった。一五五六年の年初には、もう一ヶ月もミサをあげていなかった。アルカラ時代からの旧友ディエゴ・デ・エグイアは医師から、「彼は奇跡で生きている」と告げられた。七月三〇日の夜、秘書のポランコは彼が「主よ、主よ」と呟《つぶや》くのを聞いた。翌三一日の明け方、イグナティウス・デ・ロヨラは息を引き取った。冷静なポランコの言によれば、「彼はごく普通にこの世を去った」。

3　イエズス会の勢力拡大

急速な膨張

先に述べたように、イグナティウス・デ・ロヨラが存命中に、イエズス会士の数は一〇〇〇人を超えた。それからの膨張ぶりの勢いは目を瞠《みは》るものがある。一五八一年には五〇〇〇人になり、一六一五年にはその数は一万三〇〇〇人を数えた。ちなみにこの数の膨張を支えた修練士養成所は一五八〇年に一二ヶ所、学校が一四四ヶ所あったのが、一六四〇年にはそれぞれ四九ヶ所、五一八ヶ所に増加した。イエズス会を結成して一世紀経《た》つか経たぬかの間の、この急速な成長は、イグナティウス亡きあとの五人の総長の手腕の賜物で、それぞれが比較的長期にわたって在職したことによる、組織の安定という側面も与って力があった。

会は最初イタリアとイベリア半島に普及した。それからオランダ、ドイツ南部、ライン地方、そしてフランス、ポーランドと拡大していった。それはハプスブルク家による中部ヨーロッパのカトリック勢力の再征服や、ロシアまで及んだプロテスタント諸国のカトリック宣教という大胆な行動に先行して行われていた。

さらに海を渡りラテン・アメリカに管区を設け、アジアの大帝国やカナダにも十字架を掲げた。イエズス会士で偉大な創設者イグナティウス・デ・ロヨラとフランシスコ・ザビエルは二人揃って、一六二二年に聖人として、列聖された。スタニスラウス・コストカやアロイシウス・ゴンサガ、あるいは大量の仕事にいつも追われていたペーター・カニシウスのように、若い時分からその天稟《てんぴん》を賞賛された会士や、日本やカナダで殉教した優秀な人材を輩出したのである。この時期イエズス会の影響力が、ローマ教会の歴史を輝かしいものとした。

イグナティウスがこの世を去ったときと前後して、イエズス会は遠方にある異教徒の国々の宣教に本格的に乗り出した。インドや中国やカナダやパラグアイなどに派遣された宣教師たちが、ローマの総長に宛てた手紙は、前にも触れたようにイエズス会の修練士養成施設や学校で朗読されたり、印刷に付されたりしたが、それは後進の若者に大きな興奮と刺激を与えた。他方、総長はヨーロッパの状況にも神経を尖《とが》らせなければならなかった。

「諸君のインドはここだ!」

この言葉はカニシウスに対して、ザビエルがヨーロッパにおける「異端」との戦いの必要を説いた手紙に寄せて、いたずらに異郷での宣教の思いに胸を膨らませる若者を戒めるための総長の言葉である。

「異端」すなわちプロテスタントとの戦いは、ヨーロッパが主戦場であり、イエズス会士は神学の練磨と教育に全力を挙げ、効果を見せ始めていた。イグナティウスとともにアルカラ大学で学んだディエゴ・ライネスとアルフォンソ・サルメロンは、トレント公会議で最も説得力を発揮した教皇庁顧問であった。一五六一年にポワシーで開かれたカトリックとプロテスタントとの討論会では、プロテスタント神学者たちとの論争で、面目を失った教皇特使に代わって、ライネスが相手を論破した。ドイツの大学では、ローマのドイツ・イエズス会学校で教育されたカニシウスをはじめとする会士たちが、ルターと戦った古い世代のあとを継ぎ、活発な論戦を戦わせていた。プロテスタントとの対決は、ひとり大学のような知的実践のアリーナに止まらなかった。彼らは都市でも、農村部でもカトリックの教義の正しさと正統性を説き、プロテスタントの主張を論駁《ろんばく》して回った。そのことを解説する多くの著作も出版した。フランスでよく読まれたエドモン・オジェのミサ論や、カニシウスの『公教要理』などがその代表である。プロテスタントが多数派になってしまった地域での、カトリック再宣教の活動も積極的に行われた。ただしこれには命の危険が伴う。イエズス会士エドモン・カンピオンは、一五八〇年に身分を偽ってエリザベス一世治下のイギリスに潜入し、活動した。しかし政府の手先に追い詰められ、逮捕され処刑された。

教育の重視

こうした過程で、イエズス会はプロテスタントの普及を防止するための防波堤として、そして正統教義による「再征服」のための最も有効な手段は若者の教育にあると思いいたった。一五四八年にシチリア島北東部のメッシーナに、イグナティウスの肝煎《きもい》りで創建された学校は、すでにあるインドのゴアやスペインのガンディアのイエズス会学校と並んで大きな成功を収めた。イエズス会の世界における新たで重要な事業は、学校の創設の形で具体的に示される。重要な学校を列挙するならばローマ（一五五一年）、バイエルン地方のインゴルシュタット（一五五四年）、プラハ（一五五四年）、パリのクレルモン・コレギウム（一五五五年）、ドゥエ（一五六八年）、スイスのフリブール（一五八二年）などが有名である。イエズス会学校はカトリックの地方篤志家の費用で建設されることもあったが、多くは地方の中心都市やプロテスタント勢力と対峙《たいじ》する前線基地と言える都市に建てられた。

マルク・ヴナールは、イエズス会学校に入学した生徒は貴族や名望家の子弟であったのではないかという臆測に、一七世紀には全体の三分の一だけがこうした階層出身者であり、残りはブルジョワ、商人、職人層の子弟であったとしている。それは入学と教育が無償であったことも大きかった。

またイエズス会は若い女性の教育にも力を注ぎ、女子向けの学校の建設も支援した。聖女ウルスラ会の学校や、「聖母の娘」学校などローマ・カトリック系の女子学校はイエズス会と連携して、慈愛の心など宗教的徳目を涵養し、道徳や家政、音楽や踊りなど女子の嗜《たしな》みを教育した。彼女らは未来の夫を教会で見つけ、良き妻、良き母として子供をカトリック教徒として育てることになるであろう。

イエズス会学校の教育カリキュラム

話はやや前後するが、ここで「コレギウム」と呼ばれたイエズス会の教育カリキュラムについて少し説明をしておこう。

イエズス会は注目すべき教育カリキュラムを練り上げた。それは一五八六年に「学習計画Ratio studiorum」として取りまとめられた。何度かの改訂を経て、一五九九年に決定版がナポりで印刷された。それによれば、学生はラテン語クラスから始める。文法から始めて、人文諸学、修辞学へと逐次進む。理想的にはギリシア語がある程度教えられることが望ましかった。続いてアリストテレスの著作に基づく、三年間にわたる哲学の授業があった。これはまたその結果として、論理学、自然哲学、形而上学《けいじじょうがく》も含むことになった。最終段階は四年間に及ぶ神学である。教材となったのは主としてトマス・アキナスの著作と聖書および教父たちの作品である。「学習計画」の目指すところは、教育の画一的水準化であったが、地方の学校は事情に応じて授業内容に数学を加えたり、現代語の授業を加えたりした。この計画に入っていないのは、大学での専門教育に委《ゆだ》ねられた法学と医学である。政治や歴史の授業はそれ自体としては欠けていた。それらは修辞学の一部として理解されていたからである。

パリ大学在学中にイグナティウスが、パリ大学の勉学・研究方法と、カリキュラムの実践的性格に非常に印象づけられたと先に述べたが、これが「学習計画」に生かされた。学生は「クラス」に分けられ、求められる熟達度に達したとみなされると次のクラスに進級した。教師は通常の講義を行ったが、学生も積極的に授業に参加することを求められ、作文や書き取りをさせられた。学生同士の競争もイエズス会教育の特徴で、学生を複数のクラスに分けて、互いに競い合わせた。

この授業綱領はフランスでは、革命政府によりイエズス会が解散させられ、一八一四年に再び同会が復活したあとに、非公式には一九六〇年代まで続けられた。現在でも多くのイエズス会学校では古典語や、「学習計画」時代の人文諸学が教えられている。

イエズス会の危機

イエズス会の最大の危機は、思いがけないところからやって来た。教皇庁である。しかも最も断固として改革を成し遂げようとする教皇たちからである。おそらくドミニコ会士であったピウス五世（在位一五六六〜七二）が最初で、ついでシクストゥス五世（在位一五八五〜九〇）がイエズス会の勢力と、イエズス会士の修道会派の一員としての異例な地位に不安を覚えた。これらの教皇は会憲を修正し、会士が礼拝堂で聖務を執り行うよう強制し、会派の名称を変更させようとまでした。こうした動きに対し、イエズス会は総長をはじめとして様々な理由を挙げて抵抗し、時の過ぎ去るのを待った。「どんな教皇も永遠に生きはしない」。とりわけイエズス会が誕生してから約一世紀間は彼らの黄金時代であり、その影響力は絶大であった。それはカトリック再興のあらゆる面でそうであった。神秘主義、神学研究、司牧活動のどの分野でも、それは顕著である。教育やモラルでもそうであったが、芸術の面でバロック芸術の普及は彼らの功績が大きかった。

第四章　托鉢修道会の動き――フランチェスコ会とドミニコ会

1　「遠いオリエント」への宣教――発端としてのモンゴル帝国

モンゴル帝国との出会い

十字軍遠征の時代まで、西方世界のヨーロッパ人に知られた「東方」は、中近東であった。それゆえローマ教皇庁にとって、宣教の中心的な課題は、東方教会、すなわちギリシア正教とラテン・ローマ教会との統一を実現することであった。ローマ教会にとって、それは実質的に自分たちが中心となる、ラテン典礼を軸にした統一であったのは言うまでもない。

だが一三世紀に入ると幾つかの偶然が重なって、宣教熱を燃え上がらせることになった。東ヨーロッパのハンガリー王国やポーランド諸邦国の躍進は、ロシア世界の南部において、トルコ系の遊牧民族クマン人が支配するラテン世界の縁辺をなす、ステップ地帯へ進出する展望を

図４—１　グユク・ハン

開くことになった。一三世紀初頭は、二大托鉢修道会が誕生した時期であり、ドミニコ会もフランチェスコ会もともに、宣教活動への意欲を大いに燃やしていた。

こうした状況のもとで、一二四一年に、ラテン・ヨーロッパの人々がタタール人と称したモンゴル人が、突如ラテン西方世界を襲ったのである。この重大な脅威を前にして、教皇インノケンティウス四世は、キリスト教の福音によってこれに対処しようとした。一二四五年にリヨンで開催された「世界公会議」の少し前に、教皇は托鉢修道会の修道士数グループをモンゴル帝国に派遣した。インノケンティウスはその機会に、モンゴルの支配者たちにキリスト教信仰の内容を伝えるための「父なる神の無辺 Dei patris immense」と題された書簡を託した。他方で教皇勅書『一一時に *Cum hora undecima*』を発して、世界の宣教の必要を宣言し、未知の土地に旅立つこの新しい「信仰の労働者」の特権を明確にした。この勅書のタイトルはウルガタ版『マタイによる福音書』二〇章九節にある、終業時間（一二時）の直前に来て、他の働き手と同じ賃金（天国）を受け取る労働者の譬え話に由来する。

一二四五年にモンゴルの大汗グユク・ハンのもとに派遣されたひとりに、フランチェスコ会士ジョヴァンニ・ダル・ピアノ・ディ・カルピーニがいた。彼はこの旅の記録を『タタール（蒙古《もうこ》）人の歴史』（邦訳は護雅夫《もりまさお》訳『中央アジア・蒙古旅行記——遊牧民族の実情の記録』）と題して書き残している。この数年後にフランス国王ルイ九世聖王が、アンドレ・ド・ロンジュモー（一二四九年）とギヨーム・ド・ルブルック（一二五三年）を相次いで派遣した。それはモンゴル軍がラテン・ヨーロッパ軍と手を結び、協力してイスラーム世界を転覆しようという提案であった。だがモンゴルの指導者たちは、使節の言い分を聞き、神学問題について、各宗教の代表者たちが意見を戦わせる討論会を開催したものの、軍事的協力については、西欧諸王が臣下の礼を取らない限り、同意はできないという態度を崩さなかった。

「モンゴル人の十字軍」か

実らなかった外交的裏工作に続いて、一二五八年にモンゴル軍がバグダードを陥落させたとき、キリスト教徒側には再び光明が見えたように思った。西征軍を指揮したフレグがキリスト教に共感を示し、征服した全都市でキリスト教徒の財産の没収を禁じたのである。長い間イスラーム教徒の軛《くびき》に苦しんでいたイランのキリスト教徒は、フレグを神の使いと感じたほどであった。フレグがシリアのイスラーム軍に戦を仕掛けたとき、キリスト教徒軍とモンゴル軍の本物の協力が実現する寸前にあった。アルメニア王とその娘婿でアンティオキア公ボエモン六世が、モンゴル軍のダマスカス攻略戦に参加したからである。

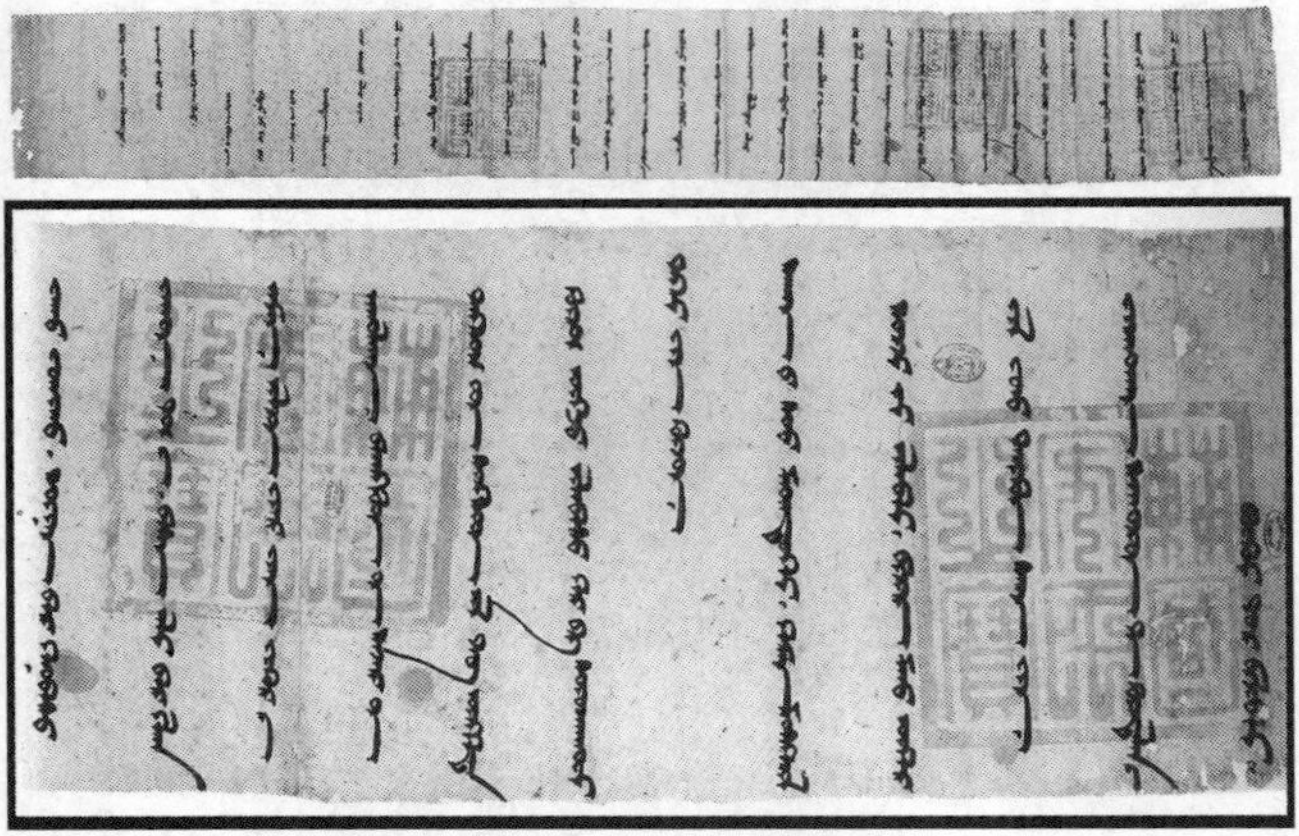

図4―2　アルグンのフィリップ4世宛書簡

しかしこの同盟関係は、十字軍国家にわずかに残るキリスト教徒勢力であったアッコの騎士たちが、遊牧の野蛮なモンゴル軍よりはイスラーム教徒がまだましと、モンゴル軍の偵察隊に攻撃を加えるという愚かしい振る舞いをしたために、烏有《うゆう》に帰した。フレグは反撃して、シドンを占領し、破壊するよう命じた。これに対してラテン西方軍は、パレスティナの海岸線沿いにマムルーク朝のスルタン軍が移動する許可を与え、補給物資を提供することさえして、モンゴル軍を破り、彼らをシリアから駆逐した（一二六〇年）。

次はモンゴル側がラテン西方と同盟しようと試みた。一二八五年にフレグの孫にあたるイラン・モンゴルの統治者アルグンは、マムルーク朝を打倒しようと教皇ホノリウス四世に書簡を送り、そのなかでイスラームの支配下にあった

図4―3　アルグン

シリアに共同作戦を敢行し、成功のあかつきにはモンゴル帝国とラテン人とが、この領土を折半するという提案を行った。この提案を強調するために、彼は一二八七年に、景教（ネストリウス派）の修道士でウイグル人のラッバーン・バール・サウマを使節として派遣した。サウマは途中でコンスタンティノープルに立ち寄り、皇帝アンドロニコス二世の丁重なもてなしを受けた。その後ヨーロッパに入りローマ、ジェノヴァ、パリを訪問した。ボルドーではイングランド王エドワード一世の謁見も受けた。彼はいたるところで歓迎され、教皇ニコラウス四世は、サン・ピエトロ大聖堂で歓迎のミサを執り行った。

　だがサウマは共同作戦についての明確な同意を得ることができなかった。その数年後に教皇とフランス国王フィリップ四世により派遣された使節も、儀礼的なもてなしを受けただけで、帰国しなければならなかった。ラテン教会のキリスト教徒は、イスラーム教徒のトルコ人を粉砕する貴重な機会を、またしても逸したのである。

2 モンテコルヴィーノと中国宣教

教皇庁の二つの目論見

キリスト教徒の間では、十字軍遠征の理念は次第に宣教の精神にとって代わられつつあった。一三世紀の終わりから、東アジアへの宣教に出発したフランチェスコ会士たちは、とりわけその地で異教徒を改宗させることに情熱を燃やした。

そうしたひとりに、サレルノ生まれのフランチェスコ会士ジョヴァンニ・ダ・モンテコルヴィーノがいる。彼はキリスト教を広める目的で、大汗クビライのもとに派遣された。クビライはマルコ・ポーロ兄弟たち、ついでフレグの長子であったアバカ・カーンらの勧めで、ラテン・キリスト教を受け入れる意向を示していた。クビライの気持ちは、新しくカーンに就任したアルグンにより、新たに更新された。ローマ教皇ニコラウス四世もまた、その気持ちに応える意向であった。教皇は大汗をキリスト教信仰に導き、こうしてクビライの臣下すべてをキリスト教徒にする手始めにしたいと考えていた。

ニコラウス四世はまた、教皇庁がこれまで何度か東方教会の指導者に呼びかけてきた問題についての書簡を、あらためてこのフランチェスコ会士に託したのであった。キリスト教への改宗を促す、クビライ、オゴデイ家のカイドゥ、チャガタイ家のアルグンに宛てた書簡と、アルメニア王とその家臣、ジョージア王、エチオピア皇帝や東方教会の指導者、すなわちシリア正教会のヤコブ派総大主教、ネストリウス派の普遍派、エチオピアの大主教、タブリーズのヤコブ派主教たちに宛てた教会統一を訴える書簡を託されたのであった。モンテコルヴィーノが本当に、これらの書簡をすべて名宛人に運んだかは疑わしいとフランスの中世史家ジャン・リシャールは考えている。カイドゥへの書簡はウイグル地方のジュンガル盆地を通らなければならないし、他方エチオピアへのそれは海路を運ばなければならない。リシャールの考えは、これらの書簡はおそらく、あれこれの目的地での任務に役立つように、いたるところで便宜を図ってもらえるようにもたせたのだというものである。リシャールはそれ以上の推論を控えているが、論理的に考えれば、その主目的地はおそらくモンゴル帝国と中国であったということになるのであろう。

時代を経るにつれて多くの宣教師たちが、モンゴル人が支配した領域に入った。一二六〇年にクビライとアリク・ブケの間に起こった帝位継承戦争が、ペルシア、黒海北岸地帯、中央アジア、中国などのモンゴル帝国各地を敵対させ、政治的統一が失われてしまった。だが、そのことはそれほど重要ではない。大事なのはモンゴル人がイスラーム教徒と異なり、キリスト教徒が公の場で説教をしたり、モンゴル人がそれを聞き、場合によってはキリスト教に改宗したりするのを許したことであった。

モンテコルヴィーノの北京までの旅程

モンテコルヴィーノは一二八九年七月にイタリアのリエティを出発し、トルコのキリキア地方、アナトリア中央部のシバスを経由して、イラン北西部のタブリーズに到着した。ここで彼はクビライとカイドゥの間に戦端が開かれたというニュースに接した。そこで彼は急遽《きゅうきょ》海路を取ることにしてペルシア湾から船出した。この時点で二人の同行者ができていた。ひとりはドミニコ会士ニコラス・ダ・ピストイアであり、もうひとりは商人のピエトロ・ダ・ルッカロンゴである。途中一行は一三ヶ月を南インドで過ごした。モンテコルヴィーノたちが目的地の北京《ペキン》（カンバリク Khanbaliq）に到着したのは一二九三年の年末であった。イタリアを出発してから四年有余の歳月が流れていた。クビライはやがて翌年の二月一八日に死歿することになる。

ここで先のジャン・リシャールの仮説、すなわち教皇から届け先が大いに異なる書簡を託されたことの意味――必ずしもそれが名宛人に届くことを期待しないで、むしろ旅先での便宜を図ってもらうための、書簡保持者の任務の重要性を他に示す意味があった――をあらためて考える必要があるように思われる。

モンテコルヴィーノは北京に到着するまで、実に四年の時間をかけているのだ。リシャール自身がその著作の中で述べているように、中世後期の遠隔地の宣教活動に関しては、史料の欠落は極めて大きい。カフカス地方のアルメニアやジョージア関係の書簡は、イランにあるラテン教会の司教座があったタブリーズに着く以前に、すでに届けていたのではなかろうか。そしてエチオピア皇帝宛の書簡は、これも後に触れるように南インドに長期滞在——この期間も継続的であったかは不明——をする以前に、海路東アフリカを訪れていたのではなかったか、という想像をたくましくしたくなる。インド洋西部の航海は古代から極めて盛んで、当時としては比較的安定した旅行ができた海域であったはずだからである。だがモンテコルヴィーノが自らの旅の行程を詳しく記した記録がない限り、私の見解は仮説に止めておくほかはない。

ところでクビライが生き長らえていたとしても、はたしてローマ教会が望んだようにカトリック信仰を受け入れたかどうかは、疑問である。北京を支配した元《げん》王朝の宗教的指向は、以前からチベット仏教に定まっていたからである。

オロン・スムでのカトリック宣教

それでもクビライとその後継者である成宗《せいそう》テムルは、モンテコルヴィーノを丁重に接遇した。これを嫉《そね》んだネストリウス派の聖職者は、このフランチェスコ会士が、インドで客死したドミニコ会士ニコラス・ダ・ピストイアを殺害し、本来ニコラスが託された教皇書簡を奪い、さも自分が正式の教皇特使であるかのように装ったという作り話を、風聞として流した。モンテコルヴィーノとネストリウス派の幹部との緊張が一気に高まった。モンテコルヴィーノは、自分の目からすると到底キリスト教徒とは言えない彼らの逸脱ぶりは、単なる名前だけのキリスト教徒であって、そうした輩《やから》の存在など歯牙《しが》にもかけなかった。ネストリウス派の者たちも、こ

図4—4　モンゴル支配とキリスト教

のフランチェスコ会士の態度に我慢がならなかった。そしてある夜、モンテコルヴィーノが建てた教会を彼らは破壊した。

そこでモンテコルヴィーノは、トルコ系のモンゴル人オングト部の王族コルギスがローマ教会を受け入れる意向を示したこともあり、一二九四年に、現在の内蒙古《ないもうこ》のオロン・スムを拠点にしていたこの部族王国に赴いた。ここでローマ典礼のキリスト教徒集団を組織し、教会を建設した。後に日本の考古学者江上波《えがみなみ》夫《お》らが、フランスの定評のあるアジア研究雑誌『ジュルナル・アジアティック *Journal Asiatique*』の一九二五年の号に、「オロン・スムとジャン・ド・モンテコルヴィーノのローマ・カトリック教会の発見」と題する論文を寄稿し、発見の詳細を報告している。

しかしながら、この部族王国は一二九八年

にチャガタイ・ハンの急襲により滅ぼされ、モンテコルヴィーノはこの地を去らなければならなかった。

モンゴル帝国の大司教管区

彼は北京に戻ると、北京までの旅をともにした商人のピエトロ・ダ・ルッカロンゴの協力を得て一宇の教会を建設した。そしてここで「タタール人」に宣教した。その努力の甲斐《かい》もあって、多くのモンゴル人がローマ教会の信仰に改宗したとされる。さらにフランチェスコ会の修道院を建設し、自分が買い戻した奴隷の境遇にあった様々の人々を住まわせ、ラテン語を教育し、グレゴリオ聖歌を教えた。彼らをフランチェスコ会士として育成しようとしたのである。ジャン・リシャールによれば、一三〇五年一月から約一年間に、四〇〇〇人が正式に洗礼を受けたという。

こうした大きな成果を上げて、活発な宣教を実践しているモンテコルヴィーノにとって、同僚の援助が是非とも必要であった。彼は黒海北部からカスピ海北岸に広がるハザル地方を宣教拠点にしているフランチェスコ会組織に手紙を送り、援助の手を差し伸べてくれるよう依頼した。その結果一三〇六年に、ドイツ人フランチェスコ会士がとりあえずモンテコルヴィーノに合流した。これとは別にモンテコルヴィーノがドミニコ会士の北京での宣教活動の拠点とする目的で、フランチェスコ会の修道院の傍《そば》に、もうひとつ修道院を建設した。フランチェスコ会士とドミニコ会士からなる一団が派遣される手はずであったが、これは折しも勃発したオゴデイ家チャパルとチャガタイ家ドゥアとの覇権争いの戦乱で中止となった。

教皇クレメンス五世の底意

だが同時に教皇クレメンス五世に宛てて送った書簡は、予想もしていなかった反響を教皇庁に呼びおこした。モンテコルヴィーノから多数のキリスト教徒への改宗と、立派な教会の建設が北京で実現したと知らされた教皇は、これに対して極端な反応を示した。彼は教皇勅書『諸王のなかの王』を発し、モンゴル人が支配する領土全体をひとつの大司教管区とし、その大司教座を北京とすることを宣した。これに加えてモンテコルヴィーノを支援するためのフランチェスコ会士の宣教手段として、広大な大司教管区の骨組みをなす司教団をも派遣することにした。だが西は黒海にあるクリミア半島の沿岸都市カッファから、東は中国までの広大な領域を単独で管理する教会制度が、うまく機能するはずがないことは、クレメンス五世の教皇宮廷でも理解できることであった。そもそもモンゴル帝国が一枚岩であった時代は半世紀も前に終わっていた。そのことは、一三〇七年にマルコ・ポーロや、小アルメニア王で旅行家であったヘトゥム一世がクレメンス五世に献呈した書物で、承知していたはずである。フランスの専門家トマ・タナズの見解では、北京大司教管区の創設はおそらくモンゴル帝国の首都から届いた、まったく思いがけない朗報に対して、教皇庁が示した即興的な反応の結果であろうとしている。

図4—5　13世紀アルメニア周辺地図

しかし、そこにはそれなりの理由もあったのだと言葉を継いでいる。

北京大司教管区の創出は、教会法上の一定の問題の解決を図ることも視野に入っていた。実効性はともかく、この広大な管区が生まれたことで、この管区内では教会法のうえで、ラテン教会の法が名目上であれ規範的な価値をもつことを主張しうるのである。このことはネストリウス派その他のキリスト教系統の諸派に対する強い牽制となる。しかし教皇にはさらにより深い動機を考えることもできるという。それはどういうことか。

たとえモンゴル帝国の一体性は昔日のものであったとしても、そのことを知ったうえで、全体として言及し、かつユーラシア全体にまたがる巨大な広がりの管区を、聖フランチェスコの宣教修道会に委ねることで、世界が今やキリスト教化しつつあると実感させたかったというのである。通例では、こうした広域的な管区創出の措置は、君主がキリスト教を受け入れることが確定した段階で取られるのだが、今回は敢《あ》えて改宗を前提にして、管区形成を先行させたと見られる。

モンテコルヴィーノの死とその後

モンテコルヴィーノは新たに二つの集団を、ローマ教会の信徒にした。

ひとつはアラン人と呼ばれる民族集団である。もとは黒海北岸からカフカス北部をテリトリーにしたイラン系遊牧民族で、四世紀後半から五世紀の民族移動期にローマ帝国領ガリアに侵入し、一部が南ガリアに定着したこの民族集団が、モンゴル帝国の手でカフカス地方から東アジアに移動させられ、中国征服に大きな貢献を果たし、首長層は領地も与えられた。この集団をローマ教会の信徒に改宗させた。

もうひとつは、ギリシア正教徒の改宗である。彼らはネストリウス派の聖体拝領からも排除されていた。モンテコルヴィーノは教義が近いこともあって、彼らをローマ教会に宗旨替えさせることに成功した。こうしたギリシア正教徒の数は、三万人とも言われており、大量のカトリック信徒を獲得した。それ以外に泉州《せんしゅう》や揚州《ようしゅう》などにもローマ教会の信徒が存在したことが、墓石の発見などから推測されている。

中国では宣教活動が、フランチェスコ会の修道院を中心にして行われたと見られている。ラテン教会の信徒であるヨーロッパ人商人やアルメニア人などは、フランチェスコ会の修道院の近辺に居住するか、滞在するかした。

モンテコルヴィーノは一三三〇年頃に死歿した。教皇ヨハネス二二世がモンテコルヴィーノの死を知らされたのは一三三三年九月八日であった。教皇はフランチェスコ会士ニコラスを、モンテコルヴィーノの後継者に指名し、大汗とラテン教会の信仰を説教されていた朝鮮王に宛てて書簡をしたためた。だがニコラスが路銀を渡されたのは一年後の一三三四年半ばであり、出発したのは九月になってからであった。大汗になったトグン・テムルの一三三六年七月一一日付の書簡を含んだ、アラン人指導者たちからのモンテコルヴィーノの後継者を送ってくれるようにとの督促の書簡がローマに届いている。これと入れ違いに、新大司教ニコラスが一三三六年にチャガタイ・ハン国にようやく到着したのであった。

後に触れるように、ローマ・カトリック教会のモンゴル帝国と中国への浸透が安定しなかった理由のひとつが、モンテコルヴィーノの後継者をめぐる動きに端的に示されているように、人材供給の緩慢さと、教皇庁の対応の遅さにあったのである。

3　中世後期における宣教活動の停滞

モンゴル帝国キリスト教化の挫折

中世後期、すなわち一四～一五世紀の、「遠い」オリエントにおけるローマ・カトリックの宣教活動は、残された数少ない史料からうかがわれるよりは成果は大きかったかもしれない。この時期にジョージア（カフカス地方）では、カトリック信仰が大いに浸透した。だが当初の企図に比較すれば、大勢は挫折に終わったと評してもよいであろう。

まずモンゴル帝国のローマ・キリスト教化であるが、チンギス・ハンの長男ジョチの家系の三代目にあたるサルタクこそ、優れたキリスト教徒になると思い込んだフランチェスコ会士ギヨーム・ド・ルブルックの失望は、続くフランチェスコ会士たちに続く苦い連鎖の始まりであった。歴代教皇と累代のカンたちのほとんど友愛的とも呼べる良好な関係を築いたにもかかわらず、イラン、金帳汗国（キプチャク・ハン国）、チャガタイ・ハン国のモンゴル人は、イスラーム教徒に改宗し、中国（カタイ）は仏教徒となった。一四世紀中葉には、この面でのすべての希望は失われてしまった。一世紀にわたるモンゴル人のキリスト教化の努力は、不十分なままに終わった。

東西教会統一の失敗

中世後期ローマ教会がオリエントの宣教に託したもうひとつの課題は、東西教会の統一であった。一三世紀のローマ教皇たちが、数次にわたって使節に託した、東西教会の一体化の意向は、東方教会の指導者たちにより、ほぼ肯定的に受け止められていたが、結局のところ幾つかの強硬に反対する宗派の存在が要因となって不首尾に終わった。モンテコルヴィーノは中国のネストリウス派について、またドミニコ会士サンタ・クローチェのリッコルドはメソポタミア地方に存在した様々の東方系宗派に関して、自分たちの伝統と典礼に固執し、ラテン教会の神学者の目から見れば、誤謬《ごびゅう》以外の何ものでもない教義を奉じながら、頑として自説を曲げない信徒たちの前には、手の打ちようがない面もあった。すでに触れたように、一四世紀にアルメニア人がラテン教会の教義に服すことになったものの、それがどれほど永続的なものかは不確かであり、彼らの約束が本心からのものか、口先だけのうわべのものに過ぎないのかは定かではなかった。

こうした主に東方教会の諸宗派の抵抗と並んで、別に国際政治上の阻害要因があったことも指摘しておかなければならない。それはオスマン帝国の成立である。一三世紀末にマムルーク朝は、意識してローマ教会、すなわち西方教会と東方のキリスト教徒が関係をもつのを妨害した。一四世紀にもローマ教会がアルメニア教会や、エチオピア教会と手を携えるのを阻止しようとした。その理由は、両者の連携は自らにとって、潜在的な危険となりうるからである。

またオスマン帝国は、イスラーム教は受け入れたもののラテン・ローマ世界から到来した人々に対して寛容な態度をとり続けたモンゴル人とは対照的に、そうした対応を見せることはなかった。彼らはとくに西洋と近東世界との直接的な交流を遮断した。このために西洋とクリミア半島とを往来するには、ポーランド、モルドバ、黒海北岸を通るルートを開かなければならなかった。この新ルートは、宣教活動のために現地に入る宣教師たちを取り巻く状況を大ききく変えた。さらにオスマン帝国のコンスタンティノープル占領により、東方教会の首座がキリスト教徒から失われ、そもそも東西教会の統一ということがリアリティを失ってしまったのである。

ペスト禍の影響

宣教活動の足踏み状態には、大ペスト禍も原因のひとつとして挙げられる。托鉢修道会の修道院は、いたるところでその死亡率は極端に高くなった。それは会士たちが感染の危険にもかかわらず、病者の手当や看護に努めたからである。

アヴィニョン教皇庁時代のことであるが、イラン高原のスルタニヤ地方からその地に駐在する宣教師でドミニコ会士のジョン・オブ・レミンスターがアヴィニョンに到着し、任地におけるペスト禍の惨状を伝えた。北京に派遣されたモンテコルヴィーノの後継大司教ニコラスからの音信が途絶えているのが、このペストの大流行のせいなのかどうかは不明である。とにかくアヴィニョンは、ペストで死歿した司教たちの代わりになる人材を、スルタニヤに一三四九年から送り出している。ジョヴァンニ・ディ・マリニョリとその同行者たちが、空席となったカタイの大司教座を占めた。この同じ年にクリミア半島に新たな大司教座マトレガが創設されている。こうした動きを見ると、確かにペストの大流行は深刻な事態ではあったが、宣教活動の努力を実質的に停止させるまでにはいたらなかった。ただ、托鉢修道会の修道院では会士たちの数的不足が、宣教師の供給という面で影響をもたらさなかったはずがなかった。

教皇庁の無策を非難する声が、この間絶えず通奏低音のようにキリスト教会に鳴り響いていたのは確かである。同時代の歴史記述者ディートリヒ・フォン・ニーハイムは、ローマ教会がローマとアヴィニョンに分裂した、いわゆる「大分裂《シスマ》」が、異教徒への宣教活動の意欲が低下した原因であると述べている。だが実際にはローマ教皇座もアヴィニョン教皇座もともに、宣教活動に関心をもち続けていたことを証言する記録が、少なからず残されている。

しかしながら大分裂の発生とともに、宣教関連の独自の記録を作成した痕跡《こんせき》が消《き》え失《う》せ、その作成を司教や神学者のグループに委ねることもしなくなった。そうした変化のなかでも、もっぱら托鉢修道会が宣教活動を引き受け、そのための組織を維持した。フランチェスコ会がその伝統的な枠組を手直しして、ドミニコ会を見習うことにより「巡回兄弟団 Societas fratrum peregrinantium」を作り出したのはこの時期と思われる。これによって、ある程度は大分裂が生み出した障害を克服することができた。

不足する宣教活動の担い手

一五世紀になると、宣教活動が一三〜一四世紀に示していた「活気」が、息切れしている感があるのは否めない。確かにペスト禍の影響が皆無であったわけではなく、それが響いていることは否定しようもない。一三世紀のヨーロッパ人は世界の広大さを認識し、眩暈《めまい》を覚えるほど興奮した。ある冒険家は西洋キリスト教世界の住人は、世界に住む人間の数の二〇分の一でしかないと訴えて、宣教活動の未来にどれほどの豊かな展望が開けているかを力説している。その宣教熱は、ひとり専門の宣教師には止まらず、俗人である商人もが共有する情熱であった。モンテコルヴィーノの宣教活動を熱心に手助けしたピエトロ・ダ・ルッカロンゴもまた商人であったことを思い起こそう。商人であったマルコ・ポーロの熱心な宣教活動はよく知られた事実である。

だが一五世紀になると事情は変わった。リシャールによれば、中世の宣教団が樹立したキリスト教拠点の東方での消滅の主要な原因は、宣教のための人的資源の不足であった。それは確かにペスト禍から間もない時期であるが、スルタニヤ地方の現地で生きて活動するドミニコ会士の数をジョン・オブ・レミンスターが推計している内容は驚くほど少なくない。ラテン典礼を実践しているのはメソポタミア地方、大アルメニア地方、アゼルバイジャンと、遠く離れたインドとカザフスタン南部のトルキスタンがわずかに萌芽《ほうが》状態にあるというものであった。イランの大部分、アフガニスタン、ガンジス川流域のインド、デカン高原の大部分には、わずかな痕跡が見られる程度であった。

全体的趨勢《すうせい》となった沈滞を打破できるようになるには、新たな宣教活動の担い手となるイエズス会の登場を待たなければならない。

第五章　イエズス会のアジア進出

1　ポルトガル帝国の出現――重商主義とメシア信仰

大西洋交易への専心

一五世紀に、ポルトガル王国は歴代の国王の努力により確立された優れた行政機構を基礎にして、大きな政治的安定を得ていた。この趨勢はアフォンソ五世（在位一四三八～八一）とジョアン二世（在位一四八一～九五）の治世の下で完了した。王権はコルテスと呼ばれる身分制議会の立法上の役割を強化することで、貴族勢力の力を弱めた。ジョアン二世の時代に起こった貴族の反乱に対して、首謀者のブラガンサ大公フェルディナンド二世を処刑することで、王権の断固たる意思を示した。

他方でポルトガルは一四二〇年代から、エンリケ航海王子の活躍に見られるように、半島内

図5—1　イベリア半島二国の海上交易図

部よりは大西洋を舞台とした海洋活動に力を注ぐようになっていた。その担い手の中心は、サンチャゴ騎士修道会や主キリスト騎士修道会であった。

そもそもこの時代のイベリア半島諸王国の海外通商の形式は、大きく二つのパターンに区別される。

ひとつはカスティーリャ王国のそれで、アンダルシア地方のセビーリャやカディスなどがその主要な貿易港であった。アフリカ沿岸や大西洋のアゾレス、マデイラ諸島なども交易ネットワークに組み込まれていたが、なんといっても大きかったのは、ジェノヴァ商人やフィレンツェ商人の役割である。アフリカのスーダン地方から産出された金地金の取引が、いわば重金主義を地で行くような形で、アンダルシアの諸港から、地中海のジェノヴァ港に送り出された。中世ジェノヴァ史の大家ジャック・エルスによれば、一三三七年に記録されている、ジェノヴァに運ばれた六万八三〇〇（重量）リラの金地金のうち五万四四〇〇リラ（約一・八トン）が、アンダルシア地方の港から積み出されたものであった。

もうひとつのパターンは、リスボン港を拠点とするポルトガル王国の海上交易形態である。イタリア商人の活動はリスボン港でも活発に行われたが、その度合いはセビーリャには遥かに及ばなかった。そもそもポルトガルの海上交易の軸は大西洋や北海に向いており、地中海への指向は皆無であったと言ってよい。北海地方ではもっぱらフランドル地方のブリュッヘが挙げられる。大西洋については、カナリア諸島やマデイラ諸島の征服によって、熱帯性の商品作物の取引という新機軸がもたらされ、イベリア半島とこれら大西洋諸島との交易による往還は、後の大西洋横断航海や、ヴァスコ・ダ・ガマによるアフリカ周航のための心理的準備や、航海技術上の訓練の機会として重要な歴史的意義を有した。

王権による重商主義政策の推進

この時代のポルトガル王国における交易活動の重要性は、私的な商人だけでなく、規模は小さいながらも王権自らが、海上取引に積極的に乗り出していたところからも、容易にうかがい知られる。エンリケ航海王子やジョアン二世は、奴隷や砂糖の取引に手を染め、自らの領地で生産した干し葡萄、葡萄酒、様々の果実を市場に供給した。一六世紀初頭にフランス国王フランソワ一世（在位一五一五〜四七）が、マヌエル一世（在位一四九五〜一五二一）を「香辛料商人王」と揶揄したが、その実態は一五世紀のポルトガル諸王にも妥当する言葉であった。

君主主導の重商主義とも表現しうる、貿易差額を富の源泉とする経済活動がポルトガルで最高潮に達したのは、ジョアン二世とその後継者であったマヌエル一世の治世であった。この海上交易による富国の路線を定めたのは、ジョアン二世の叔父エンリケ航海王子であり、彼は通常の海上取引以外にも、時に応じて海賊活動も実践する筋金入りの海上覇権論者であった。エンリケが一四六〇年に死歿すると、兄のアフォンソ五世は、リスボンに拠点を置く富裕な商人フェルナン・ゴメスに六年の年限を区切って、海上取引の最大の販路であったギニア海岸での商業権益を委ねた。その契約条項には、ゴメスがアフリカ沿岸の探索も実施する義務が謳われていた。そして一四七一年にまったく偶然に、現在のガーナにサン・ホルヘ・ダ・ミナ（現在はエルミナと呼ばれる）という、一大金取引センターを見つけたのであった。

ガーナとの金取引のためにポルトガル王権は、ギニア商館とミナ商館を現地に設置し、それぞれがリスボンに常駐する領事の指示のもとに、金地金の積出を実施した。一六世紀はじめに一ダースほどのキャラベル船が、毎年リスボンとガーナ地方の商館の間を往復し、金を輸送した。輸送量は重量換算で年間三～四トンの規模であったとされている。

図5―2　マヌエル１世

マヌエル一世とメシア思想の影

「アジア・ポルトガル帝国史」研究の第一人者であるインド人史家サンジャイ・スブラフマニヤムは、一五世紀のポルトガル王権の海上覇権獲得指向には、重商主義的な経済合理主義思想と並んで、イベリア半島人としての反イスラームの感情が、いわば遺伝的情熱となって王権のうちに渦巻いていたことを指摘している。それが顕著な形をとって現れたのは、マヌエル一世の時代であり、この国王が懐いた宗教理念はメシア思想、さらに言えば「千年王国論」であった。

ポルトガルの古名「ルシタニア」を引き合いに出すならば、ルシタニアの十字軍精神は、レコンキスタの時代を経ても依然として燠火《おきび》のように燻《くすぶ》り続け、コロンブスを含め大航海時代のキリスト教徒である歴史的スターたちの心を絶えず燃え立たせていた。その意味でポルトガル人の膨張主義は、宗教的側面も具えていたのである。

同時代のポルトガル人歴史家ジョアン・ディ・バルシュは、『海洋と東方の地の発見と征服においてポルトガル人が達成した偉業』と題する著書において、次のように述べている。スブラフマニヤムの手になる翻訳から引用しよう。

「アラビアの地に、五九三年頃にムハンマド、この素晴らしい反キリストが登場したとき、彼はその剣の猛威とその地獄のような教派の炎を、族長と太守を介して燃え立たせ、一〇〇年のうちにアラビア全土、シリア、ペルシア、アジアの一部と、アフリカではナイル川の両岸を含む全エジプトを征服した」

バルシュによれば、ポルトガル人をアジアに到来させたのは、イスラームの台頭であった。バルシュは別の著作『アジアでの最初の一〇年』のなかで、イスラームによるイベリア半島の征服、キリスト教徒による再征服、大西洋の探検、アフリカ西海岸の地図作成などを概観したあとで、ヴァスコ・ダ・ガマのインド洋探検を、こうした一連の事件の帰結として提示している。スブラフマニヤムの意見では、ポルトガル人の海外進出においては宗教的動機が、強力な重商主義的活動を涵養する重要な要素であった。

こうした宗教的動機は、ポルトガル王権において常に共有されていた思想ではなかったことも、指摘しておかなければならない。メシア的思想に取り憑《とっ》かれていたのは、マヌエル一世であったとされる。そもそも彼は先王ジョアン二世の従兄弟であり、王位継承者の序列のなかで遥か下位にあった人物である。だがあろうことか、優位にあった継承権利者六人が次々に死歿して、予期せずして王位に上ったのであった。容貌《ようぼう》は「その目は灰色と白色の中間で、その長い両腕は指が膝の下まで届くほどであった」とされる。

彼は一二世紀の南イタリアの神秘思想家フィオーレのヨアキムの、ほとんど異端的と言っても過言ではない歴史神学思想に深く傾倒したとされる。それを端的に要約するならば、人間の歴史は三つの時期を閲《けみ》し、最後の第三期に教会が消滅して、真の霊的交わりに基礎を置く「千年王国」が到来するというものである。

宮廷の側近たちの幾人かと、こうしたヨアキム思想を分かち合っていたマヌエル一世は、エルサレムのイスラーム教徒からの奪回を夢見た。千年王国論者にとって、それは自らの思想の論理的帰結であり、海外進出の頂点と思われた。そして東方の皇帝、いや世界皇帝の称号を自らに授けるための最高の行為と映ったのである。

マヌエルはエルサレムを扼するエジプトのマムルーク朝を、北アフリカと紅海《こうかい》の二方面から挟撃する作戦を構想した。だがこのためには、先王ジョアン二世時代に休眠状態に置いた北アフリカ戦線を覚醒させなければならなかった。紅海側の戦略については、一石二鳥の意味があった。すなわち紅海の入口を封鎖することで、ヨーロッパ市場における胡椒《こしょう》や種々の香辛料取引の面でポルトガルの敵手であり、またカイロとアレクサンドリアからマムルーク朝に物資を供給していたヴェネツィアに対して優位に立つだけでなく、何よりもマムルーク朝の歳入を大幅に削減することができるのである。

この計画を実現するために、アジアからの同盟者が必要と考えたが、アジア情勢には無知であることに気づかされた。そこで伝説的なプレスター・ジョンが支配したとされるエチオピアとの同盟を着想した。だが、この計画はポルトガル国内と、すでにアジアに駐留している在外ポルトガル勢力の反対にあい、放棄せざるをえなかった。

2 ポルトガルのインド支配とイエズス会

インド西海岸の交易体制

一五世紀末のインドは、約一億人の人口を擁し、この面でヨーロッパ全体に匹敵し、民族、社会、宗教の面でもその多様性の点で優にヨーロッパに匹敵した。社会の複雑さの要因のひとつは、独特の身分制、カーストにあったが、この言葉はポルトガル人が使い始めたものであっ

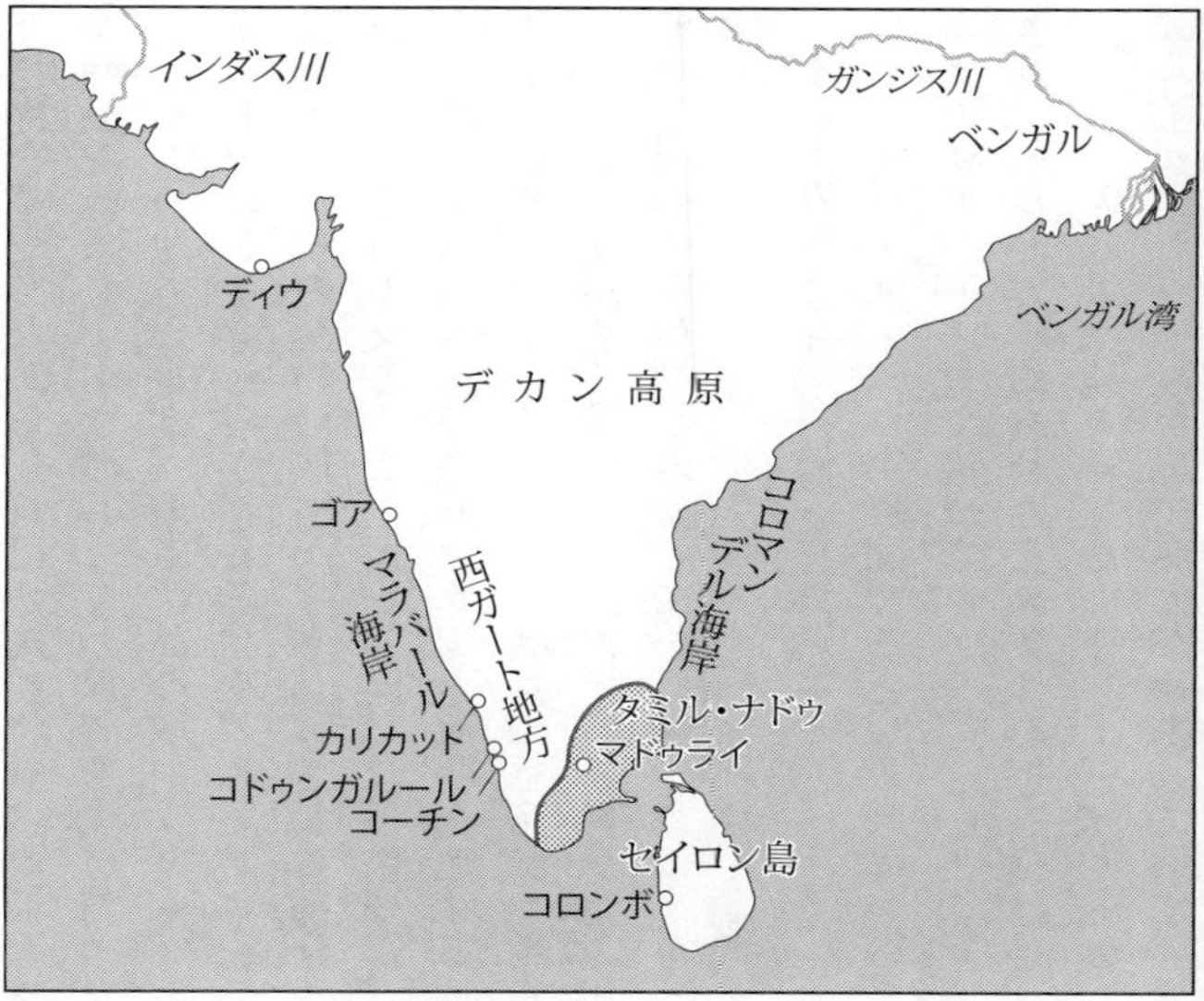

図5―3　インド主要都市海港

た。

本書の冒頭で述べたように、ヴァスコ・ダ・ガマは一四九八年に西海岸マラバールのカリカットに到着し、ポルトガルのインド洋交易への参入を果たしたのであるが、ここでポルトガルをはじめとしてヨーロッパ勢力が最初に活動の場としたインド西海岸地帯の状況を、簡単に見ておきたい。

この地方は都市を拠点にした小領邦が、ゴア、カリカット、コーチンのように海に向かって開かれ、海洋交易活動を生業とする世界であった。交易の主な担い手はイスラーム教徒のアラブ人、ペルシア人、パールシー（ゾロアスター）教徒であった。商人たちは商館を構え、土地の権力者から与えられた特権を享受しながら、自己の民族特有の商慣習を織り込みながら営業を行い、また仲買業者が商品を購入し、引き渡しまでの保管を受け持った。

だがこの地方の富は、地方産品の取引よりも、セイロン島の宝石やベンガル地方の木綿などインド全域からもたらされる産品や、インドネシアのスンダ列島産の香辛料、中国や日本など極東地域からの産物の取引からもたらされる部分が遥かに大きかった。カリカット港のさらに東には、東方の交易ルートとして同じほど重要な、第二の中継地マラッカが控えていた。マラッカは極東への入口であるマラッカ海峡を扼する地点にあり、西から到来するアラブ人やパールシー教徒の商船と、モルッカ諸島の香辛料を積んだマレー船、中国や日本からやってくるジャンク船が交錯する港町であった。貿易風が生み出す厳密な季節変動の掟《おきて》に従って、こうした船の東西の往還体制が君臨していたのである。

ポルトガル人の武力征服と極東進出

ヴァスコ・ダ・ガマが帰国すると、入れ違いのようにペドロ・アルヴァレス・カブラルを司令官とする、一三隻で構成され、一〇〇〇人の兵士が乗り組んだ艦隊が、インド西海岸に派遣され、ポルトガルに有利な交易条件を押し付けようとした。これに対して、既得権を脅かされたアラブ人商人や地方君主が同盟して、ポルトガル艦隊と衝突することになった。前者にはマムルーク朝とヴェネツィア商人が連携していて、あらゆる手段を使ってポルトガル人のインド洋交易への参入を阻止しようとしていた。

そうした動きはインド西海岸の主だった商港、すなわちゴア、カリカット、コーチンのすべてで起こっていた。カリカットのポルトガル商館は破壊された。ポルトガル人はこれに対して艦船と大砲の威力で応えた。アラブ人の商船は容赦なく転覆させられ、港は砲撃を受け、捕虜になった者は鼻と耳を削《そ》がれて送り返された。

交通・通信手段が初歩的な時代において、ポルトガルからインドをコントロールするという長大な距離の問題を克服するにあたって、二つの考えがポルトガル人の間で対立していた。最初のインド副王となったフランシスコ・デ・アルメイダは何よりも制海権の重要性を訴えた。彼はマヌエル一世に次のように書き送っている。

「陛下の権力は要塞《ようさい》を掌握すればするほど、弱体化してまいります。陛下はもてる力のすべてを海洋に注ぐべきでありましょう。（中略）もし陛下が海上での力をもたなければ、海岸の要塞など何の役にも立たないでありましょう」

だが副王の幕僚であったアフォンソ・デ・アルブケルケは、これと正反対の考えの持ち主であった。一五〇七年にペルシア湾の入口を扼するホルムズの攻略を命ぜられた折、アルブケルケはこの都市の占領では満足せず、この地に要塞を建設し、駐留軍を配置した。副王のアルメイダはこれを咎《とが》めたが、アルブケルケはリスボン宮廷から承認を得ていた。単なる海上権力としてだけでなく、陸地をも恒常的に支配することが、海上権力のより有効な行使に繫がるという考えが、アルブケルケの思想の根底にあったのである。これが早晩植民地支配の構想に到達するのは、火を見るより明らかであった。

アルブケルケは一五一〇年に、ヒンドゥー教徒の支援を受けて、イスラーム教徒が支配するゴアを占領した。イスラーム商人は殺され、都市は略奪され、モスクは破壊され、代わりにキリスト教会が建てられた。ゴアはアルブケルケが構築を夢見た帝国の首都となった。「インドのように広大な領域を統治するのに、すべての力を海洋に傾注することで達成はできません。要塞を構築しないこと、それはこの地域のイスラームたちが望んでいることをなすことです。それというのも、彼らは海軍力のみに依存するのでは、支配を永続化できないことを知っているからです」と述べたアルブケルケは、ディウやカリカットを要塞基地化し、さらに一五一一年にはマラッカを占領し、中国商人と直接に接触した。その後数年してモルッカ人のもとにも橋頭堡《きょうとうほ》を築き、インドネシアのアンボン島とティモールに商館を建設した。こうして、ポルトガルは香辛料の本場に足場を築いた。一五一五年にアルブケルケが歿したとき、ポルトガル人は極東のとば口に立っていた。

図5―4　ゴアの聖フランシス教会

ゴアとザビエル

フランシスコ・ザビエルは二人のイエズス会士とともに、一五四一年四月七日にリスボン港を出発し、航海とアフリカ東海岸のモザンビークでの長期の滞留を経て約一年有余の年月をかけ、一五四二年五月六日にゴアに到着した。彼のインド派遣は教皇パウルス三世の勅書を得てのものであったが、ポルトガル王位をマヌエル一世から引き継いだ息子のジョアン三世（在位一五二一～五七）の、教皇庁への働きかけが背景となっていた。ゴアは、今や植民地として多くのポルトガル兵が駐留している状況で、これら兵士の霊的な涵養と、インド南東のタミル・ナドゥにある「漁師海岸」の宣教活動をその任務としていた。

ゴアに到着したザビエルの目に映ったこの港町は、さながら小リスボンの趣を呈していた。「ヨーロッパ人、土着人のキリスト教徒が住み、素晴らしい大聖堂が聳《そび》え、司教がおり、教会参事会が存在し、フランチェスコ会の修道院、ヒンドゥー教徒をキリスト教司祭として教育するための大きな学校がある小さなリスボン」であった。ザビエルがゴアに到着したのは、ポルトガル支配から三〇年以上を経過した時期であったから、ヨーロッパの托鉢修道会がすでに活発に宣教活動を行っていた。

この時期のゴア社会の状況については、少しのちのポルトガル人アントニオ・ボカロが王室の依頼で作った『東インド国の要塞、都市、集落全図』（一六三五年）が残されていて、ここには一六三五年時点でのインド各地で活動する托鉢修道会士の員数を、修道会ごとに挙げている。ゴアに関しての数字はフランチェスコ会士一四九人、アウグスティノ会士一二五人、ドミニコ会士一〇二人、カプチン会士七五人である。当然イエズス会士は、この段階では一人もいない。

ザビエルの宣教地はゴアとは反対側のベンガル湾に面した地方であったが、モンスーンの季節ということもあり、航海がままならず、やむなく約四ヶ月にわたってゴアでの宣教活動に勤しんだ。

以前ボローニャやリスボンの街角や広場で、鈴を鳴らし人々の注意を惹いたように、彼らに自分の子供や奴隷などを、「公教要理」の教育に送ってくれるよう呼びかけるのである。信仰心のある者は、ゴアの町の郊外で行われたポルトガル語による簡単な教理の説明や、聖歌をまじえた説教でキリスト教に関心を示し、入信の機会となった。この方法は大きな成功を収めたので、ゴア司教は他の司祭にもザビエルのやり方を真似《まね》るよう推奨するほどであった。

ゴアの総督は、一五四一年に在俗聖職者や俗人信徒たちが協力してこの町に建設した学校、聖パウロ・コレギウムの教師として、イエズス会士が働いてくれるようザビエルに打診した。このコレギウムの目的は、インド人や東アジア人キリスト教徒の若者を司祭として養成することにあった。ザビエルはこの提案を喜んで受け入れ、同僚のイエズス会士を送り込み、霊的な職務を教育させた。一五四八年までにイエズス会士はこのコレギウムの運営を依頼されるようになり、その三年後にはポルトガル国王ジョアン三世が、このコレギウムをイエズス会に寄贈した。こうして聖パウロ・コレギウムは、世界で最初のイエズス会学校となった。この学校はアフリカとアジアの宣教活動の担い手を作る重要なセンターとなった。

ザビエルは二年間の日本滞在を含め、約一〇年間アジアの各地を経《へ》めぐり、一五五二年一二月三日に広東《カントン》を目前に客死することになるが、伝説は数百万人のアジア人をキリスト教に改宗させたとしている。しかし実数はこれより遥かに少なく三万人程度であったとされる。だがこの数字を過小評価することは決してできない。一人のキリスト教徒を誕生させるために、公教要理の教授をはじめとして踏むべき手続きを考えるならば、この数字の膨大さに感銘を覚えない人はいないであろう。彼は精も魂も尽き果てての最期であったと思われる。四六歳の早逝であった。

カーストの宣教

インドではカースト単位のキリスト教化という現象も見られた。イタリア人イエズス会士ロベルト・ディ・ノビリは最高級カーストであるブラーマンの改宗に成功した。彼は一六〇六年にマドゥライ（タミル・ナドゥ地方）に着任すると、サンスクリット語を習得し、ヒンドゥー教の贖罪の禁欲修行（サンヤシ）を実践し、高名な監督僧と議論を交わした。何人かのブラーマン・カーストに属する人と議論を行い、ローマには異教徒として告発されさえしたが、教皇グレゴリウス一五世はこれを許容した。彼は宣教師としての長い経歴を通じて、四〇〇〇人のブラーマンを改宗させた。

ディ・ノビリが最上級カーストであるブラーマンの宣教をとくに重視する方針は、仲間であるイエズス会士にも、他の托鉢修道会士にも社会に分断と差別をもたらすとして評価されなかった。

ブラーマン階級への宣教と並んで、その直下のカーストの禁欲修行者パンダラへの宣教も実践された。それを行ったのはポルトガル人イエズス会士ジョアン・デ・ブリトであった。彼は一六七三年に二六歳でマドゥライにやって来た。ポルトガルを旅立ったときに一緒だった一七人のイエズス会士は、インドに到着するまでに一三人が他界するという悲惨な経験をしていた。この時期マドゥライ地方は厳しい飢饉と疫病に苦しめられていたが、この状況のなかでジョアンの活動は目覚ましい成果を上げた。

だがその英雄的な行為は、それを称賛する人間と同じほど、嫉む者を生み出す。一六八六年にマラバール王国から追放され、ヨーロッパに戻された。しかしインドに骨を埋める覚悟で、再び戻り、讒訴《ざんそ》にあって一六九三年に殉教した。

一七世紀末の時点でインドとセイロンのキリスト教徒は、約八〇万人であったとされる。このうちセイロン島が一〇万人、マドゥライ王国が一五万人であった。ほかに一〇万人の「聖トマス」キリスト教徒が存在した。

聖トマス伝説

この「聖トマス」キリスト教徒について、ここで簡単に説明しておこう。

ポルトガル人がインドに到来した頃に、すでにインド亜大陸の南部にある西ガート地方の村々に三万家族のキリスト教徒が存在していた。その存在については、すでに数世紀前からヨーロッパの旅行者に知られていた。彼らは一二使徒の一人聖トマスの時代に遡る信徒共同体で、聖トマスが宣教のためにインドを訪れ、これを契機にキリスト教に改宗した人々の子孫といわれ、シリア典礼を実践していたとされる。

ゴアに成立した教会組織は、一五九九年にゴアで開かれた地方教会会議で、この古いキリスト教共同体を吸収し、ラテン典礼を導入しようと、マラバール海岸沿いのコーチンの北にコドゥンガルールの司教座を創設した。これが一七世紀に勃発する、インドにおける「シリア人」分裂と呼ばれている事態である。

一五五八年以来大司教座となっているゴアでの計算では、一五六〇年頃に一万三〇〇〇人の「聖トマス」キリスト教徒がおり、一六世紀の終わりにイエズス会が調査したところ、サレット島だけで三万五〇〇〇人を数えた。ゴアで開かれた何度かの地方公会議で、「聖トマス」キリスト教徒の土地は八五の小教区に区分され、このうち二六の教区の監督がインド人司祭に委ねられた。

図5―5　マカオの聖ポール天主堂跡

3　中国と東南アジアへの宣教

中国宣教の先駆者マテオ・リッチ

中国は一五七五年頃に約七五〇〇万人の人口を擁したとされているが、一六世紀を通して、キリスト教とヨーロッパ文化に対してその多くが敵対的であった。それでも、一五五七年にはポルトガル人に対して、マカオの半島部に定着することを認めた。その場所は、後に述べるように一五五二年にフランシスコ・ザビエルが客死した場所の近くであった。広東の役人当局は、たとえ一時的であるにせよ本土への定着を認めなかった。こうした状況のなかで一五八二年にイエズス会のアジア巡察師であったアレッサンドロ・ヴァリニャーノが、当時ゴアに滞在中の若い会士マテオ・リッチを、中国語を学ばせるために派遣した。翌年、同じくイエズス会士で、少し年嵩《としかさ》のミケーレ・ルッジェリとリッチの二人が広東近くの肇慶《ちょうけい》に定着した。リッチは最初の一〇年間を、仏教僧の装いで活動した。剃髪し、髭《ひげ》も剃《そ》った。リッチはそのあと儒教のエリート層の衣装に身を包むのをならわしとした。後には中国名としてリ・マトウ（利瑪竇《りまとう》）を名乗った。

リッチは中国語を習得し、控えめながら西洋から来訪した大学者として振る舞った。その数学と天文学の知識や正確な時計を製作する器用さは、中国の知識人を驚かせた。とくに中国を中心に描いた世界図『坤輿《こんよ》万国全図』は、中国支配層に気に入られた。やがて一六〇一年には帝都北京への定住を許された。キリスト教の宣教の面での大きな寄与は、長い哲学的な導入部をもつキリスト教の解説書『天主主義』を著したことである。それは中国の古典としての地位を獲得した。そうした執筆活動には李之藻《りしそう》や徐光啓《じょこうけい》など、明《みん》代を代表する第一級の知識人が協力した。

一六一〇年に歿したとき、広東、南京《ナンキン》、北京と彼が宣教活動を展開した地域で合わせて二〇〇〇人の受洗者を数えた。その多くが知識階級に属していたのは、マテオ・リッチの個性に照応するものであった。

図5—6　マテオ・リッチ

北京でのイエズス会の影響力はリッチの死後に、一段と拡大した。一六二二年にケルン生まれのドイツ人会士ヨハンネス・アダム（シャル・フォン・ベル）が北京に着任したが、彼の科学的教養は並外れていた。第一六代皇帝天啓《てんけい》帝はアダムに天文台の監督と暦術の改革を委ねた。清朝《しん》になっても、彼は引き続きその任を依頼され、第一級の官人として遇された。

清朝での展開

一六四四年に明王朝が倒れ、満州《まんしゅう》族の清王朝が覇者となった。キリスト教の宣教活動は皇帝により恩恵を与えられ、皇帝周辺の知的エリートの支持を受けた。しかし注目されるのは、明代のように世俗の名士たちが担った「キリスト教世界」を終わらせた反面、一六五七年により広汎な宗教の自由が認められるようになったことであった。

第三代の順治《じゅんち》帝の早逝（一六六一年）は、幼い康熙《こうき》帝のキリスト教に好意的とは言えない摂政たちによる政治を生み、宣教師たちは迫害され広東に移され監視下に置かれることになった（一六六五年）が、康熙帝が成人となって親政を開始すると、一六七一年に広東で軟禁状態の宣教師たちが再び北京に呼び戻された。

ところで先のヨハンネス・アダムを引き継いだのは、フランドル出身のイエズス会士フェルディナンド・ヴェルビーストである。彼は正真正銘の「万能の天才」で、むろん数学に秀で、技術に卓越した知識をもち、トマス・アキナスの著作の中国語への翻訳者であった。

このヴェルビーストは一六八八年に他界したが、その前年に「大王の数学者たち」と称された五人のフランス人イエズス会士が北京に到着した。彼らはポルトガル人を後ろ盾にはしておらず、ルイ一四世が新設した「王立科学アカデミー」の会員として、フランス国王から年金を給付された者たちであった。これらフランス人イエズス会士は科学分野の活動、とりわけ中国全土の地図の作成で有名であり、彼らが中国に関して記した文章は、ライプニッツ、モンテスキュー、ヴォルテール、ルソーなど啓蒙《けいもう》時代の思想家たちに大きな影響を与えた。

一七世紀末の中国は約二〇万人の新たな受洗者を数えたとされる。確かに清国人や大知識人は少なかったが、澳門（マカオ）、南京、北京の三つの司教管区が形成された。一七〇一年には一一七人の宣教師が配置され、一一四の拠点を作り、二二四の教会と礼拝堂が建設された。イエズス会は宣教師全体の五〇パーセントを占め、教会と礼拝堂は八五パーセントが、イエズス会傘下にあったのである。

アレクザンドル・ド・ロードのベトナム宣教

東南アジアへのキリスト教の浸透は一七世紀であった。一五一一年に、確かにマラッカはポルトガル人により占領され、商人や宣教師たちが密かにマラッカ半島に上陸したものの、一六世紀にはまだキリスト教への改宗が、本格的に行われたとは言いがたい。その本格的契機は一五九七年に始まる日本でのキリスト教の布教禁止令であり、これをきっかけにしてヨーロッパ人宣教師や、少なからぬ日本人キリスト教徒がインドシナに逃れて来たことであった。

イエズス会士のベトナム南部の宣教活動は、一六一五年に始まった。そして一六二六年には、ハノイを中心にしたベトナム北部のトンキン地方でも二〇〇〇人のキリスト教徒を数えるにい

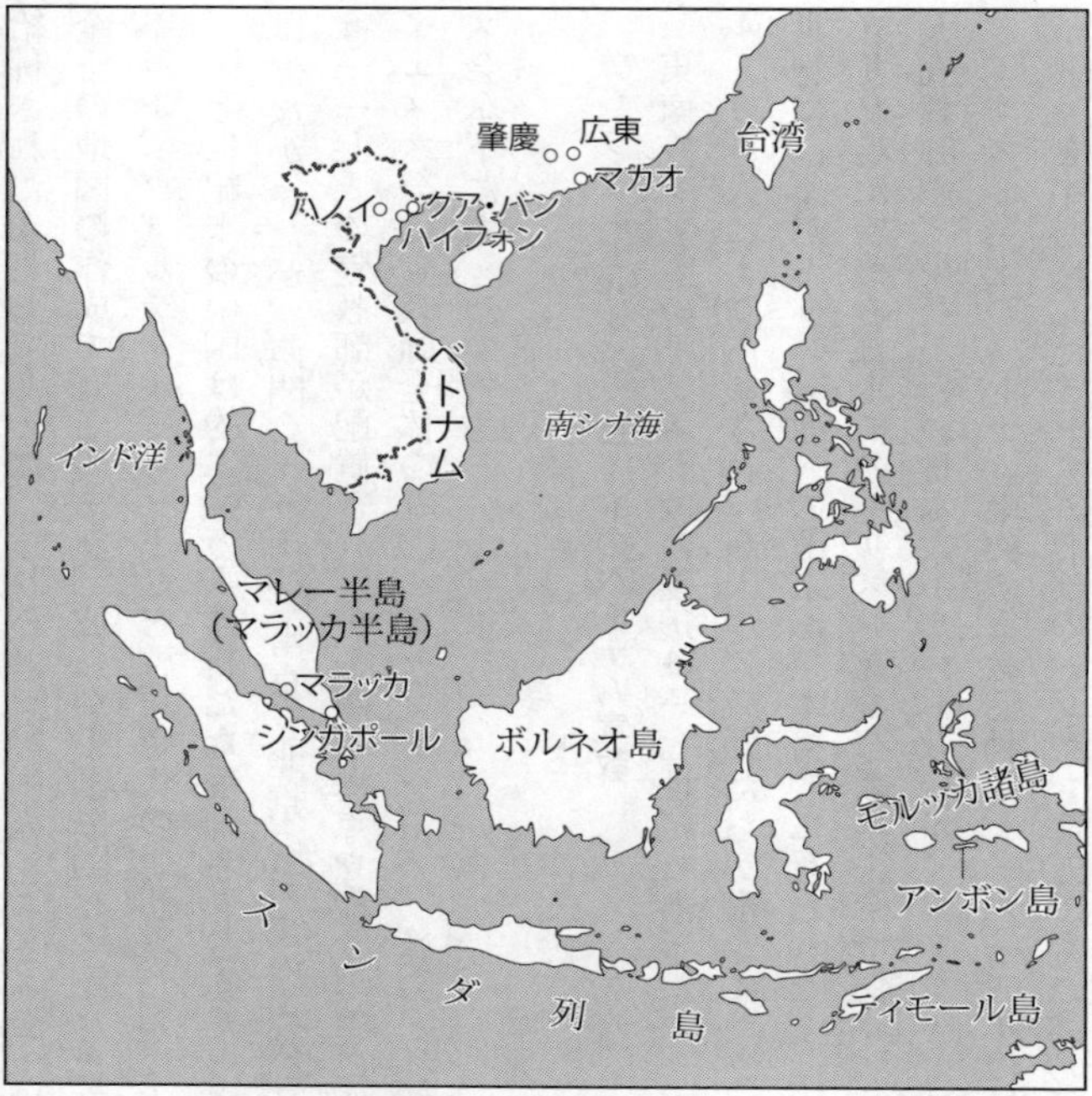

図5―7　東南アジア関連地図

たった。

フランス、アヴィニョン生まれのイエズス会士アレクザンドル・ド・ロードが一六二三年にマカオ経由でベトナム南部、ついで北部のトンキンに派遣されたが、彼の卓越した語学力は先に言及したインドのディ・ノビリに匹敵した。ポリグロット（多言語使用者）であったアレクザンドルは、易々《やすやす》とベトナム語に熟達し、現地の知識人や君主と友誼《ゆうぎ》を結んだ。彼はヨーロッパ人には聴取不能と定評があったベトナム語を、まるで

「小鳥の囀りが理解できるかのように」聴き取ることができた。そして六ヶ月後にはベトナム語で説教したのであった。また数学にも秀でた才能をもち、その天文学の知識は現地の人々を驚かせたという。

しかし当時使用されていた中国語の民衆口語ともいうべきベトナム語を、ローマ字アルファベットに転写する作業を行ったのは、アレクザンドルの先輩のイタリア人イエズス会士フランチェスコ・ブゾミとその若い同僚のフランチェスコ・ディ・ピナであった。そうした同輩たちの努力のうえに、後にアレクザンドル・ド・ロードが『ベトナム・ポルトガル・ラテン語辞典』（一六五一年）をローマで出版したのであった。

アレクザンドルは、一六二七年三月一九日、ハノイに近いクア・バンの港に、日本人女性から生まれ、このためにトンキンの日本人町の司祭補佐を務めていたペドロ・マルティネスを同行して降り立った。岸壁には船の積荷が何か一目見ようと、多くの群衆が詰めかけ辛抱強く待っていた。アレクザンドルはこの機会を捉えて、船の舷側《げんそく》からベトナム語で淀《よど》みなく説教を始めた。そこで問いかけたのは、自分がこれから群衆に無料で配る品物、すなわち真の掟、幸福への道筋の教えであった。説教の後、彼自身はまだ上陸しない。すると群衆の中の二人の非常に思慮深い人物が、洗礼を受けたいと申し出た。このやり方は四〇年前に、イエズス会士マテオ・リッチが中国の広東で実践して効果的であったと、仲間内で広言していた方法であった。

いずれにしてもアレクザンドルは最初の三年間で、トンキンにおいて六七〇〇人の受洗者を獲得した。さらに「公教要理」の教師を多く養成し、仮に宣教師たちが追放されたり、身を隠したりしなければならない事態が起こっても、彼らに代わってそれを教えることができるよう措置した。

アレクザンドル・ド・ロードは一六四九年にローマに戻った折に、トンキン地方は三〇万人のキリスト教徒を数えると述べているが、これには明らかに誇張がある。イエズス会総長への報告としては、毎月一〇〇〇人の洗礼志願者がおり、王国各地に二〇〇の大教会を数えるとしている。またベトナム南部に関しては、一六七九年には六万人のキリスト教徒が存在した。

第六章　新大陸のキリスト教化

1　冒険航海者たちの「新大陸」

コロンブスの確信

コロンブスはドメニコという名前の織物職人の息子として、一四五一年にジェノヴァに生まれた。彼はこのリグリアの海に面した海港都市で学校教育を受け、地図職人としての訓練を受けた。一四歳になると、ジェノヴァ商人のために早くも海上取引を、最初は東地中海で、ついでリスボンで実践した。

ポルトガルという環境が、航海者としての天職を呼び起こしたというのは自然であった。彼は一四七七年にイングランドへの商取引の機会を利用して、アイスランドまで旅した。その折につけた記録には次のような記述が見える。「一四七七年二月、私はテューレ島（アイスランド）を越えて一〇〇〇海里を旅した。この島の南部は、言われているように北緯六三度ではなく、七三度である。またこの島はプトレマイオスが言うのとは異なり、子午線上にあるのではなく、もっと西方に位置している。この島はイングランドと同じほど大きく、イングランド商人、わけてもブリストル商人が訪ねている。私がこの地にいた季節は、海は氷結していなかった」。

ここに記されているように、彼は大地理学者、天文学者プトレマイオスを読み、その記述を訂正するのに躊躇しなかった。これはこの時代の航海者たちが、大なり小なりともに具えていた、旧説を疑う進取の精神の表れであろう。彼は教皇ピウス二世が著した『博物誌 *Historia rerum ubique gestarum*』（一四七七年出版）や、ピエール・ダイイの著作を手に入れ、熟読し書き込みをして熱心に研究した。また大西洋のマデイラやアゾレス諸島、ギニア沿岸を航海し知見を深めた。こうして一四八四年にポルトガル国王ジョアン二世に拝謁し、大西洋を西進してジパングに到達できると豪語したのであった。

コロンブスは旧世界の広がりをダイイに従って二二五度であると見積もった。そしてこの推算を経度一度に対応する距離の計算から正しいと考えた。マルコ・ポーロはジパング島の位置を、カタイ（中国）の東三〇度のところとしていた。こうしてコロンブスはリスボンとジパングとの距離は、相対的に短いと確信したのである。

十字軍精神のコロンブス

コロンブスはかねてからフィレンツェの天文学者トスカネッリと音信を交わす仲であったが、このフィレンツェ人から受け取った最後の書簡には、カタイについて金や香辛料溢《あふ》れる地というより、その地の君主がキリスト教の宣教を強く望んでいる旨が述べられていた。すでに第四章で述べたように、一三世紀から中国を支配した元王朝の大汗のなかには、そうした意向をもつと宣教師たちが受け取る挙措を示す君主もいた。

さて、ポルトガル国王へのコロンブスの訴えの成否であるが、ジョアン二世はコロンブスの計画を学者たちが作る委員会に検討させた。だがポルトガルの学者たちは、コロンブスの計算に異を唱え、またマルコ・ポーロの話にも信を置いていなかった。結局ジョアン二世はコロンブスへの支援を拒否した。ポルトガルは南ルートを経てインドに到達する方法の探索に力を注いでおり、力を分散するのは得策ではないと判断したのである。

そこで彼はポルトガルを去り、スペインに拠点を移した。そしてコルドバで初めてフェルナンド二世とイザベル一世のカトリック両王と会見し、ことにイザベル女王の信頼をかちえることができた。サラ

図6－1　コロンブス

マンカで学者たちがコロンブスの計画を審査した。ポルトガルとは異なり、彼はスペインで十字軍精神の濃厚な雰囲気を感じ取り、計画をさらに壮大なものとした。彼はカタイに赴き大汗をキリスト教に改宗させ、トルコ人に対して進軍するよう説得すると話した。また大量の金を持ち帰り、キリスト教徒軍を整備するのに充てると主張した。西回りの海洋ルートは、キリスト教徒をエルサレムに導くと力説したのであった。コロンブスが構想した「新世界の発見」は、その意味で十字軍の神秘化の所産でもあった。

コロンブスの探検の報賞は「西海の提督」の称号と、発見された土地から上がる収益の八分の一と定められた。彼は自らの努力で探検費用を工面し、サンタ・マリア号をはじめとする三隻、総乗組員一〇〇人とともに、一四九二年八月三日にパロス港を離岸した。そして一〇月一二日に、バハマ諸島のひとつサン・サルバドール島の海岸に上陸した。だが、努力も虚《むな》しくこの地にカタイの痕跡も、ジパングの気配も発見できなかった。

コロンブスはその後、さらに三度、生涯四度「新大陸」への航海を行ったが、ジパングへの西回りの航路を見つけることなく、一五〇六年に死歿したことはよく知られている。

北アメリカと南アメリカの探索

西周りのアジアへの航路を見つけることはできなかったが、コロンブスが先鞭《せんべん》をつけた大西洋世界の深部に向けた航海の達成は、航海者の冒険心を大いに刺激した。コロンブスと同じジェノヴァ人で、英国王に奉仕してブリストルを拠点としていたジョヴァンニ・カボットは、北大西洋を横断して、カナダのラブラドル半島に到達した。一四九七年のことである。その三年後の一五〇〇年に、フィレンツェ人アメリゴ・ヴェスプッチは南米、オリノコ川の西に広がる砂州を探検し、この地をベネズエラ（小さなヴェネツィア）と命名した。この地では真珠貝の採取が行われていて、彼が帰国して著した旅行記は大評判をとった。

この同じ年、ポルトガル人ペドロ・アルヴァレス・カブラルは、ヴァスコ・ダ・ガマの航海を再現しようと出発した。だがこれは単なる「再現」ではなく、一四九四年にポルトガルとスペインの間で結ばれた、新世界分割を定めたトルデシリャス条約でポルトガルに帰属することになった地帯を探索して、実情を明らかにする使命を帯びていた。彼は貿易風に乗って南西に向かい、未知の土地の海岸に到着した。そこで赤の染料となる「brazil」、すなわちブラジルボクを見つけた。カブラルはこの地「ブラジル」を単なる島であると認識していたが、その後繰り返された探索から、それが広大な大陸の一部であることが分かった。

この頃には、大西洋の彼方に広がる「発見地」が、新しい大陸であると認識されるようになっていた。ドイツの印刷業者ヴァルトゼーミュラーが、アメリゴ・ヴェスプッチの業績を讃えて、「アメリカ」という名称を付けて、それが一般に広まった。

そしてこの新大陸のさらに西方に、広大な大洋が存在することを明らかにしたのは、スペイン人バスコ・ヌーニェス・デ・バルボアであった。彼は大西洋のダリアン湾からパナマ地峡を

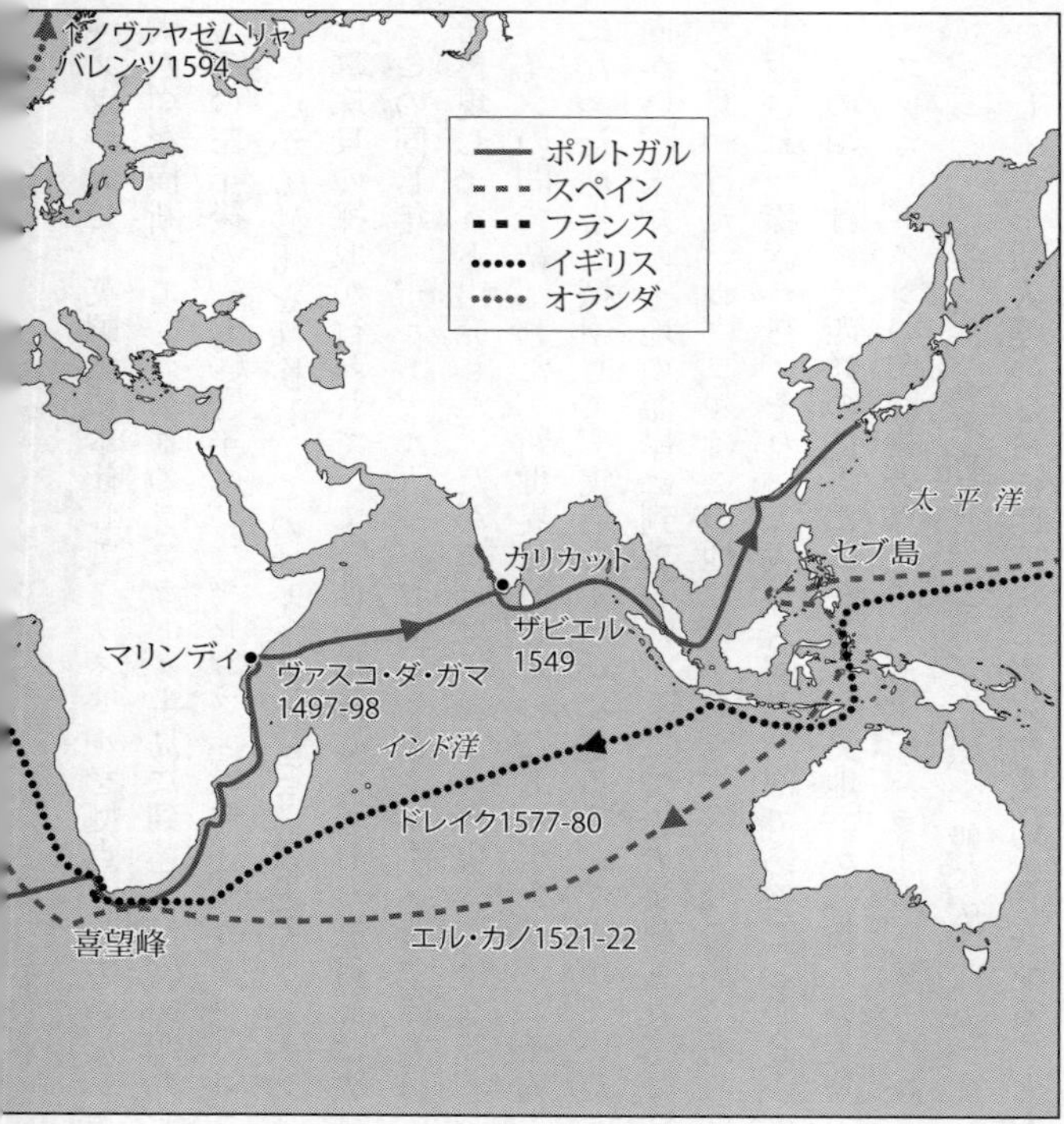

↑ノヴァヤゼムリャ
バレンツ1594
ポルトガル
スペイン
フランス
イギリス
オランダ
太平洋
セブ島
カリカット
ザビエル
1549
マリンディ
ヴァスコ・ダ・ガマ
1497-98
インド洋
ドレイク1577-80
喜望峰
エル・カノ1521-22

横断し、新しい大洋の前に立った。一五一三年のことである。彼はこの海を「南の海」と名付けた。そして香辛料の国に到達するためには、この南の海、すなわち太平洋を横断しなければならないのだと確信したのは、ポルトガル貴族のフェルナン・デ・マガリャンイス（マゼラン）であった。

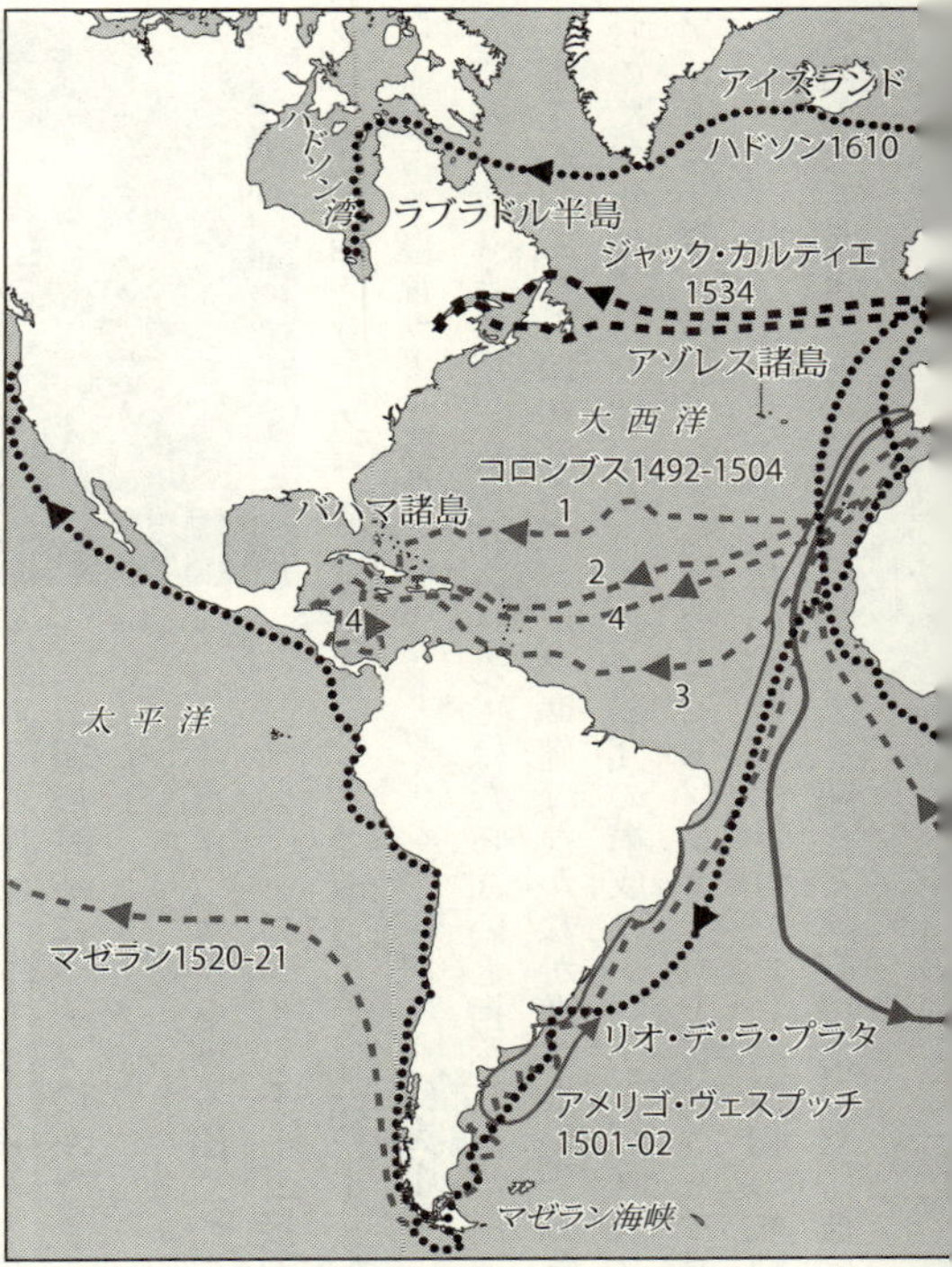

図6―2　各国の探検地図

マゼランと世界周航

マゼランは一四八〇年生まれで、長い間東南アジアのスンダ列島とモルッカ諸島で、ポルトガル海軍の士官として勤務していた。その科学的知識は卓越していて、経線の長さについてのかなり正確な知識をもっていたとされる。

図6—3　マゼラン

だが、ポルトガル国王への奉仕に報われなかったマゼランは、スペイン王権に接近し、香辛料の島であるモルッカ諸島に西回りでスペイン人を連れて行って見せると約束した。スペイン王カルロス一世（神聖ローマ皇帝カール五世）はポルトガルと事を構えるのを厭い、トルデシリャス条約で定めたポルトガルとの境界線に踏み込んではならないと指示した。

国王の承認にもかかわらず、出発準備はなかなか進まない。五隻の船に必要な物資を積み込むのに二年の歳月を要した。五隻の船団の構成は一〇〇トンクラスのトリニダード号とサン・アントニオ号、八〇トンクラスのコンセプシオン号とビクトリア号、そして六〇トンクラスのサンチャゴ号であった。乗組員の総数は、コロンブスの最初の航海が一〇〇人程度であったのに対して、マゼランの艦隊は二〇〇人を超える陣容であった。彼は一五一九年九月二〇日に、グアダルキビール川の河口にある、サン・ルカールを出港した。

この艦隊に乗り組んだヴェネツィア人ピガフェッタが記した航海日誌のおかげで、探検の詳細を知ることができる。マゼランはポルトガルが領有したブラジル沿岸の航行を避け、最南端から太平洋への出口を見つけるつもりであった。現在のブエノス・アイレスの傍、リオ・デ・ラ・プラタを過ぎると、南の海に通ずる湾はないかと、丹念に探し回った。苦労の末に一五二〇年一〇月二一日にチリの南端にある海峡を抜けて、もうひとつの大洋に入った。この海峡にはマゼランの名前が冠されている。南大西洋を航海している間に、二度も大嵐に遭遇していたこともあって、眼前に広がる静かな大洋を見た乗組員は、この大洋を「平和の海（パシフィコ）」と名付けた。

マゼラン海峡は南緯五〇度近くに位置しているが、マゼランは貿易風を利用するために、チリ沿岸を赤道近くまで北上し、そこから真っ直《す》ぐに西進した。その結果南太平洋の島々をすべて無視することになった。三ヶ月と二〇日を要したマゼランの太平洋横断は、二つの無人島と遭遇しただけであった。一五二一年一月二四日にマゼランの艦隊はグアム島に到達した。ここから島伝いにフィリピン諸島に到達するのは、容易であった。だが他方で現地住民との紛争も数を増した。マゼランはセブ島で、原住民をキリスト教に改宗しようと努めた結果、戦闘となり戦死した。一五二一年四月二七日のことである。

マゼランの死後、セバスチャン・エル・カノが艦隊を指揮し、香辛料の国モルッカ諸島を経て、ポルトガル人が睨《にら》みを利かす喜望峰回りのルートを通り、一五二二年九月六日にサン・ルカールの港に入った。約三年に及んだ大航海は、東西航路の一本化という偉業を達成して終わったのである。マゼランの航海はアメリカがアジアとは別の独立の大陸であること、また地球が球形であることを実証した最初の実験であった。

2 新大陸の諸勢力とスペイン人による征服

新世界の人々

コロンブスが上陸した西インド諸島のひとつサン・サルバドール島の海岸には、原住民が姿を見せていた。新世界との接触はどこか遠方の人気のない海岸でもよかったのであるが、大西洋の風と潮流は、ヨーロッパ人を南北回帰線の間の、相対的に人口が多いこの地帯に運んだのであった。

ヨーロッパ人が南北アメリカ大陸に到達した頃の人口については、推定に大きな幅があり、おおよそ四〇〇〇万人から八〇〇〇万人とされている。人口の分布には大きな偏りがあり、米国とメキシコを隔てるリオ・グランデ川の北には、五〇万人程度の人しか住んでおらず、また南米のアマゾン地方やパンパ地帯も同様であった。最も人口が集中していたのは、カリブ海沿岸地方とメキシコ高原、そしてアンデス地方であった。

香辛料を求めてやってきた冒険者たちは、彼らを「インド」人と呼んだ。彼ら「インド」人はモンゴロイドであり、肌の色は程度の差はあるものの黄色であり、頬骨《ほおぼね》が突き出ていて、毛髪の色は黒く、直毛であった。彼らの肌を「赤い」と形容したのはコロンブスが最初であった。これは現地人の共通性に注目した側面であるが、多様性はと言えば、年代決定は難しいが、シベリアとアラスカの間に寒冷化により陸橋、すなわちベーリンジアが出現し、現生人類のアメリカ大陸移住を可能にした紀元前三万年前からの幾度もの移住の波動と、太平洋を渡って渡来したポリネシア人やマレー人との混淆《こんこう》が作りだしたものであった。

これら諸民族にあっては、文明の発展度の多様性も見られたが、アメリカ大陸の民族は概して、新石器時代の段階にあった。金銀などの貴金属をはじめ、銅や青銅などが知られていたが、装飾品として利用され、武器などの道具類の製作は非常に限られていた。アステカ人の最新の武器は黒曜石の刃を付けた棍棒《こんぼう》であり、インカ人の類似の武器には、先端に青銅製の刃がプロペラを立てたように散開する突起が付いているのが、差異と言えば言える。

運搬手段も未発達で、車輪を知らず、牽引《けんいん》用の家畜もインカ人がリャマを使う以外には知られていない。

生業は農業と漁業、それに狩猟であった。農業は焼畑農業であり、叢林《そうりん》の一部を、雨季の始まる直前に焼き、灰で地味の肥えた土地に玉蜀黍《とうもろこし》やキャッサバなどを育てるやり方である。

図6—4　マヤ文字（メキシコ・パレンケ）

マヤ文明と科学精神

マヤ人はメキシコ南部のユカタン半島と、現在のホンジュラスやグアテマラに住んでいた。おそらく紀元前三〇〇〇年紀から、この土地に独自の文化を育んできた。物質文化の面では磨製石器の時代に生きていたと言える。主穀は玉蜀黍であり、先に述べた焼畑農法が実践された。これを基礎にして貴族や神官などの支配階級が生成され、都市を出現させた。

マヤ人に科学的観念を胚胎させ発展させたのは、農作業を先導する天体の運動を研究した神官層であった。マヤ人の暦は、グレゴリウス暦を採用する以前のヨーロッパの暦よりも正確であった。その土台になったのは、詳細な天文学的観察であった。また文字に関して言うならば、かつてはマヤ文字が純粋に表語文字（表意文字の一種で一字が一語を表す文字、たとえば漢字）とみなされたが、青《あお》山和夫《やまかずお》によれば現在では日本語のカナのように音節文字の存在が確認され、二一〇以上の音節文字が判明しているという。計算は二〇進法で行われ、零《ゼロ》の概念も認識していた。

宗教は原始的アニミズムの色合いが濃く、神官たちは神々の序列体系を構想した。至高の神は創造神フナブであり、雨の神、玉蜀黍の神等々のマヤ人の生活を守護する神々がそれに続いた。

マヤ人の政治組織は、都市を中心にした都市国家群を構成した。都市の中心には神殿と天文台を兼ねた施設が設置された。都市のそれ以外の部分は、半農村とも言うべき集落であった。耕地の地味が枯渇したり、また彼らの葬制が死者の家屋内への埋葬であったこともあり、都市が共同墓地に等しい状態になったりすると、都市自体が新しい土地に移動した。マヤの都市国家群は時に応じて、首長会議の指導のもとに連合し、一体になることもあった。

マヤ都市国家群の最盛期は西暦八世紀頃であったとされる。ヨーロッパ人が新大陸に到達した時期は、マヤ人の社会は衰退の只中《ただなか》にあった。ユカタン半島の有名な遺跡チチェン・イッツァのような大都市は放棄され、戦争とヨーロッパ人が持ち込んだ病原菌で、人口は激減した。弱体化しながらもマヤ文明は一七世紀末まで存続した。

征服者アステカ帝国

アステカ人がメキシコ全土の支配者となるために、攻勢に打って出たのは西暦一四二五年のことであった。敗北したトルテカ人やサポテカ人などは、貢納の支払いを課された。この時期をさかいに、アステカ人の軍事的・宗教的指導者のトラカテクートリは皇帝のように振る舞い、都市テノチティトラン（後のメキシコ・シティ）は強大な首都となった。

アステカ文明は、メキシコ高原の他の民族の文明と同じく、本質的にマヤ文明に由来した。

ただアステカの場合、武器や道具により多くの銅を用いたことが特徴で、それは彼らの好戦的な姿勢と同時に、本拠としたメキシコ高原に銅の鉱床が豊富にあったことも理由であった。農業の基本は焼畑農法による玉蜀黍栽培であった。文字の表記や計算法などはマヤ人ほどに洗練されていなかった。

アステカ人の神々は風の神ケッツァルコアトルにせよ、太陽の神であり戦争の神でもあるウィツィロポチトリにせよ、定期的に人間の血によって活性化しなければならないと信じられていた。首都の主要なピラミッドは、ウィツィロポチトリに献げられており、その像の前で神官が黒い衣装を身に纏い、人身御供《ひとみごくう》を実践した。黒曜石の鋭利なナイフの一振りで犠牲者の胸が切り裂かれ、心臓が摑《つか》み出されて香木で燃やされる。犠牲者の遺体がピラミッドの高所から投げ捨てられて、この残酷な儀礼が終わるのである。

アステカ社会の基本単位は氏族であり、その内部では土地所有は共同であった。氏族は必要に応じて会議を開き、各家族が耕作する土地を定期的に割り替えて、地味の違いで公平が損なわれないよう措置した。穀物は公的な倉庫に貯蔵・保管され、必要に応じて分配された。一人前の男子は常に戦争の準備をしたが、その目的は人身御供のための捕虜を獲得することで、一人で四人の捕虜を得た戦士は、より上位のランクに上昇した。このようにして少しずつ原始的な共産制から、貴族制に変化し、複雑さを増した組織で、貴族たちが高い地位を占めるようになった。こうして帝国的体制が作られた。

コルテスによるメキシコ征服

コロンブスが最初の足跡を残したイスパニョーラ（サント・ドミンゴ島）から出発したスペイン人の最初の征服地は、すぐ西にあるキューバ島であった。この島は一五一五年にディエゴ・ベラスケスによって平定されたが、その兵士のひとりに後にアステカを滅ぼし、メキシコの征服者となったエルナン・コルテスがいた。彼は新世界での冒険に乗り出すために、サラマンカ大学での勉学を放棄した若者であった。

キューバ総督となったベラスケスに、コルテスはメキシコ遠征を提言し、一時は承諾を得たものの、仲違《なかたが》いし、逆に上官への命令違反として追われる身となった。だがコルテスは追っ手を巧みに説得し、スペイン人の一部隊を編成し、メキシコに上陸した。そのあとで彼は乗ってきた船をことごとく炎上させ、兵士たちに内陸への進軍しか選択する道がないように措置した。そして現地人との接触から、アステカ帝国が有する途方もない富の話を聞き知った。進軍の中での現地小部族との小競り合いで、勝利の証《あかし》として贈られた二〇人の娘の一人であったマリンチェは、優れた外交的センスを具えた有能な通訳であった。

コルテスは愛人となったマリンチェの助力を得ながら、四〇〇人の兵士と、一六頭の軍馬、そして一〇門の大砲でメキシコの征服に取り掛かったのである。途中で遭遇したアステカ人の仇敵《きゅうてき》トラスカラはコルテスに味方することになった。アステカ皇帝モクテスマとの軍事的、外交的駆け引きの後、コルテスは平和裡《へいわり》に首都テノチティトランに入った。そして神殿の宝物庫を開かせ、莫大な宝を仲間と山分けするのに成功した。一時コルテスが首都を不在にした折、無能な副官がアステカ人の反乱を惹起《じゃっき》し、帰還したコルテスが、すんでのところで仲間に助けられるという一幕があった。これが一五二〇年六月三〇日のスペイン人にとっての「悲しい夜」と呼ばれる事件であった。

この苦い経験をしたコルテスは周到な準備と、作戦を立てて、新皇帝クアウテモックが指揮する勇猛なアステカ兵士たちを倒し、一五二一年八月一三日にテノチティトランの占領と支配が完了したのであった。コルテスの勝利は、スペイン本国の宮廷での厚遇で報われた。一五二三年に彼は国王カルロス一世から「ヌエバ・エスパーニャ（新スペイン）総司令官」の称号を与えられた。

アンデス高原のインカ帝国

メキシコから四〇〇〇キロ離れたアンデスの高原地帯に、南北アメリカ大陸のもうひとつの帝国、インカ人の帝国があった。アステカとインカの二帝国は、互いをまったく知らず、一度も衝突したことはなかった。それにもかかわらず、両者には多くの共通点が見られた。まずアステカ帝国と同様に、インカ帝国も比較的新しい存在であった。

「太陽の息子」であるインカの氏族が、クスコを中心としてアンデス地方に定着したケチュア語諸民族にその支配を行ったのは一二世紀になってからであった。インカ人はティティカカ湖の周辺のアイマラ語諸民族を征服し、続いて南のチリからキトまでの高原地帯と太平洋沿岸部のすべての民を制圧したのは一四七五年のことであった。

ローマ人と同じように、インカ人はその広大な帝国を整備された道路網のおかげで維持した。二本の幹線道路は石畳で、道路幅は三メートルから一二メートルもあった。一本は高地を、もう一本は山地と沿岸部を縫うようにほぼ並行して、南北を貫いた。この幹線と直交するように横断路が、巨大な階段のようにアンデスの高山に駆け上がっていた。だが車輪を知らなかったインカ人は、荷車をもたず、リャマを駄獣にして物資を運んだ。それでも整備された駅逓制度が存在し、首都クスコから、北辺の拠点都市キトまでの二〇〇〇キロを、伝令使は一〇日で情報を伝達したとされる。宿駅では国家の倉庫が無料で兵士や巡礼に食料を提供した。

帝国の中心、「世界の臍《へそ》」は標高三四〇〇メートルにあるクスコである。この都市は驚くべき精巧さで組み合わされた巨石の壁で護《まも》られ、太陽の神殿は内部の壁面が金箔《きんぱく》で覆われていた。インカ帝国は神権政治体制であり、頂点に位置するインカは地上の太陽を体現した。彼の言葉は法律であり、国家はインカに帰属するものである。彼は征服者であるインカ氏族の子孫と、インカと同一視された地方首長の子弟が構成するエリートの助けを借りて統治を行う。彼らは貴顕の士の印として耳に重いイアリングを下げたが、そのために彼らの耳朶《みみたぶ》は異様に垂れ下がっていた。

一般のインディオにとって労働は義務であり、土地の三分の一は「太陽」に属し、別の三分の一はインカ氏族に属した。リャマの群れはすべてインカのものである。インディオの衣服はすべて同一で、移動も基本的に禁じられていた。国家の生産活動の果実は国家の倉庫に集められ、ここから軍隊や役人の給与が支払われた。飢饉の折には、インディオにもここから食料が配給された。この神権国家は全体主義国家でもあった。インカ人は通常の意味で文字を知らなかったとされる。だが技術的な面から見ると、彼らの文明はアンデス世界全体の遺産を吸収していて、両アメリカ大陸で最も先進的であった。高い技術の貴金属工芸を知っており、銅や錫《すず》、水銀、プラチナを利用できた。また合金の製法や溶接技術も知っていた。織物産業にも卓越した能力をもち、デザインと色彩の豊かさは注目すべきものと言える。

ピサロのペルー征服

フランシスコ・ピサロは軍人の息子で、子供時代はエストレマドゥーラで豚飼いをした経験もある、一攫千金《いっかくせんきん》を狙って新世界に流れ着いた典型的な冒険者であった。彼はパナマ総督のもとで軍務についていた一五二四年から二六年に、内陸に途方もない富をもつ強力な帝国が存在することを耳にして、その征服を思いたった。作戦計画を総督に断られたピサロは、単独でスペインに戻り、影響力のある友人のつてで国王カルロス一世に拝謁し、征服計画のある地域の総司令官の任命状を手に入れた。

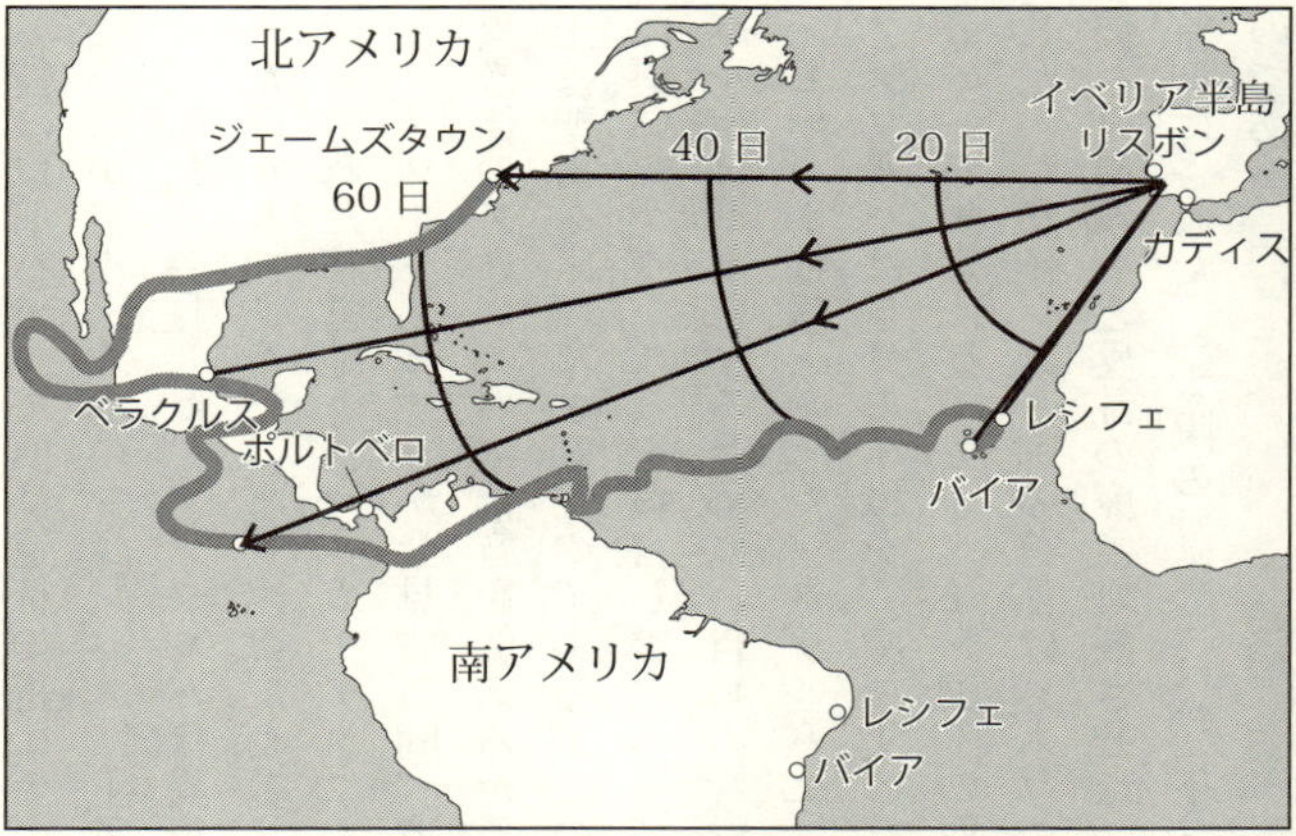

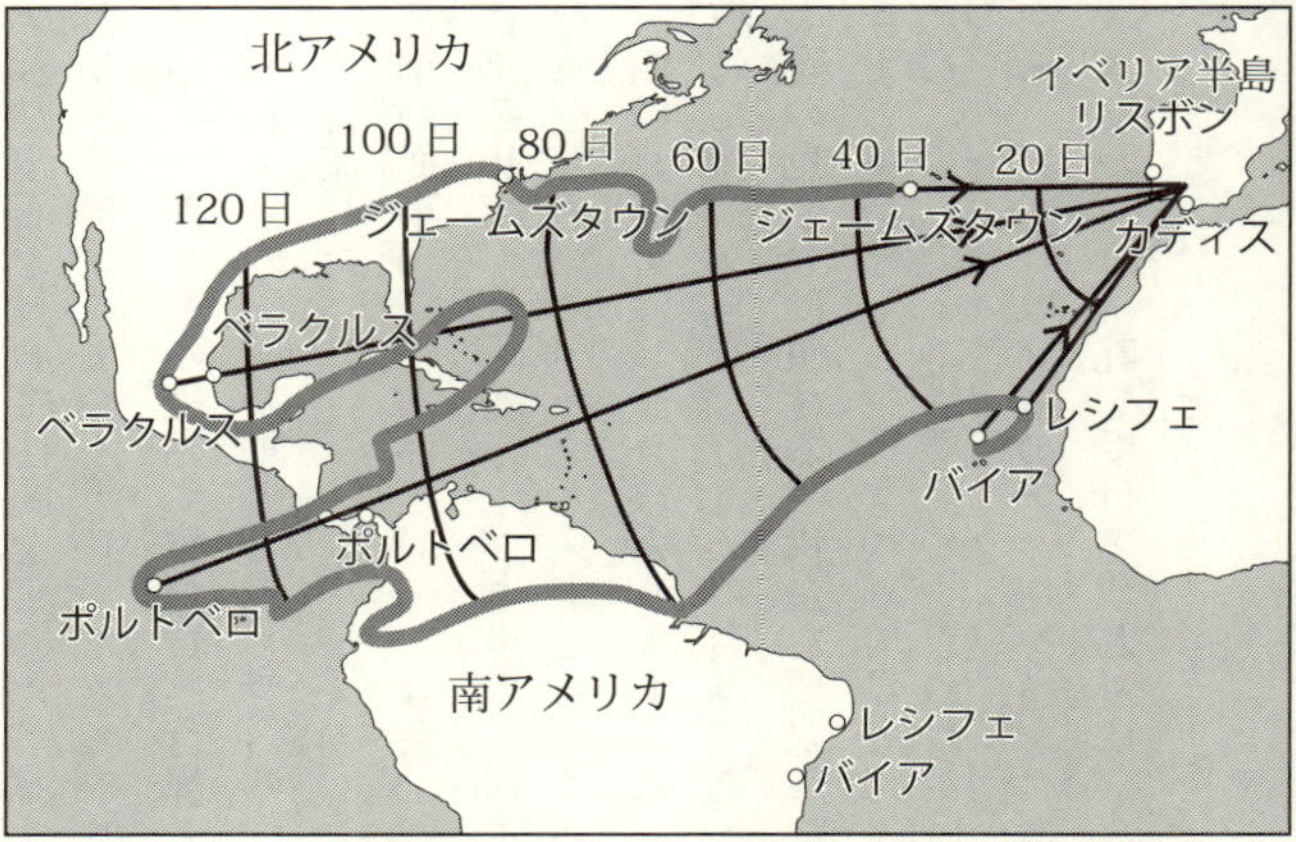

図6―5　大西洋横断等時図　新大陸各地とイベリア半島のあいだの所要日数の違いを地図に示したもの。太いグレー線は新大陸の海岸線を日数で示す。上は新大陸への往路、下は帰路。ブラジルが近かったのは、海流と風向が関係していた（Chaunu, *Conquête et exploitation des nouveaux mondes*, p.282）

彼は以前パナマで偵察遠征の折に手に入れた宝石を見せて仲間を集めた。ピサロが引き連れた一隊がペルー北部のトゥンベスに上陸すると、そこにはインカ王アタワルパからの使いが来て、これと会見した。アタワルパは異母兄弟ワスカルとの争いに勝利し、首都クスコを手に入れたばかりであった。ピサロは二百数十人の兵士と六〇頭の軍馬でアンデスの山々を越えて、指定された宿営地カハマルカでアタワルパに合流した。

アタワルパとピサロが会見する間、遠征軍の従軍司祭であったドミニコ会士バルベルデが、異教徒のアタワルパに福音を伝えるために進み出て、聖書を示して見せた。関心のないインカ王は聖書を床に落としたのである。この行為を咎めたスペイン人兵士たちがインカ王の警護隊に襲いかかり、これを殺害した。スペイン側の負傷者はピサロひとりであった。彼はアタワルパを生け捕りにするために、自らの身を挺《てい》して銃火から庇《かば》ったための負傷であった。

ピサロが捕虜となったアタワルパに「太陽の息子」に値する身代金を要求したのに対して、アタワルパは自分の牢獄《ろうごく》を、身の丈の高さまで黄金と宝石を敷きつめて見せたという。その五分の一が規定に従ってスペイン国王の取り分として本国に輸送され、残りは兵士たちが山分けした。だがインカ帝国の首都はクスコである。ピサロは捕虜のアタワルパをクスコに連行し、彼を兄弟殺害と反乱の廉《かど》で処罰させた。アタワルパは洗礼を受ける代わりに、火刑ではなく絞首刑にされた。「太陽の神殿」は劫掠され、破壊された。こうしてインカ帝国は終焉《しゅうえん》を迎えたのである。

3　宣教活動の展開

カリブ海域の様相

新世界で執り行われた最初のミサは、御公現の祝日（一月六日）であった。それは一四九四年のことであり、場所は現在のハイチ島、当時のイスパニョーラ島であった。そして一五〇〇年に、新大陸の宣教活動が大々的に展開される。最初にやって来たのはフランチェスコ会の宣教師であった。イスパニョーラ島を軸に、一五〇九年から一三年の間に、プエルト・リコ、キューバ、ジャマイカ、大陸にあるパナマ地方を含め三〇万平方キロが、スペイン領土となり、フランチェスコ会士とドミニコ会士が雪崩を打って、入り込んだ。キリスト教の教会制度が最初に整えられたのは、このアンティール諸島においてであった。一五一一年のことである。

スペイン人植民者はアンティール諸島平定の過程で、原住民タイノ人を無慈悲に使役し、やがて彼らの破局的な人口減少という事態に直面した。それを補うべくアフリカから大量の黒人を送り込んだ。托鉢修道会士たちが魂の世話をしなければならなかったのは、植民者やタイノ人ばかりでなく、これら黒人たちであった。原住民への非人間的な処遇を告発したことで、歴史に名を留めているのは、当初一攫千金を目的に新世界にやって来て、回心の後ドミニコ会士となったバルトロメ・デ・ラス・カサスである。

カリブ海東部のフランス領アンティール諸島には、一七、八世紀には司教座も司祭団も見られなかった。ここではイエズス会士やドミニコ会士、カプチン会士が活動した。一七八五年前後の報告では、宣教師一七〇人を数えたが、ドミニカ島には四〇万人、グアダループ島には九万人、マルティニク島には八万四〇〇〇人の黒人がおり、これだけの宣教師、あるいは聖職者では明らかに不足である。それでも、宣教師たちは黒人奴隷が上陸させられるとすぐに接触を図り、「公教要理」を説いたりした。

図6—6　ラス・カサス

こうして一五〇〇年から一八〇〇年の間に、カリブ海域の全住民が公式にはキリスト教徒となった。

メキシコにおける修道会の棲み分け

マヤ人とアステカ人の領土はコルテスの征服により、「ヌエバ・エスパーニャ」となったが、征服者コルテスは平定直後から、組織的なキリスト教化のもつ意味を理解し、国王カルロス一世に執拗《しつよう》に、宣教師の派遣を要請した。その結果一五二三年にフランチェスコ会が、ついで二六年にドミニコ会が、三三年にアウグスティノ会がやって来た。イエズス会が遅れて一五七二年に到着するまで、メキシコの宣教活動はこれら三つの托鉢修道会が担当した。

これらの修道会士は、各修道会の改革派に属していて、異郷の地方文明に熱狂しながら、熱心に宣教に邁進《まいしん》した。その結果、洗礼志願者は目をみはるスピードで増加した。メキシコ最初の司教フアン・デ・スマラッガが一五三一年に、トゥルーズのフランチェスコ会総参事会に宛てた書簡で、一五二四年以後のメキシコで、一〇〇万人の異教徒が改宗したと述べている。だがインディオから「貧者」と綽名《あだな》されたフランチェスコ会士トリビオ・デ・ベナベンテは、一五二四年から一五三六年まで、五〇〇万人が洗礼を受けたと報告している。

いずれの数字が妥当かはさておいて、「新スペイン」のキリスト教化がかなりの速度で進展した様子がうかがえる。多数の原住民の改宗は教皇パウルス三世の勅書『高みにおわす神 *Sublimis Deus*』が説明しており、そこでは暴力的で貪欲《どんよく》な植民者から、インディオを保護すべきと説いている。

フランスの新大陸史の専門家ロベール・リカールによれば、宣教活動にあたった托鉢修道会やイエズス会は、その活動領域が重複しないように棲《す》み分《わ》けを行った。フランチェスコ会はメキシコ高原の南と北西メキシコを主な領域とした。ドミニコ会は南部とメキシコ・シティ周辺地帯を主たる宣教活動の場とした。もっともメキシコ・シティ周辺はアウグスティノ会を含め、

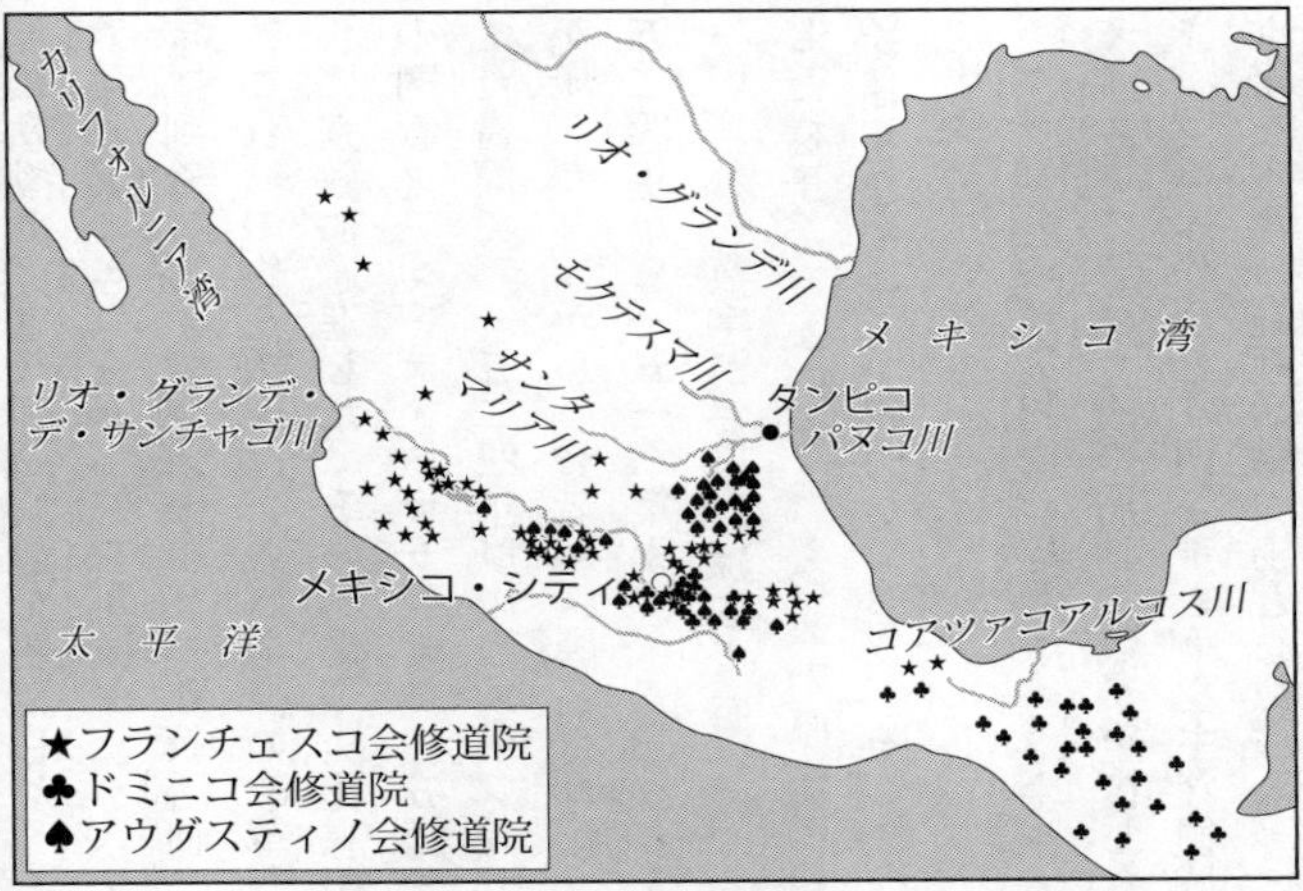

図6—7　メキシコにおける托鉢修道会の宣教活動の分布（Robert Ricard, La《*conquête spirituelle*》*du Mexique* による）

どの修道会派も活動を行った。

遅れて到来したイエズス会は、北西部からカリフォルニアにかけて活動し、シナロアでは一六二四年から八万人の受洗者を獲得した。カリフォルニアでの活動は、一六九七年からであった。この地域への宣教のための浸透は、アメリカ・インディアンが絶えず移動し、また当初は敵対的であったこともあり、困難をきわめた。しかし努力の結果一六九七年から一七六六年までには北緯三一度、現在のアメリカ・メキシコ国境まで進出した。

クレオール（現地生まれのヨーロッパ人）に属するファン・デ・オニャーテが、「コンキスタドール」として、一五九八年にニュー・メキシコの遠征を実行したとき、一〇人のフランチェスコ会士がつき従った。この地のキリスト教化は、当初順調に進展したようである。一六二二年にフランチェスコ会の修道院が建てられ、一六三〇年には八万人の受洗者を数えた。だがこの半世紀後の一六八〇年に、アパッチ人の最初の反乱が起こり、二六人の宣教師と、一万六〇〇〇人のキリスト教徒が殺害された。一八世紀中頃に、アパッチ人は宣教を受け入れ、一七七五年にはニュー・メキシコのフランチェスコ会宣教師と、カリフォルニアで活動していた同会の宣教師たちが合流した。

一七世紀はじめにフランチェスコ会はメキシコに二〇〇の修道院を、ドミニコ会は九〇の修道院を、アウグスティノ会は六六の修道院を擁した。イエズス会は一五八〇年に一〇七あった僧院が、一六〇三年には三四五に増加した。

パナマの南

南米ではキリスト教への改宗が、メキシコに比べて緩やかに展開した。この地のインディオは文化的により多様であった。しかし宣教師たちは、ここでも積極的に活動した。クスコの初代司教はドミニコ会士で、ペルー教会とリマ大学（一五五七年）の創建者となった。一五五四年段階で、ドミニコ会士は旧インカ帝国内に一五五人配置されていたが、時とともにさらに南下して活動に勤しんだ。フランチェスコ会士はこれよりやや遅れて到着したが、キト、クスコ、リマの三ヶ所にすぐに修道院を建設した。やがてラ・プラタ、ポトシ、ラ・パス、トゥクマンそしてパラグアイに領域が広がった。イエズス会は遅れて到着し、一五六八年にリマに拠点を構え、その後急速にキト、ヌエバ・グラナダと称されるボゴタを首都としたエクアドル・コロンビア・ベネズエラ・パナマ領域、パラグアイ、チリを独自の宣教領域にした。いたるところに原住民の小教区を設けて、改宗と司牧に専心した。リマ大司教座は管区としてニカラグアからチリにいたる一〇の広大な司教区を抱え、地方公会議を組織した。

イエズス会がアルゼンチンのパラナに創出したグアラニ人の組織は、輝かしい宣教の展開の頂点とも言える例である。グアラニ人はアンデス山脈の東側の広大な地帯に分散していた。彼らはアステカやインカほど文明化されてはいなかったが、農耕、機織り、製陶、籠《かご》細工、ゴム採取など多様な生産活動を実践していた。清潔で、温和で、社交的でありながら勇敢で、人身御供を知らず、神官階級ももっていなかった。こうしたグアラニ人をヨーロッパ人奴隷商人から保護するために、イエズス会総長のアクアビバ神父は、一六〇九年にスペイン国王フェリペ三世からパラナ地方を、自治領として割譲してもらうことに成功した。最初の共同体ロレトには洗礼を受けた二〇〇家族が移り住んだ。やがて近隣の二三集落も移り住んだ。このようにして教化対象の先住民指定居留地（ドクトリナ）は急速に増加し、一六三〇年にはその数三四を数え、住民は一〇万人に達した。

しかし植民者の奴隷狩りの蛮行がこの地を襲った。一六二八年にポルトガル人とスペイン人の一団が、この平穏な世界を襲撃し、抵抗する者を殺し、捕虜にしたインディオは奴隷として攫《さら》われた。この事態を憂慮したスペイン国王フェリペ四世は、一六三九年にグアラニ人が武装できるようにイエズス会士に命じて火器を購入させた。その二年後に、グアラニ人はブラジルのサン・パウロを根城にしたポルトガル人を打倒して、勝利者となった。むろんこの背後にはイエズス会士たちの積極的な攻勢への思いがあり、「戦う修道会士」の面目躍如たるものがある。

ポルトガルの新大陸

スペインの新世界に比べて、ポルトガルの新世界は開発・整備が遅れていて、その相貌《そうぼう》はなかなか定まらない。一六四〇年の時点で、司教区は一五五一年に創設されたブラジルのバイア（サルヴァドール）が唯一のものであった。

一七、八世紀の他の司教区創設は、ブラジルの製糖産業と鉱山業の発達と軌を一にしており、一六七六年のリオ・デ・ジャネイロ、七六年のペルナンブコ（レシフェ）、七七年のサン・ルイス・デ・マラニョン、一七四五年のサン・パウロとマリアナである。ここでもイエズス会士が主要な宣教師たちであった。カナリア諸島生まれのホセ・デ・アンキエタ神父（一五九七年歿）は、グアラニ語の文法書と辞書の作者であった。賛美歌と「公教要理」が現地語に翻訳され、教えられた。イエズス会士はインディオの村（aldea）を創設し、先住民指定居留地と同じように、インディオが自治的に運営し、神父であるイエズス会士が監督した。サン・パウロの悪名高い奴隷商人への対抗措置として、原住民を武装させもしたのである。

一七世紀のインディオの保護者として、際立っていたのはイエズス会士アントニオ・ヴィエイラ神父であろう。彼はポルトガルの大使としてイギリス、オランダ、フランス、ローマなどに駐在した経験のある練達の外交官であったが、宣教師としての活動にも大きな功績を上げた。ブラジル沿岸一五〇〇キロに点々と連なる五〇の村落を組織し、キリスト教を受容していないインディオと友好条約を結び、製糖産業で過酷な労働を強いられているインディオの労働条件を緩和してくれるよう、植民者やポルトガル国王に働きかけた。だがその結果、彼は異端審問の場に引きずり出され、投獄されたうえ、本国に送り返された。しかし七三歳の折に再びブラジルに渡り、アマゾン地方の宣教に従事した。そして一六九七年に、八九歳で現地で歿した。彼の死後、ブラジルのイエズス会は奴隷制を阻止することができず、その弊害を可能な限り除去する次善の方針に甘んじざるをえなかった。

北アメリカとカナダの植民者

一七九〇年にメキシコと南米には七つの大司教座、三六の司教管区、七万以上の教会、八五〇以上の修道院、イエズス会僧院が存在した。しかしリオ・グランデの北には、わずか二つの司教管区が作られただけであった。ひとつは一六七四年創設のケベック司教区、もうひとつは調査の直前、一七八九年に開かれたボルティモアの司教管区であった。

一六〇三年にフランスの探検家サミュエル・ド・シャンプランは、国王アンリ四世の命令で

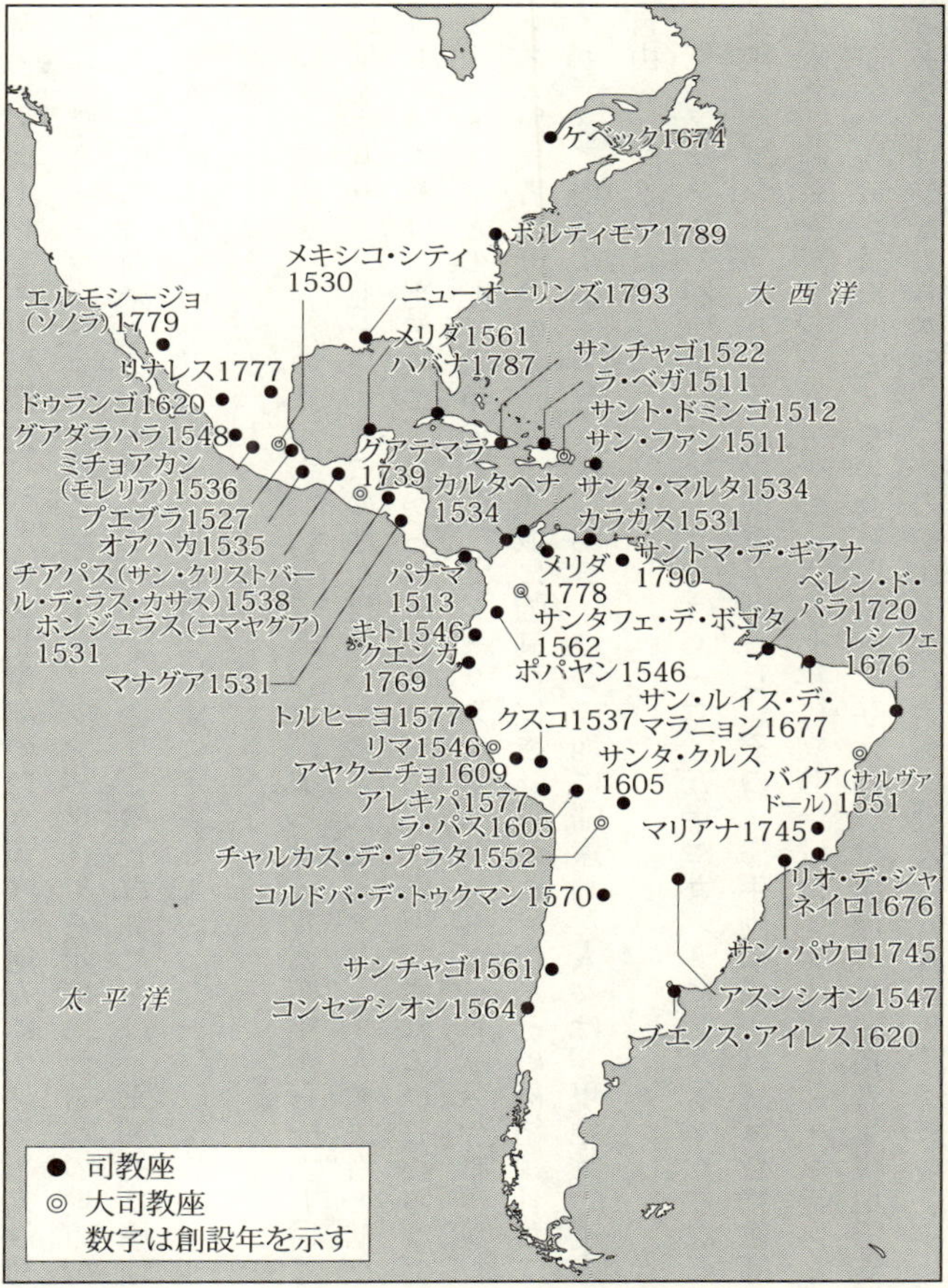

図６—８　南北アメリカ大陸の大司教座・司教座（J. Delumeau / M. Cottret, *Le catholicisme entre Luther et Voltaire*, p.151による）

セント・ローレンス川を探検し、カナダ北東部のアカディア地方にフランス人最初の拠点を築いた。現在のノヴァスコシア州とニュー・ブランズウィック州にあたるこの地方で、フランチェスコ会原始会則派、イエズス会、カプチン会などの宣教師たちは、平和的な原住民アルゴンキン人と関係をもった。彼らは、少しずつ半島に定着していった一〇〇家族のノルマン人農民に敵意を示すことはなかった。

紛争の原因を作ったのはイギリス人であった。彼らは一六五四年から一六七〇年にかけて植民地を牛耳り、一七一三年にこの地を自らのものとした。フランス人植民者と結びついていたカトリック教は、当然のことながら白眼視され、ついには迫害されるにいたる。プロイセンとオーストリアとの七年戦争の期間、北アメリカでもフランスとイギリスの戦争が行われ、フランス人植民者は大量にイギリス領域に強制移住させられた。だがその後結ばれた二つの条約で、アカディア地方に留まった人々、あるいはこの地に帰還した人々は、現地カナダ人同様宗教の自由を保障された。

先のフランスの探検家シャンプランは、一六〇五年にカナダにケベックを建設した。一六一五年にフランチェスコ会原始会則派が到着し、その一〇年後にはイエズス会宣教師たちがやって来た。両者ともリシュリューが一六二七年に立ち上げた「ヌーヴェル・フランス百人会社」に諸手《もろて》を挙げて賛同した。この会社は特権を与えられ、植民者や開拓者を現地で支援する組織であり、目的どおり四〇〇〇人の植民者をカナダに運んだ。彼らはすべてカトリック教徒であった。しかし計画は思ったようには運ばなかった。一六二九年から三二年まで、イギリス人がケベックを占領したからである。カナダとアカディアを統合して作った「ヌーヴェル・フランス・アメリカ社」が、一六六〇年に擁したのはせいぜい二〇〇〇人の植民者であった。

これらフランスをはじめとするヨーロッパから渡来した植民者は、一〇万人のアルゴンキン人、一万余のヒューロン人、二万人のイロクオイ人と対峙しなければならなかった。イエズス会は一六三二年に宣教師を増員し、改宗に励んだ。

北米大陸に関しては、キリスト教徒が増加したと言っても、原住民の改宗――一八世紀末にほぼ二〇〇〇人とされる――というより、キリスト教徒植民者の増加がその大きな要因であったと結論づけられる。

第七章　イエズス会の日本宣教

1　ザビエル日本へ

インド以西における日本認識

インド以西で日本の存在について最初に記録したのは、九世紀半ばにペルシア人イブン・フルダーズベが著した『諸国諸道の書』で、そこでは「ワークワーク Waqwaq」と表記されていた。そして著者は「シナの東に、ワークワークの土地がある。この地は豊富な金に恵まれ、住民は飼っている犬や猿の首輪を金で作らせ、金糸で織った衣服を売りに来る」と記している。「ワークワーク」が「倭国《わこく》」の音を転写しているのは明らかである。

その後日本に言及したのがヴェネツィアの商人で旅行家のマルコ・ポーロが著した『東方見聞録』（一二九八年）であるのは誰もが知っている。マルコ・ポーロが日本を「ジパング

Zipangu」と形容したことも広く知られている。もっとも表記は「シパンゴ Cipango、シャムパグ Ciampangu、ジパング Zipangu」と写本により、多様であるが、それらは「日出《い》づる国」を表現した中国語「Jih-pen-kuo」に由来すると考えられている。冒頭の「Jih」の音節が、zi あるいは ci と、転訛《てんか》するのはマルコ・ポーロ時代のヴェネツィア方言の特徴であった。

　このジパングが最初に地図上に描かれたのは、一四五七年と一四五九年の間に、ヴェネツィアの著名な地図制作者フラ・マウロが作成した巨大な「世界図」（二八〇センチ×二七〇センチ）においてであった。これはポルトガル国王アフォンソ五世が注文して作られた作品である。

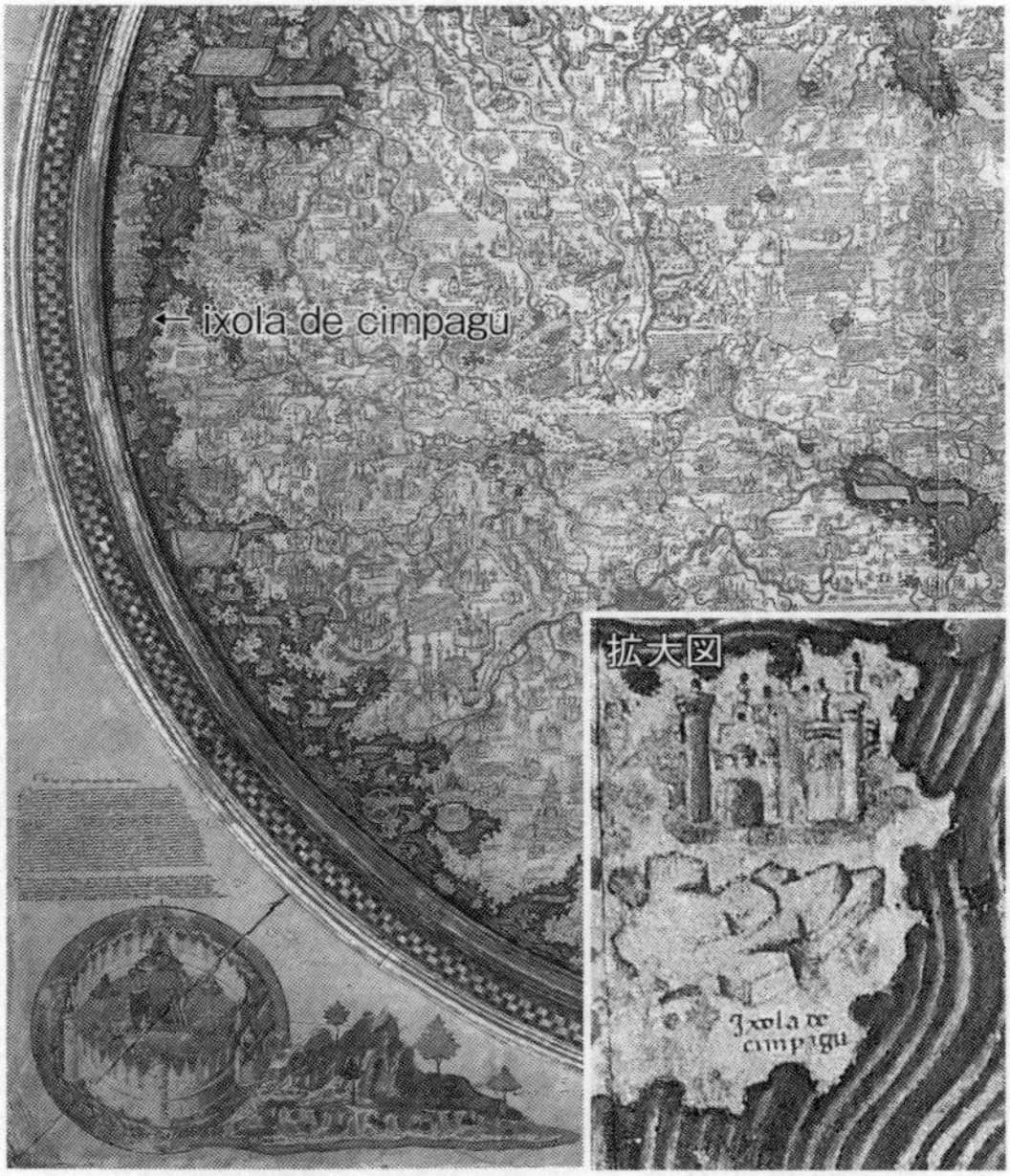

図7—1　フラ・マウロの「世界図」

この世界図は地図であって、海図ではない。当時知られていた世界が南を上に、北を下にして描かれている。そこに付された注釈は非常に様々の著作から引用されたものである。マルコ・ポーロはもとより、ニコロ・デ・コンティやアラビア語、ペルシア語、ポルトガル語で書かれた文献の関連記述から取られている。この地図に「ixola de cimpagu シムパグ島」が中国の東に正しく位置している。ただしその南隣を占めているのはジャワ島である。このあたりの不確かさは時代の限界であり、エンリケ航海王子のほぼ同時代ということであれば、大目に見ることも許されよう。大事なのは、大航海時代の冒険航海者にとって、ジパングは確かに現実の存在として認識されていたことであった。

図7—2　ジャンク船（1880年代）

ポルトガル人の訪問

ジョアン三世がポルトガル王として君臨していた一五四二年か一五四三年に、一隻のポルトガル船——と言っても大洋航海のキャラベル船ではなく、外洋ジャンク船であった——が、タイの港を出港して頻繁に貿易活動を行っていた中国沿岸の港に向かっていた。当時明国は海禁政策を取り、海外との私的貿易を禁止していたが、ポルトガル商人はこの禁を破り、いわば密貿易で利益を上げていたのである。だが、この船は大嵐に遭遇し、いつもの航路から外れてしまった。二週間ほど漂流した後に、薩摩《さつま》に近い種子島《たねがしま》に漂着した。この地はかつてポルトガル人が訪れたことのない土地であった。

一五六三年にリスボンで出版されたアントニオ・ガルヴァーニョの年代記によると、この出来事が起こったのは一五四二年とされているが、より正確とされる薩摩の禅僧南浦文之《なんぽぶんし》が著した『鉄炮記《てっぽうき》』にある一五四三年九月が、国際的にも認められている。ただ、ポルトガルの研究者ルイ・ロレイロによれば、一五四二年の出来事はそれとして独立の事件で、タイの港を出た船は琉球《りゅうきゅう》列島のひとつに漂着したという。そのことは、同時代の作品で、写本のまま残され、印刷されなかったガルシア・デ・エスカランテ・アルバラドが著した『ルイ・ロペス・ヴィラロボス航海記』から傍証できるとする。スペイン人修道士でモルッカを訪れたアルバラドは、この琉球列島という遠隔の地を訪れた人々の証言を採取し、記録したのであった。ポルトガルを含め多くの異邦人を乗せた船が種子島を訪れたのは、その翌年のことであった。アルバラドの記録では、一五四四年にもペロ・ディエスという人物が銀の取引を目的として、「日本の島」を訪れたということである。

ポルトガル人のこのような突然の日本への関心の理由は何ゆえか。あるいは問題を逆に立てて、日本の存在を認知していながら、この時期までなぜ彼らが訪れなかったのか。理由は幾つか想定される。第一に東南アジアと中国の間の航海がルーティン化していたこと、第二に倭寇《わこう》が原因の中国と日本の国際関係の緊張、第三にポルトガル人が日本についての十分な情報をもたなかったこと、などが挙げられる。

それでは旧来のこうしたネガティヴな要因を、この時点で克服して日本との接触を開始した理由は何であろうか。東野治之《とうのはるゆき》によれば、それは日本が世界でも稀に見る銀産出国であり、この時期内外の取引に決済手段として銀を大幅に用いることになったことが大きな要因であった。

ザビエル、アンジロウに会う

ザビエルがゴアに着任した一五四一年は、まさしくポルトガル人商人たちが、日本との取引に参入する直前のことであった。だから彼がインド各地や、マラッカおよびモルッカ諸島を宣教していた頃は、ポルトガル人のみならず東シナ海を舞台に商取引に勤しむ人々の間で、日本への関心が沸き立つように高まっていた時期であった。こうしたなかで、ザビエルはマラッカの町でひとりの日本人と会う。一五四八年に、ザビエルがローマのイエズス会士たちに宛てた長い手紙の一部を引用しよう。

　このマラッカの町にいた時、私がたいへん信頼しているポルトガル商人たちが、重大な情報をもたらしました。それは、つい最近発見された日本と呼ぶたいへん大きな島についてのことです。彼らの考えでは、その島で私たちの信仰を広めれば、日本人はインドの異教徒には見られないほど旺盛《おうせい》な知識欲があるので、インドのどの地域よりも、ずっとよい成果が挙がるだろうとのことです。このポルトガル商人たちとともに、アンジロウと呼ぶ一人の日本人が来ました。（中略）もしも日本人すべてがアンジロウのように知識欲が旺盛であるなら、新しく発見された諸地域のなかで、日本人はもっとも知識欲の旺盛な民族であると思います。このアンジロウはキリスト教講義に出席した時に信仰箇条を書きました。また教会へたびたび行って祈っていました。

（河野純徳《こうのよしのり》訳『聖フランシスコ・ザビエル全書簡2』、59）

この部分は有名な箇所で、アンジロウを取り上げて、日本人の理性的資質に説き及んだものとしてしばしば引用される。海外で宣教活動をしている会士からローマに送られた書簡は、宣教師として派遣されるため、ローマの学院で研鑽《けんさん》に励む若い会士に読み聞かせるのが通例であったから、ザビエルが述べる日本人についての所見、日本人の美質についての言及はイエズス会全体が共有する認識となった。それは若い会士の間で、日本での宣教活動への展望を豊かにすると同時に、フランス人研究者エレーヌ・ヴュ・タンによれば、組織としてのイエズス会としては、日本にはなるべく高い知的水準の、優秀な若者を派遣することに努めるようになったとされる。彼女の研究によれば、日本に派遣されたイエズス会宣教師の八二パーセントが、最高度の教育を受けている。

日本への渡航と初期の活動

一五四九年八月一五日、ザビエル一行を乗せた、中国人アバンが所有する、二本マストで全長一五メートル、二五〇トンクラスのジャンク船は鹿児島港に入港した。六月二四日にマラッカ港を出て、二ヶ月弱の航海であった。一行はザビエルのほかに同じくイエズス会士コスメ・デ・トレス、同じくジョアン・フェルナンデス、ゴアで入信し、パウロ・デ・サンタフェの洗礼名を名乗るアンジロウ、同様に入信した二名の日本人アントニオとジョアン、中国人で入信したマヌエル、さらにアマドールと称するマラバール海岸出身のインド人の総数八人であった。

薩摩の戦国大名島津貴久《しまづたかひさ》は、当初イエズス会宣教師一行の来着を好意的に見ていた。その理由は、アンジロウがザビエルとポルトガル商人との関係の密接なことを述べ、島津はポルトガル商船が鹿児島に入って貿易をしてほしかったからであった。

だが、翌年七月末に大問題が生じた。貴久はポルトガル商人ドゥアルテ・ダ・ガマの船が、ライバル松浦隆信《まつらたかのぶ》の領地である平戸《ひらど》に入港したのを知ったのである。貴久は直ちに領内にキリスト教の禁令を発した。ザビエルとその同輩会士たちは組織されたばかりの薩摩のキリスト教徒たちを置き去りにして、この地を離れなければならなかった。彼は平戸の松浦氏のもとへ動いた。隆信自身は熱心な禅宗の仏教徒であったが、領内での宣教を許可した。それもあってその後、ポルトガル商船が毎年平戸に入るようになった。

イエズス会は特定の大名に有利なように、商船を特定の港に着岸するようポルトガル人に要請することができた。そうすることで、その大名に自らの領地で宣教活動をするのを認めさせようとしたのである。ザビエルは日本に到着すると、すぐにこの戦術を用いた。先の平戸も、約一〇年後に松浦氏がキリスト教の宣教に反対したために、ザビエルの僚友であったコスメ・デ・トレスはインド副総督メルシオール・ヌニェスを動かして、ポルトガル船の平戸入港を停止させたりしている。

日本での宣教は、時を経ずして戦国大名という世俗権力の地域的な枠組の複雑さと、相互の嫉視《しっし》という厄介な問題に直面した。政治状況次第で、島津氏の例に見られるように、いつなんどき禁令を発布されるかもしれないのである。その根底にあったのが、大名たちがイエズス会に期待したポルトガル商人との結びつき、さらにはポルトガル権力との深い結びつきであり、これを利用して、利益を得ようとしたからであった。こうした状況が宣教活動に不利に働いたのは確かである。宣教師はその活動を長期的に継続させるのが難しく、またキリスト教を土地に根づかせるのも困難だからである。

ザビエル自身は、鹿児島での挫折の後、イエズス会士が書簡その他の文書で好んで用いる言葉を使うならば「ミヤコ」、すなわち京（京都）に赴いた。日本の首都での宣教活動によって、キリスト教が日本中に広がる契機にしようとしたのだが、それはザビエルの誤解によるものであった。彼はスペイン王制をモデルに首都の中央権力を想定し、首都からキリスト教宣教の認可を布告してもらえれば、それは日本国中に適用されるであろうと考えたのであった。だが京は諸大名の覇権争いのための駆け引きの場となっており、ザビエルも自らの誤りに気がつき九州に帰ることにした。

宣教戦略の練り直し

ザビエルは各国の大名に宣教の許可を取りつけるために、積極的にポルトガル商人との緊密な関係を打ち出すことと併せて、一五五一年二月二〇日に山口で宣教戦略の根本的な練り直しを行った。この時期以降、宣教活動は本州西端部と九州北部、とりわけ豊後《ぶんご》に集中することになった。

この間ヨーロッパでは、ザビエルに関わる組織上の大きな変更が進行していた。総長イグナティウス・デ・ロヨラは、インドをスペイン、ポルトガルに続く第三の管区に格上げし、ザビエルを初代の管区長に指名していた。その通達は一五四九年一〇月一〇日に発出され、ザビエルがこれを受け取ったのは二年後の五一年一一月のことであった。彼は慌ただしく日本を出発し、五二年にマカオ近くのサンチャンで息を引き取った。

ザビエルが日本を離れるとき後事を託し、日本宣教の責任者となったのはバレンシア生まれのスペイン人コスメ・デ・トレスであった。彼が責任者となった宣教活動は、なかなか進展しなかった。原因は宣教師の人員不足であった。ザビエルは日本を離れるとき、ゴアから宣教師を日本に増員する旨の約束もしていた。だが一五五〇年代は、九州の政情は不安定で、大名間の紛争が絶えなかった。

そうした状況下で、コスメ・デ・トレスと僚友のジョアン・フェルナンデスが、新たな宣教戦略の拠点として選んだのが、大内氏《おおうち》が君臨する山口であった。この地はザビエルが日本を離れるときに立ち寄り、コスメとフェルナンデスが滞在していた都市でもあった。一五五〇年、ザビエルは大内義隆《よしたか》に丁重に贈物をし、宣教の許可を願い出た。これに対して義隆はキリスト教宣教の拡大を支持し、自らの領地で説教し、洗礼を実施する許可を与えたのであった。こうして一五五〇年代はじめに、山口のキリスト教徒だけが信徒共同体に近い組織として生まれたのである。その構成員は、比較的高い社会的地位にある武士や僧侶《そうりょ》階級からなる五〇〇人前後の信徒であった。

順調に再出発した山口での宣教活動は、しかしながら大名間の戦争で阻害される。一五五一年九月二七日に、大内義隆は自らの家臣陶隆房《すえたかふさ》(晴賢《はるかた》)の謀反にあい、山口に攻め込まれ、逃亡しなければならなかった。そして三日後に自害して果てたのであった。翌年春に親戚《しんせき》筋の豊後の大友晴英《おおともはるひで》が、大内義長《よしなが》と改名し山口に入府、ひとまずこの都市の動乱は鎮まった。だが今度は安芸《あき》の毛利元就《もうりもとなり》が兵を起こし山口に侵入、これを占拠した。このときコスメ・デ・トレスは豊後に逃れた。

2　豊後、京、大村の宣教

豊後の教訓

豊後の宣教活動は、当初領主大友氏という上ない庇護者を得て、順調に展開し、国主大友氏と領民が揃って改宗するかと思われる勢いであった。このとき、大友義鎮《よししげ》（宗麟《そうりん》）が権力を掌握し、自らの家門の九州大名の中でのその地位を再興しようと望んだ。この計画の実現にとって、宣教師たちとポルトガル人の支援は決定的な要因であった。一五五三年に大友氏がイエズス会に領内での説教をする権利を認めたのは、それが理由であった。しかしながら、洗礼志願者の数はなかなか増加しなかった。イエズス会士で『日本史』の著者でもあったルイス・フロイスの証言では、一五五三年の年間受洗者は三〇人に止まったという。それでもイエズス会は国主義鎮の、キリスト教への好意的な態度に希望を見いだし、豊後での宣教に力を注ぎ続けた。この時期インド管区の長として日本を訪れていたメルシオー

図7―3　横瀬浦にあるフロイスの像

ル・ヌニェス・バッレトは以下のように報告している。

日本でも有数の君主である豊後の君主は、副王のもとに多くの贈物と書簡をもたせて大使を派遣した。その書簡の中で、君主自身がキリスト教徒になること、静謐《せいひつ》この上ないポルトガル国王と真の友誼を結びたいと強く願っている、と述べている。

豊後の大名を支援することは、たとえ受洗者の数が限られたとしても、府内（大分）が日本宣教の中心になることを意味した。豊後を選択することはイエズス会士たちにとって様々な利点があった。そのひとつが、大友義鎮がその影響力を筑前《ちくぜん》や豊前《ぶぜん》に広げることで、新たな宣教領域、なかんずく博多《はかた》が視野に入ってくる可能性をもたらしたことである。

さらにコスメ・デ・トレスは府内に施療院を建てて、この施設を通じて宣教活動を強化することを考えた。このため一五五六年末に府内に施療院を設けた。この計画は大友義鎮の支援を得たことで実現し、その医師として、インドに来て商取引に乗り出す前には、ポルトガルで医学の勉強をしていたルイス・デ・アルメイダが着任することも大友氏の承認を得ていた。病者を治癒に導くことは、古代キリスト教以来のいわば伝統的な宣教策であった。ところがこの施療院の活動は、キリスト教信徒の数を増やすどころか、武士や僧侶、富裕な商人などのエリート層のキリスト教離れを引き起こすことになってしまった。これらエリートたちは、ハンセン病者や貧民を治療するアルメイダたちの姿に嫌悪感を懐いたからであった。

もともとイエズス会は豊後での宣教について二重の戦略を立てていた。すなわち大名を入信させ、豊後のエリート層をキリスト教に引き込むことがひとつ。もうひとつは施療院での治療行為を通じて、社会的により下層の人々をキリスト教徒として受洗させることであった。だがこうしたやり方が逆効果で、期待していたような成果を上げることができないのが明確となった。確かに大友義鎮は一五七八年に、ザビエルへの崇敬の念から、ドン・フランチェスコの洗礼名でキリスト教徒となった。だが一般的には、そもそも大名の受洗が確実ではなく、たとえ彼らが宣教活動を承認したとしても、そのことで自動的に武士たちが入信するわけではないことが明らかになった。

このことが一五六〇年に始まる宣教戦略の変更の理由である。イエズス会士たちは、豊後での宣教の成果がなかなか上がらない事実を認識し、キリスト教世界の拡大戦略を再検討しようと決めた。彼らは豊後以外の二つの地域、すなわち京と九州大村《おおむら》に今後の宣教活動を集中することと、対象とする社会層をエリート層とすることを決めたのである。

長崎と五島・天草諸島の宣教

平戸での宣教が頓挫すると、ポルトガル人は船の着岸が容易な別の港をイエズス会士たちが見つけてくれるよう、しきりに催促していた。大名大村純忠《すみただ》は一族の内紛の渦中にあって苦労

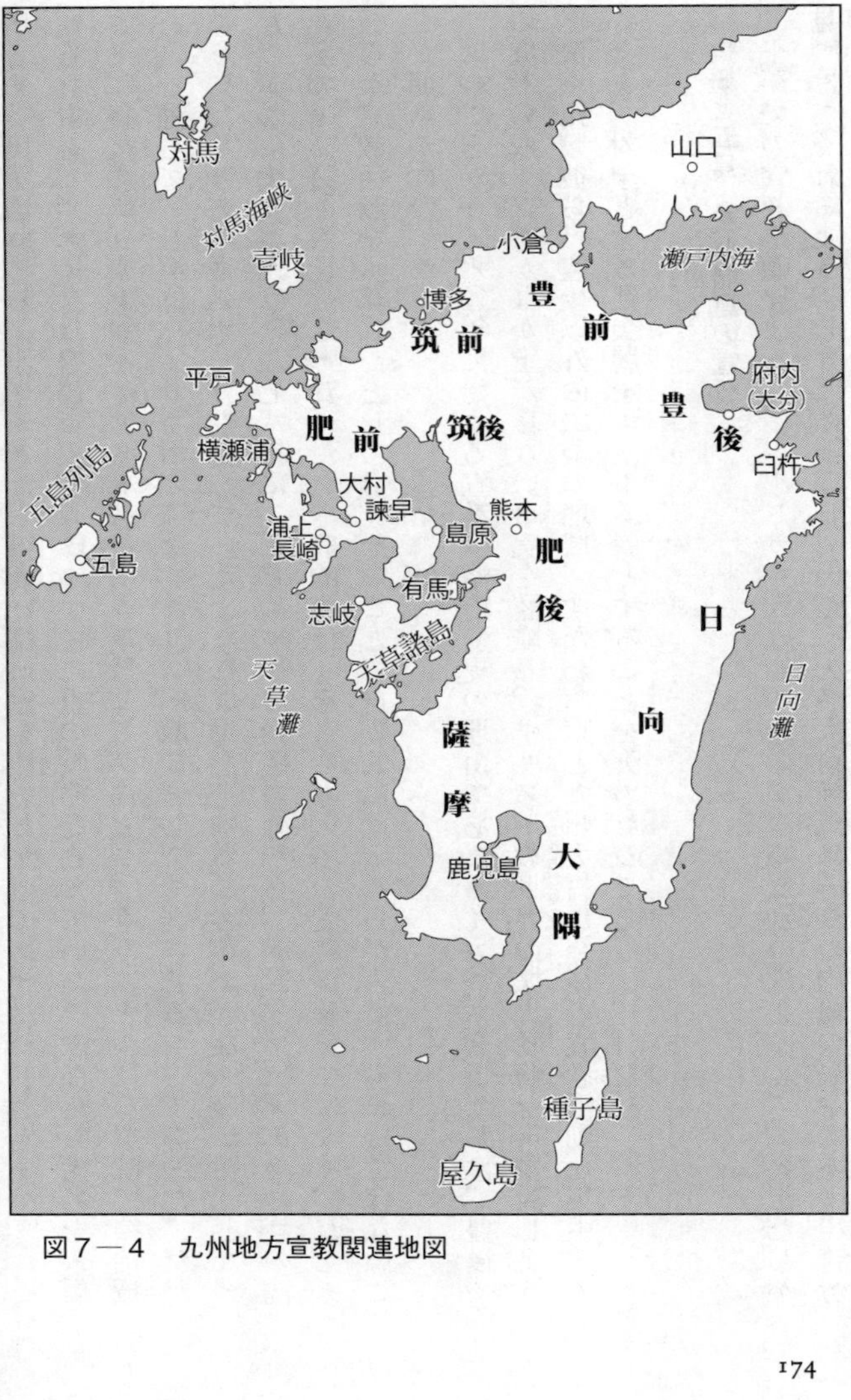

図７－４　九州地方宣教関連地図

していたこともあって、宣教師たちの意向に従う考えでいた。純忠とルイス・デ・アルメイダとの会見は大成功に終わった。それというのも純忠は自分の領地に教会を建設するのを許し、さらに領内の横瀬浦《よこせうら》港を割譲して、ここをキリスト教都市にするのを認め、あまつさえ自身がドン・バルトロメウの洗礼名で一五六三年にキリスト教徒となったからである。

大村を新たな宣教の拠点としたことは、日本におけるキリスト教の定着のうえでひとつの転換点となった。多くの日本人キリスト教徒がコスメ・デ・トレスに付き従って豊後から横瀬浦に移り住んだことは、事実上豊後を相対的に見放したことを意味した。こうして宣教活動センターは長崎に移動したのである。ただ指摘しておかなければならないのは、こうした戦略的な中心移動は、豊後での宣教を放棄したことを意味しなかった。だが宣教師の不足は改宗活動の停滞となって表れるのは如何《いかん》ともしがたい。

一五六三年に、ルイス・フロイスはここ一年府内には宣教師が訪れておらず、大友義鎮の権力とこの地での影響力を考えるならば、誰かを派遣するのがどうしても必要だと説いている。イエズス会士たちは豊後のエリートたちと良好な関係を維持して、彼らから少しでも多くの受洗者をこれからも獲得するよう留意し、しかし一方で新しい宣教センターに力を傾注すべく努めた。

この地で大名松浦隆信との関係を築くのは容易ではなかったものの、イエズス会が平戸地方であらためて宣教活動に取り組んだとき支援の手を差し伸べたのが松浦氏の家臣籠手田《こてだ》一族であった。平戸にポルトガル船が二度目に寄港した一五五三年に籠手田家の最初の入信者が出た。イエズス会士たちは籠手田一家のもとで活動を続けるのと並行し、二つの互いに親戚関係にある大名が支配する大村と有馬《ありま》に宣教の力を傾けた。

当時大村と有馬の両大名は竜造寺隆信《りゅうぞうじたかのぶ》の圧迫を受けていて、ポルトガル人と彼らがもつ火器による支援を強く望んでいた。したがって有馬氏と大村氏のもとでの宣教承認の話し合いでは、大名たちはあまり宣教に関心を示さず、まるで商取引のような雰囲気であったとされる。この地のキリスト教の拡大は、領主たちの商業利益や軍事的利害の結びつきによって実現した。イエズス会士たちはこれら大名たちの現実的な動機に気がつかないはずはなかったが、この地域でキリスト教勢力を広げる手段としては、許容しうるものとみなしていたのであった。

このような関連は、彼らが宣教活動を展開しようとした天草《あまくさ》諸島や五島《ごとう》列島でも同じように見られた。この地域はポルトガル船が行き交う海上ルート沿いに位置しており、ポルトガル船はモンスーンの季節の荒天の折に、五島列島の港に避難した。五島への宣教師の到来は、一五六四年に領主五島《ごとう》(宇久《うく》)純定《すみさだ》がコスメ・デ・トレスに手紙を書き医師の派遣を依頼したのがきっかけであった。日本人イエズス会士ディオゴが派遣され、その機会を利用して宣教のための説教も行った。この二年後にイエズス会士で医師のルイス・デ・アルメイダとラウレンソが来て、宣教が再開された。だが仏教僧たちが反対したために、宣教は一時停滞した。それでも純定の息子がルイスの洗礼名で入信したのをはじめ、何人かの五島家家臣も洗礼を受けた。一五六八年に、アレキサンドル・ヴァッラレッギオの着任で宣教が本格化し、その二年後には三宇の教会が建設され、二〇〇〇人の信徒を擁するようになった。

天草諸島における宣教の展開もまた、五島列島の場合と同じようにポルトガル船の航路との関わり合いが深い。ポルトガル船の船長の中には、下島《しもしま》の志岐《しき》港を高く評価する者もいて、宣教活動の目標はこの一帯が対象になった。ここでも大名間の縁戚《えんせき》関係が利用された。志岐の領主志岐鎮経《しげつね》は島原《しまばら》の有馬氏と親戚で、自ら進んで宣教師たちの活動を要請していた人物であった。コスメはルイス・デ・アルメイダが五島から帰るとすぐに天草に派遣した。志岐氏の要請にはポルトガル船の寄港による実利的関心が大きかったが、それでも一五六六年一〇月二二日にドン・ジョアンとして、家臣たちとともに自らが洗礼を受けた。その数は領民を含め五〇〇人にのぼった。

3　一五八〇年代の躍進

「順応政策」

一五七〇年代の終わりは、幾つもの点で宣教活動の転換点であった。まず挙げられるのが一五七九年にアレッサンドロ・ヴァリニャーノがイエズス会東インド巡察師として日本を訪問したことであった。この個性豊かで透徹した精神をもつ巡察師の到着と、彼が提示した指針はイ

図7―5　ヴァリニャーノ

エズス会の宣教活動に永続的な刻印を押した。その最大のものは「順応政策」と称されるものであった。それは日本での改宗活動を加速させるためには、ことのほか有効と考えられた。

　だがこの認識を日本宣教に採用した最初は、ザビエルであった。ザビエルは山口に滞在した折に、改宗とは、以前は他者を発見し、他者を敬う心構えであると考えたが、今や改宗とは自らが別の文化に回心し、それを見ならい、順応することだと実感していた。イエズス会士には、結果としてこれを実践した人物として、すでに触れたインドでのロベルト・ディ・ノビリや中国でのマテオ・リッチなどがいた。

　ヴァリニャーノはその原則のもと、それまでのように清貧の実践そのままに木綿の僧服を着ることを止めて、ことに身分ある人物の前では絹製の僧服を身につけた。これは些細《ささい》な一例であるが、日本人が異国人に対してもつ違和感を消し去り、心おきなく交流する条件を与えてくれる。

　この順応政策の具体的な施設としてヴァリニャーノが構想したのが、恒常的で固定した機関としての教育機関であった。日本人はキリスト教教育を吸収・消化する能力を持ち合わせている。そのためのコレジオ（コレギウムのこと）や神学院（セミナリオ）が必要であると考えたのであった。彼はこの点について、さらに詳しくそうした施設として三種類を構想した。①将来のイエズス会士である修練士を要請する学校、②一〇人程度のイエズス会士の宿舎で、かつ子供のための学校にもなる施設、③宣教が確立した地域に建てられるイエズス会神父と会士が寄宿する僧院が、その内容である。彼の計画では各地域に、セミナリオを設け、ミヤコ、すなわち京にはコレジオを考えていた。

ヴァリニャーノはまた、キリスト教徒が多く見いだせる地域に限って、小教区制度を設けようとした。しかしこの構想も、織田信長《おだのぶなが》の暗殺などの急激な政治変動のために部分的にしか実現を見なかった。京の「コレジオ」は陽《ひ》の目を見ることはない。

宣教「カタログ」が語るもの

イエズス会の活動を示す史料として「年報」が存在する。これは「カタログ」という名称が付されていて、その中身は宣教の地域ごとの展開の様子を把握するために、年次単位で作成された書類である。そこにはすべてのイエズス会士が名前ごとに項目立てされ、僧院あるいはコレジオごとに、仕事や役職の詳細を含めその活動が記録されている。

日本宣教のカタログは二つの異なる仕方でまとめられている。ひとつはイエズス会が規定している三地域（下《しも》──島原、長崎、五島・天草地方、豊後、京）または各領国の施設の存在、続

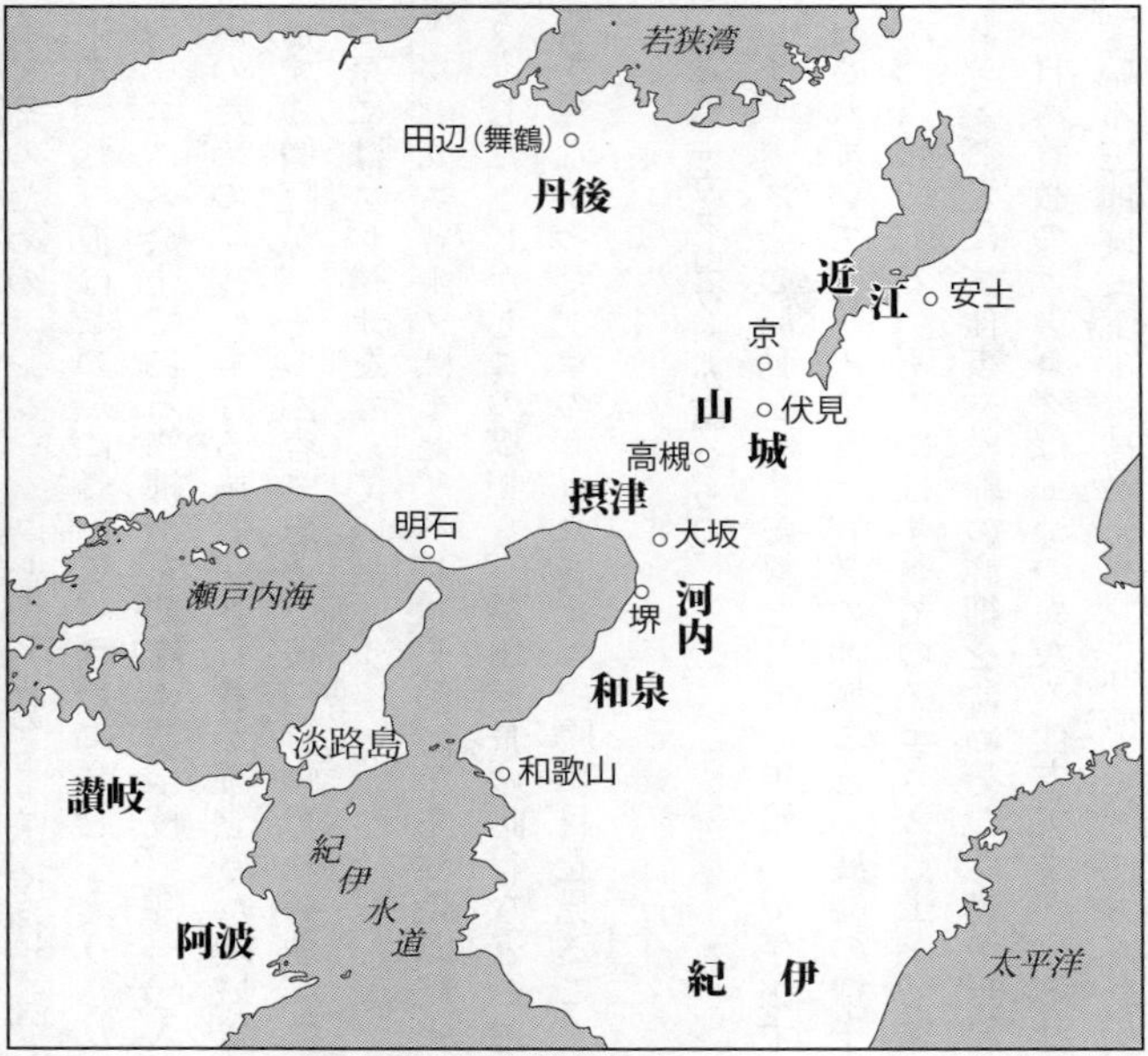

図7―6　近畿地方宣教関連地図

いて主要な居館と、それが関係している宣教活動、およびこれらに付属する中小の居宅が記載されている。ただしこのカタログに記載がないものの、書簡などの記録から存在が確認される施設もある。一例を挙げると豊後臼杵《うすき》の修練士養成施設すなわち修練院である。しかし基本的には遺漏は極めて限られていると見られている。

この史料によると、ヴァリニャーノの到着以前にはイエズス会の宣教活動は九州が中心で、ここに七九パーセントの宣教師が配置されていた。ヴァリニャーノの影響は一五八一年から見え始める。この年豊後府内と有馬にコレジオとセミナリオが設置された。注目されるのは京で、一五七九年から八一年の間に宣教師の数は二倍に増えている。さらに堺《さかい》や摂津《せっつ》高槻《たかつき》、安土《あづち》などにも宣教師が配置された。

それから三年後の一五八四年のカタログでは、九州に関してほとんど変化が見られないが、本州では若干の宣教活動の後退が感じられる。それは安土のセミナリオと堺の居館の消滅として表れている。一五八二年の織田信長の死が、宣教活動にとって損失となった。この地域の保護者を失った安土のセミナリオは、高山右近《たかやまうこん》が健在の高槻に移ったのである。

豊臣秀吉《とよとみひでよし》が権力を掌握して後初めての一五八七年のカタログは、九州の宣教の活性化がうかがわれる記述となっている。空間的拡大として、宣教が四国に及んだ形跡が見られる。伊予《いよ》に居館が初めて建てられた。また明石《あかし》と大坂《おおさか》にも居館が設置された。しかし秀吉は突然この年の七月二四日（新暦）に、「伴天連《ばてれん》追放令」を布告した。秀吉はこの年の前半に行った九州平定遠征で、この地域のキリスト教の影響力を身をもって実感し、危機感をもったとされる。この布告によって宣教師の国外追放と、教会の閉鎖が求められた。秀吉はポルトガル人の利益と結びついたキリスト教徒大名の忠誠を疑問視したのである。だが、秀吉は宣教師とあまりに懇意な高山右近のみを除封、追放し、平戸に集められた一二〇人のイエズス会士のうち、実際に日本を離れたのはわずか三人だけであった。一五八九年のカタログによれば、この時点で一七〇人の宣教師が残留していた。

それでも宣教活動は陰りを見せ始め、堺、京、大坂の教会は破却され、豊後の大友義統《よしむね》はキリスト教を棄教した。

4 徳川幕府の禁教令へ

関ヶ原の戦いとその帰結

豊臣秀吉が一五九八年に他界すると、世継ぎの秀頼《ひでより》が五歳の幼年であったこともあり、政治状況は不安定化した。秀頼を戴く西軍と、徳川家康《とくがわいえやす》が率いた東軍との、天下分け目の関ヶ原《せきがはら》の戦いが一六〇〇年九月に起こった。

当時キリスト教の洗礼を受けていた大名は小西行長《こにしゆきなが》、大村喜前《よしあき》、有馬晴信《はるのぶ》、黒田孝高《くろだよしたか》（如水《じょすい》、官兵衛《かんべえ》）、伊東祐兵《いとうすけたけ》、毛利高政《たかまさ》、小早川秀包《こばやかわひでかね》、宗義智《そうよしとし》、織田秀信《ひでのぶ》、筒井定次《つついさだつぐ》、蜂須賀家政《はちすかいえまさ》、津軽信枚《がるのぶひら》、京極高知《きょうごくたかとも》、蒲生秀行《がもうひでゆき》の一四名であったが、東軍、西軍のいずれの側にもいた。東西いずれにつくかは、したがって宗教的動機によるものではなく、家門政策も含めた政治的な利害関心に基づくものであった。またイエズス会士は、東西いずれの側にも肩入れしてはならないと命じられていた。キリスト教宣教の立場からすれば、当然のことであった。

家康はキリスト教徒を潜在的に危険な存在とは考えなかったし、イエズス会も改宗者に抑制を説いた。一六〇〇年代はじめに、日本のイエズス会宣教師から届いた書簡では、どちらか一方に味方している気配はない。それでも、リスボンのアジュダ図書館に保存されている、この時期のイエズス会士から届いた書簡には、たとえ家康がキリスト教に対して友好的な態度を取り、またキリスト教徒大名が信仰を実践し、家臣たちにキリスト教に改宗することを認めたとしても、日本在留の宣教師たちが、新たな迫害への漠たる不安を懐いていた様子が見て取れる。

関ヶ原の合戦は東軍が勝利し、諸大名の国替えが行われた。キリスト教徒大名では有馬、筒井、大村の三大名だけが変わらずに残った。美濃《みの》の国ではパウロ織田秀信の敗北は、この地域におけるキリスト教信仰の消滅をもたらした。九州では家康が封地替えを行ったこともあり、状況は複雑であった。伝統的にキリスト教に敵対してきた島津家は薩摩、大隅《おおすみ》、加えて日向国《ひゅうが》の半分を獲得した。これは島津を九州地方で最有力な大名のひとつにした。豊後と日向半分は分割され、幾つかの大名に割り当てられた。

島津の領地の北に位置する肥後《ひご》国の国主加藤清正《かとうきよまさ》は熱心な仏教徒（日蓮宗《にちれんしゅう》）で、もともとの熊本の領国を保持し、それに西軍についた小西行長の旧領その他を加えて、五二万石の大大名となった。筑後《ちくご》一円を領した小早川秀包は領国を追われ、東軍の田中吉政《たなかよしまさ》の領国となった。田中はイエズス会に対して有和《ゆうわ》的であり続けた。豊前の黒田家旧領は、小倉《こくら》と豊後の采地《さいち》を加えて細川忠興《ほそかわただおき》に与えられた。忠興の妻はキリスト教徒細川ガラシャであり、彼女は西軍の一派の人質になるのを恐れて自害した。

家康に味方したキリスト教徒大名の蒲生秀行は、宇都宮から会津《あいづ》に転封され、加増された。

京極高知は丹後の田辺《たなべ》（舞鶴《まいづる》）に新たな領国を与えられた。蜂須賀家政と津軽信枚は、それぞれ領国を維持したが、大幅な加増を伴っていた。

家康の勝利は二つの重要な結果をもたらした。ひとつには、合戦終了直後にはそれほど明白ではなかったが、日本は今やキリスト教にそれほど共感をもっていない、徳川家康というひとりの人物の権威のもとに置かれたということである。もうひとつは、関ヶ原の合戦終了と同時に、肥後では加藤清正がキリスト教の迫害を開始し、このために熊本では数多くのキリスト教徒が棄教した。この動きに対して、当初イエズス会士たちは、自分たちの立場を守る受け身の姿勢を取っていたが、やがて大名と論争するようになり、このことが宣教活動にとって、大いにマイナスとなって働いた。

大村喜前の棄教

豊後や肥後を除いた九州や京では、キリスト教の基盤は依然として安定していた。本州では大坂や伏見《ふしみ》も同様である。徳川に味方した大名のなかから改宗する者も出た。山口では仏教勢力の攻勢もあって、キリスト教は顕著な後退を余儀なくされた。全体としてみると、関ヶ原の合戦とその後の政治状況は、キリスト教に不利なものになったと言える。

しかし、徳川中央権力が依然としてキリスト教宣教には寛容な姿勢をとり続けたことは、家康が征夷大将軍《せいいたいしょうぐん》の称号を与えられた一六〇三年のイエズス会カタログや書簡などからうかがえる。だが一六〇六年と〇七年には九州の宣教領域で変化が認められ、それはこの地域でのキリスト教の退潮の始まりを示すものであった。

長崎や有馬では安定していたが、重要なキリスト教拠点であった大村では重大な事態が出来した。それはイエズス会士たちと国主大村喜前の論争がもたらしたものであった。ことの起こりは長崎をめぐる領地のことであった。秀吉の時代から、この町と港の差配は中央権力の直轄地として二人の奉行が統治を行ってきた。この町は北を除いて三方を山で囲まれていた。このため町の発展は北方に向かわざるをえず、その結果長崎の差配地が大村の領国に入り込んだ。大村は自領に拡大した長崎の住民から年貢を徴収することで、利益を得ることになったが、裁判権に関してはしばしば実利では解決できない問題が生じた。そこで家康は大村領に入り込んだ長崎住民の土地を、長崎奉行管轄に繰り込むよう命じた。その代償に大村は浦上《うらかみ》の土地を与えられた。大村喜前は家康の指示を受け入れざるをえなかったが、内心腹の虫が収まらなかったのであろう、彼は家康にこの解決法を示唆したのがイエズス会士であると考えた。そこで一六〇六年の年

図7—7　浦上天主堂

初に、宣教師たちと絶交し、自らが棄教するだけでなく、家来たちにも自分を見ならうよう命じた。イエズス会士たちは大村を立ち去るよう命じられ、彼らの居館が閉鎖された。

図7—8　ウィリアム・アダムズ夫妻を供養するために建立された按針塚（神奈川県横須賀市）

禁教令の布告

この間、次章で詳しく述べる、托鉢修道会の日本での本格的な宣教活動の開始やオランダ船リーフデ号の難破と英人船長ウィリアム・アダムズ（日本名三浦按針《みうらあんじん》）の家康による庇護、オランダ東インド会社の平戸での商館設置など、新たな事態が相次いで起こった。

こうした状況下で九州の有力キリスト教徒大名有馬晴信を死に追いやる事件が発生した。一六〇八年、有馬晴信が朱印を与えて派遣したジャンク船がマカオで越冬した。その折にポルトガル人と一行の日本人とが口論となり、マカオのポルトガル人司令官アンドレス・ペッソアが指示し、警邏隊《けいらたい》が日本人を全員逮捕・投獄するという事件があった。日本人は自分たちに非があるという書類に署名させられたうえ、日本人の頭領は裁判なしに処刑された。

一六〇九年七月二九日にペッソアが長崎にやって来たとき、長崎奉行の配下は至極冷淡に遇し、すぐにこのことを家康に報告させた。家康は有馬晴信に、ペッソアが乗船してきたマードレ・デ・ディオス号を拿捕《だほ》するよう命じたが、ペッソアは翌年正月に、船もろとも自爆した。この事件は徳川政権と宣教師たちの関係を危うくした。有馬はイエズス会のために動こうとしたが、家康はこの機会を捉えて、有馬家と徳川家との縁組を実現させようとして、養女国姫（本多忠政《ほんだただまさ》の娘）と晴信の息子で洗礼名をミゲルと称した有馬直純《なおずみ》を娶《めあわ》せた。だが最初の妻であった小西マルタが存命していたので、キリスト教では許されない重婚として非難され、教会との関係を断ち切られた。

一方有馬晴信は、本多正純《まさずみ》の家臣でキリスト教徒の岡本大八《おかもとだいはち》に密かに賄賂《わいろ》を送り、旧領の諫早《いさはや》地方を取り戻す工作をしていたが、これが露見する。こうして一六一二年四月に岡本は追放され、この年に晴信は流罪に処され、自害した。有馬直純はキリスト教を棄《す》て、宣教活動を禁止する決断をした。

こうした一連の事件は、キリスト教会と日本の統治権力との緊張を再び高めることになった。さらに加えて豊臣秀頼と反徳川勢力が、宣教師たちの側を支持したことで一段と激化した。イエズス会士や托鉢修道会の宣教師たちは、大坂の陣（一六一四～一五）の折に、こぞって秀頼の勝利を願った。結果は豊臣方の敗北で終わった。こうした経緯から、家康は以前にもましてキリスト教を好ましくない、破壊的な存在とみなすようになった。

一六一三年のイエズス会カタログからは、宣教が許されたのは長崎一帯の狭い範囲に限られるようになったことが知られる。そして一六一四年には徳川幕府は、キリスト教徒と宣教師が日本を離れるよう命じ、全土に禁教令を敷いた。高山右近も他の幾人かの日本人キリスト教徒とともに日本を離れ、マニラに赴いたが、間もなく病に倒れ、客死した。それにもかかわらず四一人の宣教師が密かに残留した。日本のキリスト教の歴史は、ここから新たな段階に入る。それは秘密の宣教と司牧活動である。当時の徳川幕府の意向を考慮するならば、そうした活動は当然大きな危険を伴った。幕府は監視の目を光らせ、日本人信徒だけでなく、宣教師を厳しく探索し捕らえ、彼らを匿《かくま》った者たちを容赦なく投獄した。こうしたキリスト教徒弾圧の象徴的な出来事が、一六二二年禁教令に背いた廉で、長崎の西坂《にしざか》で行われた宣教師や子供を含む五五人が火刑か斬首刑にされた「元和《げんな》の大殉教」である。

第八章　日本宣教の構造

1　イエズス会宣教活動の財源

極東の貿易空間

イエズス会はポルトガル王室の庇護を受けて活動を行った。ポルトガル王権は庇護を実践する代償に、海外における宣教活動をコントロールする権利をもったのである。この関連でポルトガル王権は、海外の宣教地の司教職や、その他の教会関連のポストを教皇庁に対して推薦する権利を認められたが、宣教活動に必要な財源、費用などを負担する義務を負った。この原則は日本の宣教についても変わらなかった。

宣教師組織とポルトガル王室との関係は、現地日本では日本の港に寄港しているポルトガル商人によって代替された。一五四三年に日本に到着すると間もなく、ポルトガルは日本との商取引を定期的に行うようになった。それは「マカオ大船団」と呼ばれた貿易船を配置することで、アジアでポルトガルが行う貿易活動システムの中に組み込まれた。日本貿易は私的な取引として実施されたが、その規制は厳しかった。中国のマカオと日本の間の毎年の定期取引は、首席カピタン（capitão-mor）という肩書きをもった大役人が許可を出すことができた。このポストは国王によって、卓越した才能を具えた下級貴族の出身者に与えられることが多かった。首席カピタンはこの特権を、第三者に売却することができ、これを買い取った人物は同じ特権を享受した。そしてマラッカと日本を行き来するすべてのポルトガル船の名目上の船長であり、中国および日本の政府に対するポルトガルの公式の代表であった。

その活動の具体例を挙げるならば、羊毛や葡萄酒、インド産の木綿を舶載して四月か五月にインドのゴアを出港し、東に向かい途中マラッカに寄港して香辛料を積み込み、六月から八月にマカオに入港する。ここで一〇ヶ月か一年逗留して中国産の良質な絹の取引市場が動くのを待つのである。ここで絹を買い入れ、とくに絹を売却するために日本に向かう。中国と日本の貿易からもたらされる利益は年間一〇万クルサド（一クルサドは金価格ベースで現代の一万七五〇〇円。一〇万クルサドは一七億五〇〇〇万円）にも達し、この航路の船長のポストは最も高い価格で取引された。

日本とポルトガル人との商取引の展開は、極東空間における交換構造によって説明できる。東シナ海における倭寇の海賊行為が理由で、中国当局は日本との取引に、大きな制限をかけていた。そこでポルトガル商人は、マカオを拠点にして中国と日本との取引に乗り出した。マカオは積替地であるとともに、陸揚げした商品を国内販路に流し込む基地の役割も果たした。中国の絹を求める日本人にとって、ポルトガル人は必要不可欠の仲介者となったのである。ポルトガル人は鉱山開発が最盛期を迎えていた日本から、銀を中国に売却した。中国では税の納入は銀によっていた。一六世紀の末の時点で、ポルトガル人は年ベースで二〇トンの量の銀を日本から持ち出していたとされる。

宣教活動とポルトガル人の貿易活動

図８―１　生野銀山の灰吹銀

日本とポルトガル人との貿易の飛躍的発展は、当時の日本の政治状況と、地方の戦国大名がヨーロッパ人と取引したいという欲求の結果であった。ポルトガル人が日本に到来した時期は大名間の戦争が頻発し、ことに九州では激しかった。大名たちはポルトガル商人が携えてきた火器が、戦争で決定的な役割を果たすと考えたのである。そこで種子島の国主種子島時尭《ときたか》が、地元の鉄鍛冶《かじ》にその製造法を学ばせようとしたことは『鉄炮記』に詳しい。

ポルトガル人の武器が役に立ったことは、やがて大村純忠が首席カピタンのシモン・メンドーサの提供した鉄砲のおかげで、家臣の謀反を鎮圧できたことで実証された。このように極東でのポルトガル人による貿易の発展は、ヨーロッパ人の主導というより、この地域に特有の複数の政治経済的な要因の絡み合いからもたらされたのであった。

このような貿易の発展は、イエズス会の日本での宣教活動にも大きな影響を与えた。貿易船を、イエズス会士を宣教師として日本に送り込むための運搬手段として利用したり、これまで述べたように貿易船の寄港を、在地領主が宣教許可を出すための餌《えさ》としたりして活用したのである。

ポルトガル商人の影響力は、宣教活動にとっても決定的であった。フランシスコ・ザビエルは、日本と貿易することで得られる利益を誇張して説いた。ザビエルは日本に運ぶ香辛料の量を意図的に少量にすることで、品薄感を募らせ値段を釣り上げることまで伝授している。

またイエズス会はポルトガル商人から金銭や衣類の形で、喜捨として支援を受けた。また宣教活動に必要な物資を、ヨーロッパから無料で輸送してもらったりした。ヴァリニャーノはそうした物資として、日本人エリートへの贈物にする葡萄酒、衣装や日常的な品物、祭壇装飾や書見台、ロザリオなど多種多様なものがあったことを証言している。

財政的苦境

一五六〇年代に、日本のイエズス会は一ダースほどのヨーロッパ人会士を養わなければならなかった。それに三、四人の日本人会士、さらに「同宿」（ドウジュク）と称される会士の補助者が存在した。フロイスは一五六六年に畿内《きない》で、年間四五〇クルサドの経費が必要であり、日本のイエズス会全体では三〇〇〇クルサドを必要としたと考えている。先に紹介したように、現在の金価格に換算するならば、一クルサドは邦貨一万七五〇〇円であるから、前者の数字は七八七万五〇〇〇円、後者は五二五〇万円に相当する。

一五九七年にヴァリニャーノは、食費と被服費として神父または会士ひとり当たり年間二〇クルサドあれば十分であるとしている。同宿者はひとり八クルサド、さらに下級の奉公人は四クルサド半である。これに宣教活動に勤しむために離れた土地に出かけるための費用も必要である。こうした支出に当てるためにポルトガル国王ジョアン三世は、年間五〇〇クルサドを日本のイエズス会に与えた。この額はマラッカにある関税徴収所から支払われた。また教皇グレゴリウス一三世は、日本国内のイエズス会のコレジオやセミナリオの費用として与えた金貨は四〇〇〇ドゥカート（ポルトガル金貨クルサドとヴェネツィアおよびカスティーリャの金貨ドゥカートは一六世紀に、いずれも九〇パーセント以上の品位をもち、重さも約三・五グラムであり、ほぼ等価と考えて差し支えない）、すなわち邦貨換算七〇〇〇万円である。

問題なのはこうした比較的手厚い支援があったにもかかわらず、日本におけるイエズス会の財政状態は余裕があるとは言えなかったことである。それは送金が不正や難船で失われたりしたからである。そうした被害に遭わずに、無事送金が日本まで到達しても、約三〇パーセントの税が課された。

そのため禁教令が布告される少し前の一七世紀はじめの頃は、イエズス会の活動は赤字状態であった。その理由は一五九七年から、教皇庁の支援が止まってしまい、総額五万クルサドの収入が不足し、加えてマカオからの船が何隻か難破して、送金が届かなかったという事情もあった。一六〇二年にヴァリニャーノは、次の船が寄港するまで、当座の資金としてポルトガル商人から四〇〇〇クルサドを借金しなければならなかった。財政的苦境を見かねた家康が、キリスト教に対する真意はともかく、イエズス会士に金子を与えたほどであった。

イエズス会独自の貿易活動

イエズス会はこうした恒常的とも言える財政問題を解決するために、ポルトガル商人の助けを借りて、独自に中国と日本の貿易に乗り出すことにした。貿易へのイエズス会の参入には、二つのやり方があった。

ひとつはイエズス会が大名に代わって金の仲買人になることである。ヴァリニャーノの説明では、この方法は大村と有馬の二大名の要請で始まった。この大名たちは、イエズス会士とポルトガル商人が昵懇《じっこん》の間柄であるのを利用して、銀を渡してこれを中国で金に交換してもらうのである。中国は銀本位体制であるから、日本におけるよりも中国での銀売却が有利であった。日本の戦国大名の間での金需要の強さは、戦費としての支出だけでなく、信長や秀吉のように流通税のような諸税を金で徴収したからであった。

もうひとつは言うまでもなく、直接に貿易を行う形態である。貿易品の最たるものは絹を織る原料となる生糸であった。イエズス会は中国で良質の生糸を購入し、日本で売りさばいた。当時とりわけ京の都では高級織物の生産が盛んになり、高級染色品の生産のためには、高価だが良質の中国産生糸が求められたのである。

こうした取引は宣教活動の初期から行われていた。医師のルイス・デ・アルメイダが一五五六年にイエズス会に入ったとき、彼は自分の財産四〇〇〇ドゥカートをイエズス会に寄進した。会はすぐさまこの寄進を絹貿易に投資して、その利益を日本宣教の資金にしたのであった。だが、この貿易が全面的に展開されるようになったのは一五七八年にヴァリニャーノがマカオを視察に訪れて以降のことであった。ヴァリニャーノは生糸貿易に投資をすることで、日本宣教のための安定した収入を組織にもたらすことに腐心していた。マカオからの貿易船は毎年九六トンの高級生糸を日本に運んできた。各商人は運搬する船に、自分が中国で買い付けた生糸の持分を保持していて、長崎に到着した際に売却した総額から、各持分に応じて利益を配分されたのであった。マカオの当局は、イエズス会に毎年三トンの生糸の購入を許可していた。生糸という極端に軽量な品物が三トンである。宣教活動の初期の段階において、ここから上がった収入が実質的に宣教活動の唯一の財源であった。ヴァリニャーノは次のように書いている。

実にこの［日本宣教］企てを継続するために、我々には現在までのところ中国との船による貿易しか手立てがない。神父たちはこの取引によって通例一万から一万二〇〇〇ドゥカートの生糸を、中国の港で商人の仲介で購入し、輸入する。それはすべて売却される。神父たちが毎年ここから手にする利益は五〇〇〇から六〇〇〇ドゥカートである。

毎年の利益は現在の邦貨換算で、八七五〇万円から一億五〇〇〇万円である。ヴァリニャーノは宣教をさらに拡大するためには、イエズス会はもっと本格的に貿易業務に乗り出すべきであると主張した。だがそもそもたとえ宣教活動の財政的基盤の強化のためであっても、商取引にコミットすることに反対の意見をもつイエズス会士もいた。

貿易活動への異論

いかに宣教活動に財政的基盤が必要であるといっても、イエズス会が組織的に商業取引に参入することに不安を懐く会士はいた。またイエズス会本部でも、日本管区の貿易活動に対して当惑し、躊躇する雰囲気も見られた。ザビエルと共に日本に最初に渡来した古参会士で責任者であったコスメ・デ・トレスは、一五五九年にスキャンダルを恐れて、インド支部がこの問題について判断を下さない限りは禁止するとして、一度は取りやめになったのである。だが、取引はすぐに再開された。イエズス会にとって貿易からもたらされる収入は、あまりに大きかったからである。

修道士身分とは異なるとはいえ、清貧を誓った者が、はたして商業取引に携わることが許されるかという根本問題を提起されたヴァリニャーノは、そこで上司による明白な承認を得たいと考えた。イエズス会の第五代総長のクラウディオ・アクアビバは、一五九六年に貿易問題について、日本で運営されているコレジオやセミナリオの経費のためには収入が必要であり、このために貿易を行うのは許されるとした。そして教皇グレゴリウス一三世もこの意見を支持した。

それでも、日本で宣教活動に従事するイエズス会士の中には、コスメと同じように貿易実践に反対する向きはなくならなかった。そうしたひとりが一五七〇年から八一年に責任者になったフランシスコ・カブラル神父であった。このアゾレス諸島生まれの人物は、倫理的、宗教的な規範の点から、貿易を自ら行うべきではないと主張した。だが、カブラル自身が宣教活動の財源を確保するために、こうした解決に頼らざるをえなかったとヴァリニャーノは強調している。

一五八〇年に豊後で開かれた会議では、会士の間でこの問題が激しく議論された。だがほかに財源を措置する手段を見つけることができなかった。

2　宣教領域の組織化

司教管区の創設をめぐる議論

宣教活動が一定の成果を上げて、受洗者、信徒の数が増加すれば、いわば「神の子羊」たちを信仰の面で導く司牧活動が欠かせなくなり、そのためには司教管区という教会行政上の枠組の構築が早晩必要になる。

司教管区の創設に関しては、ヴァリニャーノが実施した宣教管区の部分的な手直しが避けられなかった。宣教教会から司教区教会に、活動の舞台が変わることになる。だが、アメリカ大陸での状況とは異なり、日本では宣教師たちと司教の裁治権の抵触は生じなかった。ましてや宣教の地理的枠組が、根本から問題になるような事情は生まれなかった。一五八八年二月一九日に、豊後の中心都市府内に司教管区が創設される決定がなされた。

当時にあってこの決定は例外と言えた。なぜなら東方の管区において司教管区が創設される場所は、ポルトガル人が支配している土地に限られたからである。この決定が陽の目を見るにあたっては、何度も議論がなされた。それは一五五〇年に遡る古い論争で、ヨーロッパにいるイエズス会士たちの意見を二分する問題であった。一方は司教管区創設という前向きな方向性に積極的な意義を見いだし、これを支持した。だがもう一方はイエズス会の会憲を引き合いに出して反対した。会憲はイエズス会士が、司教を含めて在俗教会の高位官職につくことを禁止しているからである。

日本在住のイエズス会士たちは、司教の着任によって受洗者をキリスト教信者として確認する堅信の秘跡や、司祭の叙任が司教の管轄になってしまうことを恐れた。これに関連して、議論はまた将来の日本の司教管区の区割り問題にも及んだ。司教管区の区割りを日本全体に及ぼしたとしても、司教の裁治権はキリスト教徒大名の領国にしか妥当しないのではないかという疑問である。

また司教管区の創設は九州西部に限ってはどうか、それというのもキリスト教徒の大部分はこの土地に集中しているからで、残りの土地は引き続きイエズス会の監督下に置くという妥協案も提示された。宣教教会と管区教会の二種類の教会を併置するというものである。ヴァリニャーノは司教を外部から迎えることに反対した。彼は日本人聖職者の養成が肝要であり、司教を迎えるとすれば彼らの中からそうすべきであるという意見を主張した。

最終的にはイエズス会総長アクアビバの裁定に委ねられ、彼は司教管区創設を決定した。ただし、司教をイエズス会士とすべしという、会憲の定めを無視する内容であった。

長崎が最初の司教座となる

最初の司教として、一五八七年にペドロ・ダ・フォンセカが叙任される予定であったが、彼

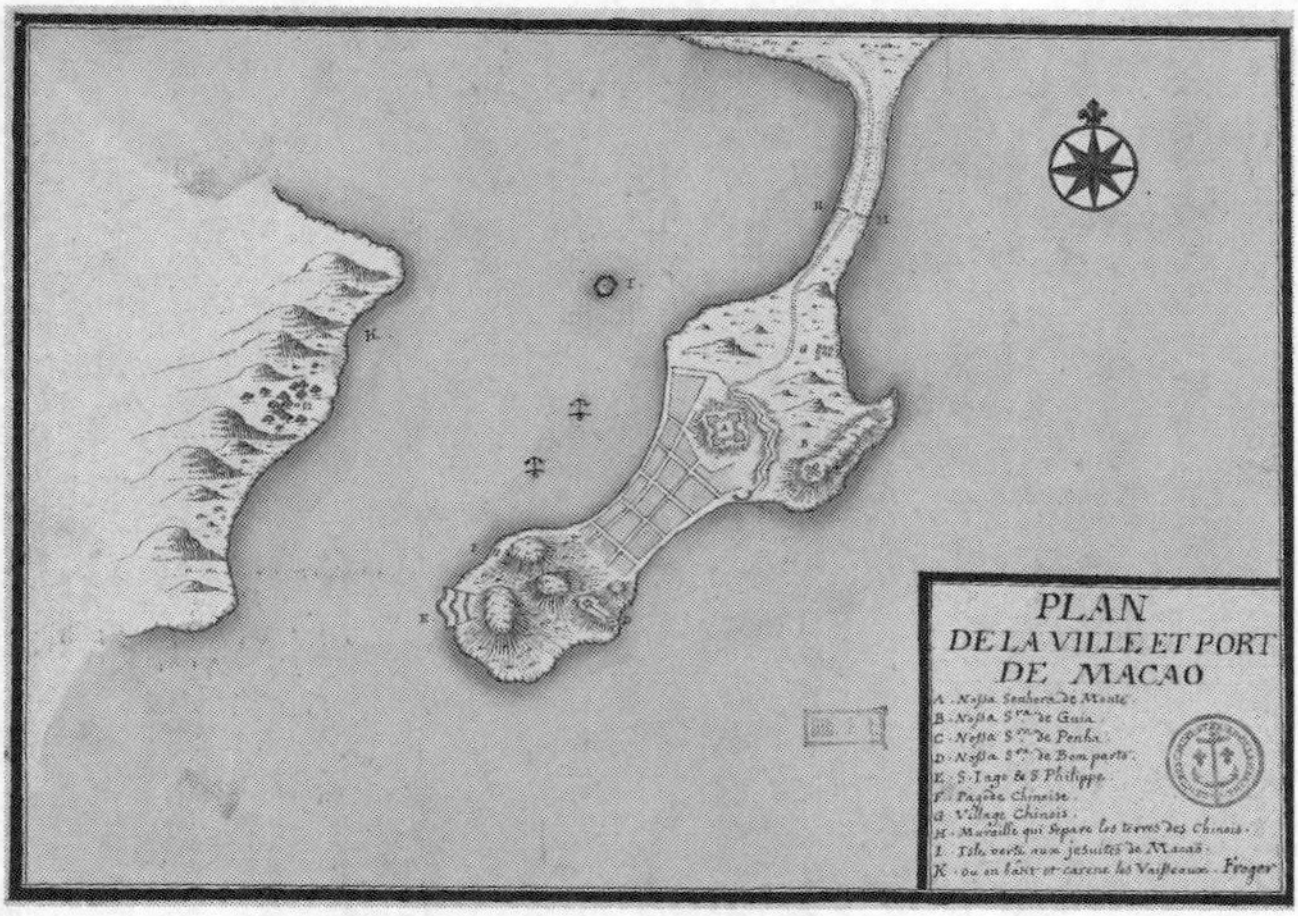

図8—2　1699年のマカオ

はこのポストを断ったために、セバスチャン・デ・モライスが引き受けることになった。彼は一五八八年四月一日にリスボンで乗船し出港したものの、アフリカ東海岸のモザンビーク沖で船が難破し、遭難してしまった。そこでとりあえずルイス・デ・モライスと、幇《ほう》助《じょ》修士となるべくペドロ・マルティンスが司教の後を継ぐ要員として派遣されたが、ルイスはインド管区長により拒絶され、ペドロ・マルティンスが司教に選ばれた。またマルティンスの幇助修士としてルイス・セルケイラが指名された。マルティンスは一五九二年一〇月にゴアで司教に叙階され、一行は一五九三年四月に日本に向けて出帆した。彼は三年間、マカオに滞在した後に、一五九六年に日本に到着した。だが、彼は一五九八年に再びマカオに向かい、ここで巡察師のヴァリニャーノと会い、その後で副王と会見するためにゴアに向かった。だが一五九八年二月九日にシンガポールで歿する。

一五九四年にリスボンを離れ、一五九五年からマカオに滞在していたセルケイラは日本教会の長としてマルティンスのポストを継承した。そしてトレント公会議において決定された改革を日本で普及させることを決意した。それは司教管区内の信徒と組織に司教の権威を徹底させることであった。日本に司教管区を創設することで、イエズス会が生み出した宣教活動の地理的枠組に打撃を与えることがなかったのは、司教がイエズス会から出ているという事実と、日本宣教はイエズス会の独占物であるという強烈な自負心である。

公式には司教区の首座は府内であったが、司教はこの都市には住まなかった。そもそも府内を首座に選んだのは豊後での宣教活動が、最も有望であるとみなされ、大名大友宗麟の庇護のもとでイエズス会の宣教拠点となっていたからである。しかしペドロ・マルティンスとルイス・セルケイラが日本に到着した頃には、豊後の地は政治的に没落していた。そこで司教は長崎に滞在することにし、この地が事実上司教座となり、司教座聖堂が建設された。司教の権威が及ぶ範囲は日本全土であったが、セルケイラの活動はイエズス会の宣教活動のイメージそのままに、主にキリスト教信徒の分布の密度が高い長崎地方で展開された。

宣教空間の新たな線引き

セルケイラは一五九八年に日本司教になると間もなく、宣教の対象とする空間の割り振りに着手しようとした。彼は日本の宣教空間を三つに区分した。それはヴァリニャーノが実施した分割に比べて、一層緻密《ちみつ》な区分になっていた。区分をする基準になったのは、住民のキリスト教化の度合いであり、それは宣教師たちが改宗者たちに期待することができる負担に見合っていた。たとえばキリスト教徒が多ければ、それだけ喜捨の数も多くなるというようなことである。

この新しい区分は明らかに司牧を目的にしており、日本におけるキリスト教の歴史の浅さを考慮して、トレント公会議が行おうとした改革を、全体としてそのまま適用することができないのを前提にしていた。重要な問題は典礼暦の採用である。セルケイラはまず長崎のキリスト教徒社会を別にした。長崎はキリスト教と宣教師たちを核とした強い絆をもった比較的古いキリスト教世界であって、ヨーロッパ方式で祝日や断食などの典礼行事を行うのに慣れていた。

長崎に続く第二の宣教空間は有馬、大村、天草、平戸、五島のキリスト教徒世界である。いわゆる「下《しも》」イエズス会領域である。セルケイラの見るところ、この領域はカトリック信仰の定着がまだ浅く、祝日の強制も緩やかに進めなければならない地域である。ここでは改宗者たちは日曜日の安息と、重要な祝日だけを守ればよしとされた。

残る第三の空間は、右の二つ以外のすべての地域である。それは新しいキリスト教世界と規定され、改宗者が守らなければならない義務は遥かに削減され、特別の日と定められた復活祭とクリスマスの祝日と安息だけであった。

セルケイラは、司教とイエズス会宣教師という二重の役割を背負って、日本で活動するイエズス会士たちと協力して、その二重の政策を実施したのであった。すなわち彼は日本の新しい宣教空間を、イエズス会が創《つく》り出《だ》した三つの空間と重なるものとして決定した。だが司教として決定した宣教空間は、イエズス会のそれとは同じ基準に基づいていなかった。その理由は、こちらは日本のキリスト教世界の多様性を認識しつつ、司牧活動の広がりを考慮した区分であったからである。その意味ではセルケイラが実施した区分が、ヴァリニャーノの区分よりも精《せい》緻《ち》であったと言える。

セルケイラは長崎を特別な、日本のキリスト教世界で例外的な場所とみなしていた。なぜならこの都市はイエズス会に統治が委ねられ、ポルトガル人の影響が強く、そのキリスト教世界はヨーロッパ人のそれと大差ないと思われたからであった。一六〇一年に長崎に司教区セミナリオが設けられた。最初の司祭はポルトガル人と日本人の混血児であったミゲル・アントニオであった。そして翌年に創設された小教区ノサ・センホラ・デ・モンテには、日本人司祭が叙任された。一六一一年に、長崎は一〇宇の教会を数えるにいたったのである。

3　托鉢修道会の日本宣教

イエズス会による独占の終焉

図8―3　教皇グレゴリウス13世

イエズス会による日本宣教の独占的性格は、当初は事実上の独占であったが、一五八五年に教皇グレゴリウス一三世の小勅書『司牧の務めから *Ex pastoralis officio*』によって公式のものとされた。しかし、いわばこの公式化宣言が、かねてから日本宣教の意向を強くもっていた托鉢修道会、なかでもフランチェスコ会の聖座への公式・非公式の働きかけを活発に行わせることになった。

これはまたトルデシリャス条約とサラゴサ条約で世界を二分した、大航海時代の二大覇権国家ポルトガル王国とスペイン王国の代理抗争という側面をもっていた。すでに指摘したように、イエズス会はポルトガル王室の全面的支援と庇護のもとにあり、ポルトガル商船の寄港地選定は、イエズス会の宣教戦略と深く結びついていた。

他方、スペイン・カスティーリャ王国は、以前から托鉢修道会との結びつきを大事にしてきた。日本宣教のイエズス会による独占を正当化したグレゴリウス一三世が、小勅書を発したこの年に死歿すると、フランチェスコ会は新たに教皇となったシクストゥス五世に強く働きかけたのであろう、晴れて教皇勅書『満ち足りるまで *Dum ad uberes*』の布告をかちえることができた。もっともその内容は、イエズス会のこれまでの独占体制を頭から否定する内容ではなく、極東のどの国にも宣教の拠点を設置することをフランチェスコ会に認めるという、やや曖昧《あいまい》さを残したものであった。だが日本宣教を望んでいたフランチェスコ会にとっては、これで十分であった。

もともとイエズス会による宣教活動の独占については、それなりの理由があった。もっともそれには独占の正当化という党派的側面があることも考慮しなければならないが、代表的論客のヴァリニャーノの意見はキリスト教会の一体性を、日本人に確信させることが肝要であるというものであった。もしイエズス会以外、たとえば托鉢修道会の宣教活動が展開されるならば、日本人の目にはそれが別の信仰と映ってしまう、それでは日本の仏教の多様な宗派に対抗して、キリスト教の宣教上の強みである、その一体性をうまく生かすことができない。また財政面の問題を指摘し、日本は貧しい国であり、日本のキリスト教徒は様々な修道会、教団の支出を賄いきれないであろうとも述べている。さらには様々の托鉢修道会の宣教師たちが数多く入り込んでくるならば、イベリア半島勢力による日本列島の侵略を日本の為政者たちが懸念するようになるのではないかとの理由も挙げている。一五六五年にスペイン人が、フィリピン諸島に定着したことは、日本でも知られていた。

マニラにおけるフランチェスコ会の動向

すでに指摘したように教皇シクストゥスの勅書は、グレゴリウスの小勅書を廃止するものではなかった。ましてや日本宣教はスペインが支配するフィリピンから行われるべきであると謳っていたわけでもなかった。だが教皇庁の日本宣教への曖昧で煮えきらない態度に対して、フランチェスコ会はその活動領域を日本まで広げることが許されたと解釈した。しかし托鉢修道会に明示的に日本宣教の道を開いたのは、一六〇〇年に教皇クレメンス八世が布告した小勅書『司牧の重さ *Onerosa pastoralis*』であった。

公的な事態の推移はこのようなものであったが、最初のフランチェスコ会士フアン・ポブレ、ディアス・パルド、ディエゴ・ベルナルの三名は、一五八四年に嵐で船が難破し、日本に上陸していた。フィリピンのフランチェスコ会士たちは、商取引のためにマニラを訪れる日本人商人に尋ねたりして、日本のキリスト教徒に関する詳しい情報を集めた。こうして彼らは一五八七年に秀吉が命じたキリスト教徒迫害のことも知った。そして迫害の原因がイエズス会による日本宣教の独占の弊害であり、さらに進んで迫害はキリスト教に対してではなく、イエズス会の宣教方法に向けられたのだと批判した。ザビエル以来日本で活動するイエズス会が採用してきた「順応政策」や、とくに中国との貿易活動が激しい批判の対象となった。

これと並行して、マニラの教会当局は本国のマドリードに圧力をかけ、公式の宣教師団を日本に派遣すべく行動を起こした。一五九〇年六月二三日の日付をもつフランチェスコ会士ペドロ・バプティスタの書簡は、マニラ司教が日本宣教を許可したが、フィリピン総督がこれを認めない事実を記している。彼はまたイエズス会は迫害によって日本を離れたと述べているが、これは嘘《うそ》である。嘘をついてまで日本宣教を企てるフランチェスコ会士の断固たる決意が、ここに見て取れるのである。

イエズス会とフランチェスコ会の対立

秀吉が一五九一年にマニラに使節を送り、フィリピンが日本に服属するよう求めたことで、これを好機と捉えたスペイン当局は、ドミニコ会士フアン・コボを首席とする使節団を日本に派遣し、さらに第二弾の使節として例のフランチェスコ会士ペドロ・バプティスタをバルトロメオ・ルイス神父や二人のフランチェスコ会士ゴンサロ・ガルシアとフランシスコ・デ・サン・ミゲルとともに送った。肥前名護屋《ひぜんなごや》での秀吉とこれらフランチェスコ会士たちとの会見から、フランチェスコ会士の日本での宣教活動が許可された。

その後の展開は迅速であった。京にフランチェスコ会の居館が建てられ、新たに一一名のフランチェスコ会士が到着し、長崎に一宇の居館と施療院がそれぞれ建設された。イエズス会はこうした動きに対して、あらゆる手立てを使って日本でのフランチェスコ会の活動を非難した。一五九六年に、ポルトガルによる庇護の強烈な弁護者である司教ペドロ・マルティンスが日本に到着すると、イエズス会の立場を擁護する活動を展開した。長崎に到着後一ヶ月もしないで、日本に住んでいるすべてのフランチェスコ会士に破門を宣告したのである。

翌年一五九七年に秀吉の迫害が始まり、イエズス会とフランチェスコ会の最初の論争は終わりを迎えた。実のところ、フランチェスコ会はその度の過ぎた活動によって、日本の為政者に次第に不快な印象を与え、またそれまでのイエズス会の宣教活動を白紙にするような動きをしていた。そのうえ、スペイン人は商取引の面で、ポルトガル人に比べて旨味《うまみ》がない相手という印象を与えた。前年の一五九六年に起こったスペイン船サン・フェリペ号遭難事件の経験が、スペイン人への秀吉の印象を悪くしていた。こうしてフランチェスコ会士への迫害が開始された。結局六名のフランチェスコ会士が長崎で処刑され、残るフランチェスコ会士は日本を離れた。ポルトガルの庇護を受けていたイエズス会士には、累が及ぶことはなかった。

フランチェスコ会の日本復帰

教皇クレメンス八世の小勅書『司牧の重さ』（一六〇〇年）によって、すべての修道会が日本での宣教活動を認められた事実を指摘したが、この教皇勅書は一六〇八年に教皇パウルス五世の書簡「使徒聖座よりの展望」によって確認された。

フランチェスコ会士ジェロニモは、一五九七年の秀吉の迫害の折に難を逃れたが、一六〇一年に再び日本に舞い戻っていた。彼は関ヶ原の勝者となった家康にマニラから商船を定期的に入港させる見返りに、家康の庇護を保証してもらった。一六〇二年に、一五名のフランチェスコ会士を含んだフィリピンからの使節が到着し、彼らの日本への居住が公式に承認された。パウロ・ダ・トリンダーデによると、一六〇七年にフランチェスコ会は日本に九宇の教会を擁していて、その大部分は畿内と徳川家の領地に建っていた。

フランチェスコ会は、それまでキリスト教との接触がなかった北方の地域に宣教拠点を設ける選択をした。彼らは修道院に付設された施療院を軸に、宣教空間を構成するという新たな戦略を考えた。江戸、長崎、京、伏見、大坂、和歌山の六ヶ所に施療院が造られた。もうひとつが江戸の浅草《あさくさ》に建てられた。

ドミニコ会と薩摩

フランチェスコ会は、今回は他の托鉢修道会、すなわちドミニコ会士とアウグスティノ会士たちを伴っていた。彼らも日本宣教のために定着するつもりであった。彼らの日本への関心の高まりは、一五九七年の秀吉による迫害にあった。

ドミニコ会士の多くは、マニラにやってくる日本人キリスト教徒の船乗りたちとの会話がその刺激となった。ドミニコ会士フランシスコ・デ・モラレスは、こうした船乗りにはたして日本人が異国の宗教を受け入れてくれるだろうかと尋ねると、薩摩出身の船長は、そうだと答え、ただ日本には宣教師の数が少なすぎると付け加えた。フランシスコの問いかけもナイーブと言えば言えるが、自分なりの確証が欲しかったのであろう。そのうえで、彼はドミニコ会の責任者のひとりとして書簡をしたためたが、それに対して島津氏からはドミニコ会士たちの到来に期待し、マニラからの商船の薩摩への寄港をも願っている旨の返書を受け取った。

フランシスコ・デ・モラレス、トマス・エルナンデス、アロンソ・デ・メナ、トマス・デル・エスピリトゥ・サント・オ・スマッラガ、ファン・デ・ラ・アバディアの五名が、一六〇二年に薩摩に派遣された。だが彼らはその地に居住し、洗礼行為を許可されるのに三ヶ月も待たされた。そのうえ、結局ドミニコ会は二宇の教会をもっただけで、武士や足軽身分への宣教は許されず、もっぱら士分以下の階層を対象にしなければならなかった。士分の中には洗礼を希望する者もいたが、それは禁令に背くので秘密裡の洗礼ということになった。

一六〇五年に薩摩近くでスペインの船が難破した折の、薩摩藩の措置に不満をもったマニラのスペイン当局の影響もあり、鹿児島への寄港は行われなくなり、島津家とドミニコ会士たちの関係も悪化し、ついに一六〇九年にドミニコ会は薩摩から追放された。

薩摩からの追放で、ドミニコ会はより広い空間に拡散せざるをえなくなった。翌年、マニラのドミニコ会地方代理はホセ・デ・サン・ヤキントを京に派遣した。それは「ロザリオの聖母」に献堂した教会が、この京の都に完成したからであった。また聖ドミニクスに献げられた教会が大坂に建てられた。

結局、ドミニコ会は日本におけるキリスト教の伝統的な拠点である長崎に教会を一宇建て、また大村、有馬、平戸などの肥前になにがしかの痕跡を残しているというように、すでにイエズス会によって宣教が行われた地帯での活動を優先せざるをえなかった。

非力なアウグスティノ会

アウグスティノ会は日本宣教に参入するために、フランチェスコ会とドミニコ会に合流した。彼らの場合は、日本宣教への独自の明確な目論見《もくろみ》があってというより、他の托鉢修道会の行動に足並みを揃えるという消極的な政治的理由が大きかった。

ディエゴ・デ・ゲバラとエスタシオ・オルティスの二人のアウグスティノ会士が、一六〇二年八月一二日に平戸に上陸した。二人は豊後の臼杵に滞在する許可を家康から与えられていて、この地に「聖霊」に献げられた修道院を建て、ここを拠点に宣教活動に勤しんだ。二人はまた日向の宣教活動に参加し、一六一二年には長崎に修道院を開いた。だが総じてアウグスティノ会の宣教活動の影響力は弱く、主としてイエズス会士たちがキリスト教化した地域に留まった。

＊

フランチェスコ会を別にして、托鉢修道会は一六世紀から一七世紀への転換期における日本のキリスト教化の地理的拡大に、さほど大きな寄与を果たすことはなかった。その最大の理由は、イエズス会に比べて宣教師の数が圧倒的に少なかったことである。このためドミニコ会、アウグスティノ会いずれも、すでにキリスト教化が進展している地帯を主に対象にせざるをえなかったのであった。

これと同じほど重要な理由として挙げられるのは、イエズス会が宣教を開始した時期と托鉢修道会のそれとの時代的コンテクストの違いである。フランシスコ・ザビエルが到来した時代は、いまだ戦国の只中にあり、この時代状況と大名間の競合関係を利用して、宣教活動の足がかりを摑むことができたが、托鉢修道会が日本に到着した時期は、日本は政治的統合化の過程にあり、単独支配者の意向に左右されざるをえない状況に置かれることになったのである。

第九章　キリスト教の世界化

1　あるインディオの世界認識

アンリ四世の暗殺

一六一〇年九月八日水曜日。スペインからメキシコにニュースが届いた。

我々はフランス国王アンリ四世陛下が暗殺されたことを知った。暗殺者は国王の封臣で、家来、近習のひとりということであった。この者は騎士でも、貴族でもなく平民の身分の者であった。この者は国王が教皇使節の司教を伴い、馬車に乗り市中をめぐっていた折に、喉《のど》を掻き切ったということである。下手人は国王の喉を切り裂くために、馬車の中にいる国王に書状を手渡し、国王がこれを読もうとして前かがみになったときを、狙ったのであった。犯行の動機は不明である。国王は市中をめぐり、街々を回って、フランス王妃として冠を戴く予定の自分の妻（マリー・ド・メデシス）を祝っての飾り付けがふさわしくなされているかを検分していたところであった。

この引用は、歴史上有名なフランス国王アンリ四世が、狂信的なカトリック教徒フランソワ・ラヴァイヤックによってパリ市中巡察の折に暗殺された事件についての記述である。

アンリ四世の暗殺事件は、世界史的にもよく知られた大事件である。だが驚くのは、この事件が起こった

図9―1　アンリ4世の暗殺

のが同年五月一四日であり、それから四ヶ月弱の間に、このニュースがパリ、セビーリャを経由してヌエバ・エスパーニャの首都に届いたその速さと、その一部始終を詳細に書き留めたアステカ人記録者の、精密な精神のありようである。フランチェスコ会の助修士となったこのアステカ人にとって、旧大陸はキリスト教誕生の地であり、この揺籃《ようらん》の土地で生起する事柄は、何であれ無関心でいることはできなかったのであろう。

チマルパインの経歴

この記録は、アステカ人の言語のひとつナワトル語で書かれた日記の一節である。書き手の名前はドミンゴ・フランシスコ・デ・サン・アントン・ムニョン・チマルパイン・クァウトレワニツィン。以下、彼のことをチマルパインと呼ぶことにする。この記録はフランス国立図書館メキシコ写本二二〇番として知られるナワトル語写本であり、フォリオ版で二八四葉からなる日記である。

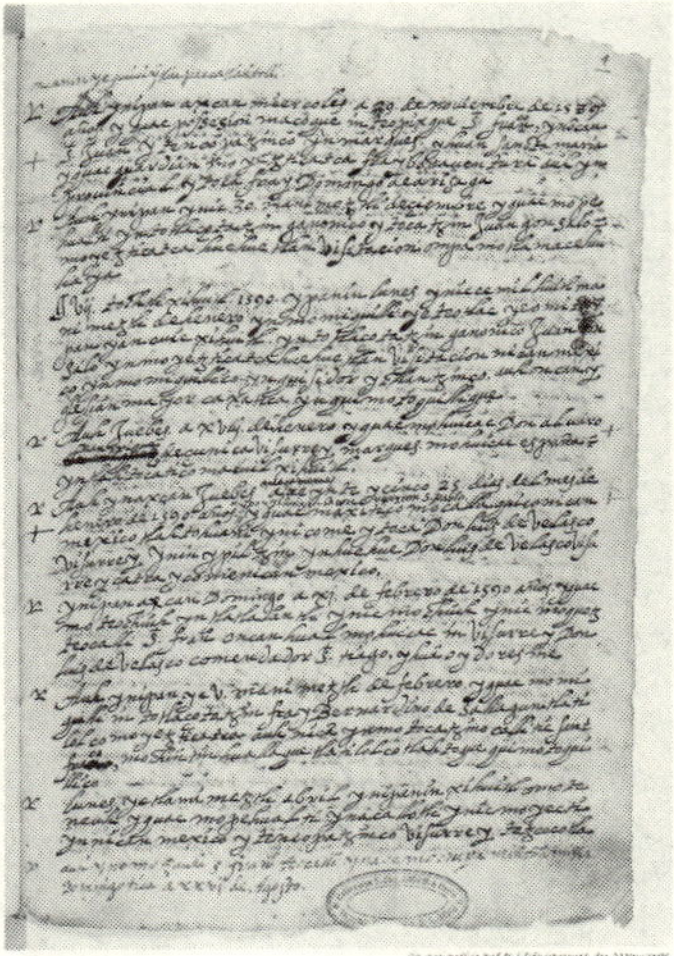

図9—2　ナワトル語で書かれたチマルパインの日記（フランス国立図書館蔵）

チマルパインは一五七九年、すなわちコルテスの占領から約半世紀を経た頃に、アステカ帝国の首都メキシコ・シティの南東約四〇キロ、標高二五〇〇メートルの高地にある町アメカメカに大貴族の子弟として生まれた。彼の父イスピンツィン——キリスト教の洗礼名ファン・アウグスティン——は、この一帯の領主であり、母の名前はシウトツィン、祖母はアステカの愛の女神と同じくソヒケツァルと称した。

この地域一帯のキリスト教宣教を実施したのは、ドミニコ会であった。だがフランチェスコ会の活動も入り込んでおり、折に触れてこの二つの托鉢修道会は、互いに宣教領域を融通しあって協力したとされている。

チマルパインは若くして近くにある首都メキシコ・シティに送られ、おそらくフランチェスコ会のもとで確かな教育を受け、教会人のサークルと親しく交流した。彼は一四歳の頃から助修士として、メキシコ・シティの南のソロコにあるサン・アントニオ・アバド隠修礼拝堂で活動を行っている。その好奇心は、本章の冒頭で紹介したフランス国王アンリ四世の暗殺事件についての詳細な記述が示すように、極めて旺盛であり、知的な志向も際立っていた。彼の日記を含めた歴史記述からは、チマルパインが往古のアステカ文化と歴史についての豊富な知識ばかりでなく、聖書やギリシア・ローマの古典、たとえばプラトン、アリストテレス、プリニウス、アッピアヌス、聖アウグスティヌスなどの著作に親しんでいたことがうかがえる。

日本から来たサムライたち

一六一〇年に、前フィリピン総督ドン・ロドリゴ・デ・ビベロがメキシコのアカプルコ経由で、本国スペインに帰国する途中の太平洋上で遭難し、房総《ぼうそう》に漂着した折、家康の厚意でメキシコに船出するロドリゴに、京都の貿易商田中勝介《たなかしょうすけ》がメキシコまで随行を許されるという出来事があった。メキシコを公式に訪れたこの最初の日本人の一団——支倉常長《はせくらつねなが》一行はその四年後――を一目見ようと集まったメキシコ・シティと近在の人々の前を、田中勝介一同が練り歩いたのであるが、群衆の中にチマルパインがおり、彼はその様子を当然日記に記している。やや長くなるが、フランスの専門家セルジュ・グリュザンスキーの著書から引用しよう。

すべての日本人が、彼らが彼の地で身に纏う袖《そで》なし胴着（裃《かみしも》か）のようなものを着て、腰の回りに帯を巻き、一種の剣である鋼製の刀を差していた。彼らはまた被《かぶ》り物をしていた。彼らの履物は丹念に鞣《なめ》した革製で、それはセーム革製で、あたかも足に革手袋を履いたような様子であった。彼らは物怖《ものお》じする気配は微塵《みじん》も見せず、静かで控えめな人々というより、獰猛《どうもう》な鷲《わし》の雰囲気を漂わせていた。彼らの額はテカテカと光っていたが、それは頭部の半分まで剃りあげたからであった。彼らの頭髪はこめかみ部分で分けられ、後ろ部分は首筋まで続いていた。彼らは髪を肩の部分まで伸ばし、その先端部分を切るだけである。彼らは頭に被り物をしているという点で、若い娘のようである。首筋からのさほど長くない髪で、後ろに髷《まげ》を結い、頭部分の半分を剃っているからか、剃髪しているような印象を与える。彼らは髭を蓄えることをせず、肌がスベスベして滑らかで青白いところから、その容貌は女のようである。以上が日本人の体つきの様子の説明である。彼らはとくに大柄ではなく、そのことを皆が好ましく感じた。

メキシコ・シティの街中を練り歩く日本人サムライの生気溢れる姿が、アステカ・インディオの血統を引くチマルパインの筆致により、臨場感をもって描写されている。

日本のキリスト教化への期待

チマルパインの日本への関心は、先の田中勝介一行のメキシコ・シティ訪問によって、初めて掻き立てられたものではなかった。一五九七年一二月の項に、この年の二月五日に長崎で起こった、六名のスペイン人フランチェスコ会士を含むいわゆる「二十六聖人」の殉教について、「彼ら六人は十字架に釘《くぎ》で打ち付けられ帰天し、他のキリスト教徒もまた帰天した。それというのも彼らは皆一緒に処刑されたからである。それは日本の皇帝の命令でなされた」と記している。言うまでもなくここで「皇帝」と形容されているのは関白豊臣秀吉のことである。

「二十六聖人」の遺骸《いがい》は、一年後の一五九八年一二月にヌエバ・エスパーニャの首都に到着した。二十六聖人殉教の図は、はじめマカオの礼拝堂に描かれたとされるが、その後これをもとにした大フレスコ画が、メキシコ・シティの南にあるクエルナバカのフランチェスコ会修道院に、この時期に描かれた。

この一六年後の一六一四年三月四日に、「二回目の日本の使節がヌエバ・エスパーニャの首都に威儀を正して入府した」。これは支倉常長の一行のことである。チマルパインの聞くところでは、一行はローマを訪れ「聖下パウルス五世に拝謁し、聖なる教会への服従を誓うという

図9―3　クエルナバカ・フランチェスコ会修道院の26聖人殉教図（撮影・岩田穆）

ことであった。なぜならすべての日本人がキリスト教徒になることを願っているからである」。チマルパインの関心はヨーロッパよりもむしろアジア大陸に向けられていた。中国と日本が代表するアジアこそが、希望の世界であった。この国々がカトリック信仰に帰依するのは、間もなくのことだという予感が、支倉使節を迎えたメキシコ・シティの住民の熱狂的歓迎ぶりの理由であった。チマルパインは書いている。

すべての日本人がキリスト教徒になることを望んでいる。主なる神よ、すべてが滞りなく取りはからわれるよう、彼らが願い望むよう絶えず神の恩寵が働き、まことに彼らが一丸となった意思のもと、主なる神とともに永遠に生きるべく望むのであれば、主よ彼らに助けと救いをもたらされんことを。アーメン。

キリスト教世界たるヨーロッパと、太平洋を挟んだアジア世界、とりわけ当時の日本の動向に絶えず強い関心を寄せていた、アステカの知識人チマルパインにあっては、キリスト教徒への迫害はあるものの、それは言ってみればキリストの恩寵に与ろうとする日本人の募る熱度の反映なのであって、日本のキリスト教化は目前のことと認識されていたのであった。

チマルパインの世界

チマルパインが思い描く世界は、四つの部分から構成されていた。第一はヨーロッパである。第二はアジア、第三はアフリカ、第四は自らが生まれた世界、すなわち「新世界」であった。彼の頭のなかでは、世界の首都はローマである。そして世界の君主はスペイン国王であった。そのうえで、彼の脳裏に描かれた地図は、ポルトガル、特別の場所としてスペインとローマがあり、個人的な事情からイタリアやフランスがあった。この最後の点は彼が暮らすフランチェスコ会の礼拝堂サン・アントニオ・アバド（修道士聖アントニウス）の修道士の多くが、イタリアとフランス出身者であったからである。ちなみに、彼が挙げるヨーロッパの都市名にはルッカ、パーヴィア、キエーティ、ドイツのバンベルク、フランスのオータン、ヴィエンヌなどがある。むろんフランスの王都パリは、アンリ四世の暗殺について述べた折に、詳しく描写している。またドイツはチマルパインにとって、ヌエバ・エスパーニャの副王で、スペインのグアダルカサール侯爵の妃《きさき》、すなわち副王妃マリアナ・リーダラーの国であった。

ところで先のフランチェスコ会修道院に起居する修道士たちの出身地に関連して、彼のペンはヨーロッパのさらに遠くの土地である「東方のギリシア、大小二つのアルメニア、モスクワ公国、そしてエチオピアにあるプレスター・ジョンの王国」にまで及んでいる。彼が思い描くアメリカはヌエバ・エスパーニャからペルー、カリフォルニア、フロリダ半島、キューバ、サント・ドミンゴ、グアテマラ、ホンジュラスを含み、アジアはフィリピン、セブ島、モルッカ諸島、日本、中国がその名を連ねている。こうした世界についての地域名の羅列的記述は、先のグリュザンスキーによれば、地図学者ハインリヒ・マルティンが一六〇六年にメキシコ・シティで印刷させた著作『時間の目録 *Repertorio de los Tiempos*』の受け売りとされる。だがこの書物には含まれていない、西アフリカや北アフリカ、インドなどについての記述が日記には見られ、世界についての知識がハインリヒ・マルティンの機械的な再現ではないことをうかがわせるのである。

2 キリスト教による世界化の拠点――新大陸

ラテン語のグローバル化

メキシコのイエズス会士たちは、ルネサンスの知的道具であり、キリスト教を象徴する言語であるラテン語、ラテン語文法に卓越した能力を誇っていた。この言語は教会の言語であるだけでなく、法学の言語、イタリア詩人の言語であり、カスティーリャとポルトガルの施政官たちの言語であり、知的なグローバル化と切っても切れない言語媒体であった。この言語を用いるにあたっては、たとえ語彙《ごい》として現地語を借用しても、ラテン語の文法規則に背くことは決して認められなかったのである。

ラテン語の世界化は「西洋化」と「グローバル化」との関連を明らかにしている。メキシコでは、現地のナワトル語話者である貴族出身のチマルパインが書くラテン語の書簡、あるいはプエブラの壁画に描かれた古代ローマの詩人オウィディウスの作品『変身物語』に添えられた短文、インディオ出身の文人がラテン語で書き記した薬草学についての注釈などの例は、ラテン語習熟の見事な事例である。こうしたメキシコ現地社会のエリートたちのラテン語習得は、まぎれもなく西洋化の進展を物語る現象である。現地で生まれたヨーロッパ人、すなわちクレオールを交えたヌエバ・エスパーニャの指導層の間へのラテン語の浸透は、ひとつの言語の空間、知的遺産が大陸を越えて別の大陸に膨張したことを意味し、その言語の再生産が新天地でも同じように行われたことをうかがわせる。

こうしたラテン語使用圏の拡張は、グローバル化の軌跡をたどる形で展開し、現地人社会のありようや、現地の人々がこうした展開に対して起こすかもしれない敵対的反応からは、一応独立した現象である。ヨーロッパの知識人が在住して、そのラテン語能力を発揮できる手段が手近にある場所では、どこでも見られる世界的な現象である。一六世紀中頃に、創設間もないメキシコ大学で教鞭《きょうべん》をとったスペインの人文主義者セルバンテス・デ・サラザールは、ラテン語でメキシコ・シティの町を描写しているが、それは古代ローマの描写を雛形《ひながた》にしたものであった。

ラテン語の習得は次に述べるスコラ学と同じように、曲用（名詞や形容詞の性・数・格による変化）という文法原理と規則を通じて語を変化させる鍛錬と言っても過言ではない。ポルトガル人マヌエル・アルヴァレスが著したラテン語文法のメキシコ版は、現地で大いに普及した書物であるが、そこで述べられている表現規範は、イベリアのカトリック王国で用いられているラテン語そのままであった。グローバル化の過程で、日常使用する俗語のスペイン語やポルトガル語が、現地語やアフリカの諸言語との交雑によって変化を遂げていくなかで、ラテン語は「普遍言語」としての性格を変えなかった。ここにはグローバル化が、とりあえずはラテン語をコミュニケーション手段とするカトリック教会のものであったことの一面が、如実に示されている。

アリストテレス主義と思考のグローバル化

イベリアのカトリック王国は、ヨーロッパ文化の古典的伝統を新たに支配下に組み込んだ様々の地域に移転するべく努めた。メキシコでは先に挙げたセルバンテス・デ・サラザールが、またペルーではディエゴ・メヒア・デ・エルナンヒルらが、アメリカの地に旧世界の最も洗練された知的遺産を根づかせようと専心した。アンデス地方の例が、その本質を示している。「南極（ペルー）アカデミーはルネサンスによって革新されたギリシア・ローマ文化の記念碑的著作を未開と呼ばれたこの僻遠《へきえん》の地に移植することを提案する」と宣言され、アンデス地方の文人たちは、古典の知的遺産のすべてを完全に受け入れようとするが、興味深いことに、古典を推奨した同時代のユマニストたちの著作には一顧だに与えていない。

大西洋を越えての書物の移動、サラマンカ、コインブラ、アルカラなどのスペイン諸大学からの教授陣の移住、ラテン語、ギリシア語の普及、修道院学校やイエズス会コレギウムの開設、メキシコ大学をはじめとするアメリカの地での最初の大学の創設、これらすべてが地方の知的伝統を改変したり、場合によっては消滅させたりして進行した西洋化を推進する要因となった。同時に新大陸に渡った、あるいはこの地で養成された人材や、作りあげられた制度は、イベリア勢力によるグローバル化発現のベクトルとしても働いた。それは深くラジカルな性格の変容を促すグローバル化現象、すなわちアリストテレス主義の形をとった知的思考のグローバル化であった。

このプロセスは何よりもイベリア半島出身者やクレオールなど、新世界の聖職者、俗人を含む人々に関わる現象であった。極めて象徴的なことは、アリストテレス主義の思想が、世界の四部分に普及したにもかかわらず、カトリック王国のヨーロッパ人は、アリストテレスの著作を決して現地語に翻訳しようとしなかったことである。ヌエバ・エスパーニャでの哲学と神学の最初の講義は、メキシコ大学が開学した一五五三年よりも前に、メキシコのドミニコ会の修道院サント・ドミンゴで実施された。

宣教師たちがインディオ住民の間で宣教活動に多忙であったなかで、一六世紀中頃に新大陸で初めて学芸学士と学芸修士が生まれた。修道院学校はいまだ揺籃期にあった大学を支えるために、自らの教育活動を続けた。新来のイエズス会は、自分たちが開設したサン・ペドロ・サン・パブロ・コレギウムの教育を大学当局が有効と認めてくれるか見通しもないままに、一五七四年に教育を開始したのであった。

スコラ学の革新

メキシコでも、ヨーロッパの国々と同じようにこうした教育は「真正の堅固なアリストテレス哲学」の形で教授された。これはトマス・アキナスのトマス主義とスコラ学の形式で流布していた。すなわち推論の主要な原理、基礎的範疇《はんちゅう》論、四元素論、四原因説、自然の合理性、自然と霊魂の観念などを説明する哲学体系がそれである。スコラ学は認識の三段階、すなわち直感的理解、ついで分析的判断、最後に論証にいたる論理的思考の営みの精神を涵養するのである。スコラ学を学んだヨーロッパの知識人は、原則として人間存在が提起するすべての問いを扱う能力を具えているとみなされた。学習プログラムはアリストテレスの著作『オルガノン』の注釈を実践するのが基本であった。学生は天文学や自然学（物理学）、形而上学などに親しむことも求められたが、最も重要視されたのは論証技術の鍛錬であった。

一七世紀のはじめに『メキシコ論理学 *Logica Mexicana*』を著したアントニオ・ルビオは次のように述べている。すなわち「論理あるいは自然哲学の面で、誤りを犯した者は、神に関す

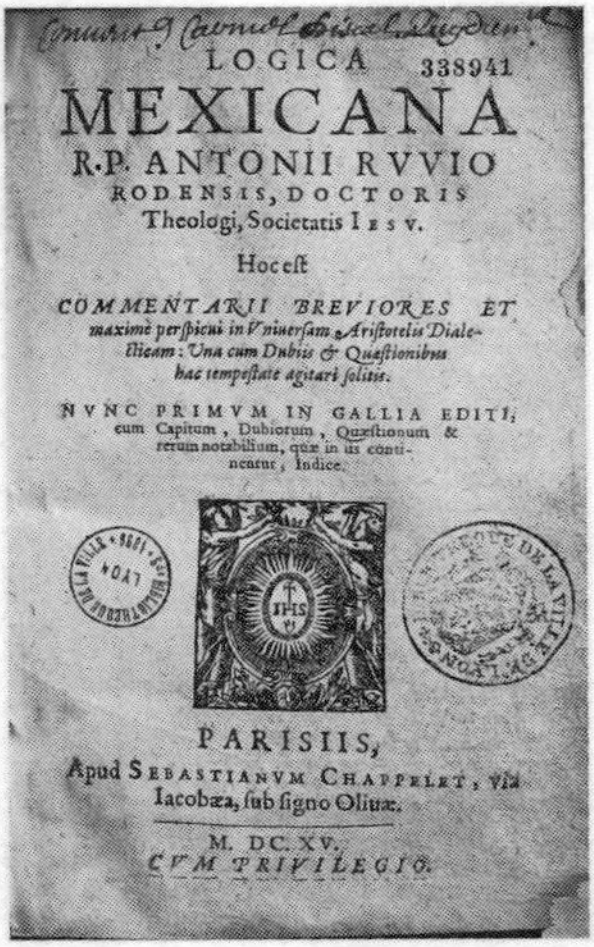
LOGICA 338941
MEXICANA
R.P. ANTONII RVVIO
RODENSIS, DOCTORIS
Theologi, Societatis IESV.
Hoc est
COMMENTARII BREVIORES ET
maximè perspicui in Vniversam Aristotelis Dialecticam: Una cum Dubiis & Quæstionibus
hac tempestate agitari solitis.
NVNC PRIMVM IN GALLIA EDITI;
cum Capitum, Dubiorum, Quæstionum & rerum notabilium, quæ in iis continentur, Indice.
PARISIIS,
Apud SEBASTIANVM CHAPPELET, via Iacobæa, sub signo Oliuæ.
M. DC. XV.
CVM PRIVILEGIO.

図９—４　『メキシコ論理学』　イエズス会士アントニオ・ルビオはメキシコの大学でアリストテレス哲学を講じ、スペインに帰国後その講義ノートを基に執筆した。メキシコ人学生にアリストテレス哲学をより理解されやすくするための教育的配慮がなされ、むしろヨーロッパで好評を博し、60版を重ねた

る知識を誤りなしに理解するのは不可能である」と。

大航海時代はスコラ学が革新を遂げた時代でもあった。一六世紀全体を通じて哲学者たちは、詭弁《きべん》と形式論に堕してしまったスコラ学の埃《ほこり》を払い、再生させようと努力した。ドミニコ会士でサラマンカ大学の教授であったスコラ学者ドミンゴ・デ・ソトの思想的影響や、アウグスティノ会士アロンソ・デ・ラ・ベラ・クルスの教育活動を通じて、アリストテレス主義とスコラ学が、かつてのモクテスマ帝国に定着を見たのであった。

「約束の地」メキシコ

長崎の殉教の場面は、すでに指摘したようにマカオで最初に描かれ、マカオ在住のポルトガル人や関係の中国人に悲劇を知らせ、この地での追悼の儀式に用いられたのであるが、その模写が幾つも作られ、メキシコや犠牲になった六人のフランチェスコ会士の故郷であるスペインに送られた。その絵は銅版画としてローマにも送られ、これは印刷に付されて、イエズス会が全世界に頒布した。

一五七八年からメキシコ・シティにはローマから聖遺物がもたらされ、その都度盛大な儀式が執り行われた。これは言うまでもなく新たに誕生したキリスト教世界としてのヌエバ・エスパーニャを、キリスト教誕生以来の様々な聖人が祝福し、守護する世界として位置づけようとしたローマ教会の構想に基づいていた。托鉢修道会に比べて新大陸宣教に遅れて参入したイエ

図９―５　17世紀のメキシコ・シティ

ズス会は、教皇庁に依頼して、二一四点にのぼる大量の聖人や殉教者の遺骨を取り寄せ、大掛かりな儀式を催して、新たに信徒となった人々に強く印象づけようとした。

一五七二年に最初の宣教師がベラクルスの海岸に初めて降り立ったイエズス会にとって、古今の聖遺物のメキシコへの奉遷は、この地の聖化をはかることと合わせて、「世界の四部分」におけるキリスト教化の進展に果たすイエズス会の役割の大きさを喧伝《けんでん》する手段ともなった。こうしてメキシコは、聖人が移り住むキリスト教の「約束の地」としての地位を獲得した。それはグリュザンスキーの言葉を借りるならば「不実なドイツが異端の地に転落したのと、まさに時を同じくしてのことであった」。

それからかっきり二〇年後の一五九八年に、繰り返しになるが長崎の殉教者の遺骸が太平洋を渡りヌエバ・エスパーニャに到着し、古い聖遺物に合流することになった。こうしてキリスト教徒にとって、霊的に西洋と東洋を連結する、人類史上初めての世界一周は成就し、このローマ・キリスト教会の世界地理のなかで、かつては異教世界の首都であったメキシコ・シティは、世界宣教の聖なる新たな中継地としての位置を占めることになった。

おわりに

本書は宗教改革から説き起こしたが、この未曽有の大変革の指導者となったのが、托鉢修道会の一派アウグスティノ会士であったマルティン・ルターであったのはなんとも皮肉な巡り合わせというほかない。宗教改革はヨーロッパにおける修道制の景色を一変させた。約一〇〇〇年にわたって隆盛と衰退と再生のリズムを刻んできたこの霊性の探究形態は、宗教改革という大波を受けて多くが数十年のうちに解散したり、自然消滅したりという運命をたどった。なかには数年のうちに消滅の憂き目に遭ったものもある。

このような全体的趨勢のなかで、伝統的な修道制にあくまで忠実であろうとした少数の修道院もあり、また修道院会（コングレゲーション congregation）という新たな組織原理のもとに、既存の修道院を統合して再出発するものもあった。後者のひとつであったサン・モール会についての考察は、次作において果たすつもりである。

さてこうしたなかで、一二世紀後半から一三世紀にかけて修道制の革新の旗を掲げて登場した托鉢修道会は、説教を通じて人々の信仰の深化を目指していただけに、俗世から隔絶した祈りの生活に専心することで完徳を目指した古典的な修道制に比して、アジアや南北アメリカ大陸などの新地平での宣教活動との親和性はより濃密であった。

ルターやツヴィングリ、カルヴァンらが領導するプロテスタント諸派の運動に対して、教皇庁をはじめとするカトリック勢力は、時あたかも大航海時代、「新」大陸発見の時代ということもあり、カトリック勢力の「予備軍」とも言える、ヨーロッパ外の世界に住む人々の間に、信徒を増やすことに努力を傾注した。その先兵となったのが、宗教改革の嵐が吹き始める以前から、近東やモンゴル帝国で宣教活動を行っていたフランチェスコ会やドミニコ会、アウグスティノ会などの托鉢修道会であり、一六世紀に新たに誕生した宣教社団とも言うべきイエズス会であった。アメリカ大陸の「発見」以降の托鉢修道会の活動は、主に新大陸に向けられ、他方インド以東の宣教はイエズス会が前面に立った。とりわけ日本宣教は一六世紀いっぱいイエズス会が独占した。

新大陸やアジアの宣教は、ヨーロッパ内部の宗教的動向のなかで、守勢に立たされたカトリック勢力が、インドだけでもヨーロッパ全体を凌駕《りょうが》する人口を擁するという認識のもと、潜在的なカトリック教徒の掘り起こしによって対抗する意味合いがあったことは確かである。だがアジア進出の夢は、そしてその副産物とも言うべき新大陸の「発見」へと導いた隠された動機は、いわば未完の十字軍遠征の成就であった。

ヨーロッパ内部で常時イスラーム勢力と対峙したイベリア半島勢力、すなわちポルトガルとスペインが大航海時代の花形として活躍したのは決して偶然ではない。一三世紀にすでに教皇庁には、モンゴル帝国と連携してオスマン帝国を挟撃する構想があり、一時期モンゴル側（西討軍のフレグ）にもこの構想に関心を寄せる気配があったものの、結局それは烏有に帰すという苦い歴史的現実があった。

だがイスラームへの対抗精神は消えることなく、キリスト教徒ヨーロッパ人の間で、燻《くすぶ》り続けていた。イスラーム教徒の世界であったインド洋に参入を果たしたヴァスコ・ダ・ガマが主キリスト騎士修道会の一員であったのは偶然ではない。コロンブスが十字軍思想の持ち主であり、大西洋を西進しアジアの側から、イスラームの背面を衝くという戦略的構想に取り憑かれていたことはよく知られている。コロンブス自身はイタリアの生まれであるが、十代からリスボンなどイベリア半島の世界で生きており、イベリア半島人のレコンキスタ思想に馴染《なじ》んだ側面があったとしても驚くことではない。

一六、一七世紀はヨーロッパ人にとって、現実の活動の面でも、また観念世界でも一気に地平が拡大した時代であった。それはこれまで夢にも見なかった世界との接続を果たし、この未知の世界の人々の言語を習得し、キリスト教信仰を通じて救済を説く伝道の時代と特徴づけられるであろう。たとえそれが戦略的思惑に発するものであったとしても、それがもたらした歴史的意義を否定することはできない。

あとがき

本書に著者の声とは別に二つの声が響いていることを願っている。

冒頭から私事にわたるが、著者が十代終わりの時期から二十代の前半に教えを受けた、今は亡き二人の先生との交流が、本書のテーマと深く関わっており、このささやかな書物のどこかで、二人の声が共鳴していてほしいというのが私の勝手な願望である。

おひとりはフランス人のイエズス会士ジョルジュ・ネラン神父である。神父は一九六〇年代半ばに、「ネラン塾」という私塾を主宰し、都内の学生を募って哲学、神学の研究会をされていた。確か大学二年生の頃から四年生まで、私は御茶《おちゃ》ノ水《みず》駅近くの雑居ビルにある塾の部屋に足繁く通った。カミュやサルトルの日本語訳のテクストを取り上げて、ネラン先生が解釈をほどこして、それをめぐって塾生が自説を論ずる形式であったと思うが、神父としてキリスト教を広める立場でありながら、好んで無神論者の文章を素材に取り上げるのが、最初は不思議な気がした。そのうち誰かが、無神論が原理的に成り立たないことを納得させれば、有神論が必然的に真理になるわけだから、そこを狙って学生を受洗に導くという作戦だろう、などと不遜《ふそん》な陰口を叩いたりしたが、先生に特徴的な対話的形式——議論で相手を打ち負かすのが目的の昨今流行《はや》りのディベートとは大いに異なる——の議論は、探究的姿勢が際立っていて、先生の深慮遠謀はこちらとしてはあずかり知らぬところで、私個人としては考えること、議論をする技術と作法とを大いに学ばせてもらったという思いでいる。本書でイエズス会のアジア宣教について書きながら、先生を歴史のコンテクストのなかで認識できるようになったことは、私にとって大きな喜びである。現代史家フランソワ・ドッスが著した歴史家ミシェル・ド・セルトーの評伝の中で、ネラン神父がド・セルトーを含む一一人の仲間と共に、一九五〇年にリヨンのセミナリオ大学を卒業した事実を初めて知ったことも言い添えておかなければならない。

いまおひとりの先生は、こちらもフランス人で新大陸史、大航海時代史の世界的な大家であったピエール・ショニュ先生である。当時修士一年として在学していた大学が、紛争で荒れていたのに苛立《いらだ》ち父親に無心して日本を飛び出し、フランスのカン大学（ノルマンディー）に留学した最初の年、一九六九年一〇月が始まりであった。私が専攻したのは中世初期史であり、その少し前に「民族移動時代」についての素晴らしい著書を出されたリュシアン・ミュッセ教授が本命であったが、ショニュ教授の令名も高く、大講堂での講義に毎回出席した。後にソルボンヌに移籍されたが、終生カンに住まい続けておられた。これまたフランソワ・ドッスがショニュ先生相手に行ったインタビューは、日本語訳が『歴史のなかの歴史家——瞬間が炸裂《さくれつ》するとき』（仲澤紀雄訳、国文社、一九九六年刊）と題して出版されており、その独特の個性と学問の息吹を伝えている。大柄ながっちりした体格から発される声は、大講義室に響きわたり、一流役者の一流パフォーマンスに立ち会っている感があった。「諸君、これからクリストフ・

コロンブがどのようにして大西洋を渡ったかを話そう」と切り出し、当時の帆船航海の速度計測技術や、三角航法その他諸々の事柄をノートも見ないで滔々《とうとう》と論ずるのである。講義の後に教壇で講義の後始末をされているところに、質問とは名ばかりの話がしたいだけの極東からやって来た学生に、ユーモアを交えた回答の後に、さりげなく「君はフランス生まれかな。フランス語が上手《うま》いところから見て」などと世辞を言う気配りも忘れないお人柄であった。

その学問の実績の巨大さは伝説と化している。フェルナン・ブローデルの驥尾《きび》に付して、だが地中海ではなく大航海時代の大西洋を主題に選んだショニュ先生は、三七歳でソルボンヌに博士号取得学位論文を提出した。タイトルは『セビーリャと大西洋』。マドリードに所在するフランス政府の研究所「カーサ・ド・ベラスケス」に在籍しながら、セビーリャにある現在「インディアス総合古文書館」の名で知られる文書館に通い詰めて書き上げた大作の総ページ数はなんと七六〇〇ページ、一二巻の巨編である。

ワープロやパソコンはおろか、コピー機も存在しない時代である。おそらくタイプライターにカーボンペーパーを挟んで、苦労しながらの複製作業であったと思われる。仮に現在であったならば、そもそも一二巻をそのまま出版することなど、どんな出版人でも尻込みするに違いない。第二次大戦後のアナール派の登場によって、フランス歴史学が意気高らかに世界を睥睨《へいげい》した時代の記念碑といっても過言ではない。我が国の大学関連図書館で全巻を所蔵しているのは数館でしかない。それでも学術文化として誇るに足る。ショニュ先生のこの大きなお仕事によって、大航海時代史は堅固な基礎が作られた。

本書は著者の専門領域を越えた時代を時間枠としている。そのため参考文献に掲げた著作には、これまで以上にお世話になった。とくに第七章と第八章はエレーヌ・ヴュ・タン氏の著作、第九章はセルジュ・グリュザンスキー氏の著作に多く依拠していることを、両氏への感謝の思いとともに、お断りしておきたい。

＊

本作もまた、多くの方々のご支援の賜である。名古屋大学の村田光司さんには、いつもながらではあるが文献の入手にご協力をいただき、名古屋大学高等研究院および事務スタッフのみなさんにも有形無形のご支援をいただいた。深く感謝申し上げる。

中央公論新社新書編集部の酒井孝博さんを中心に、校閲や図版担当の皆さんにはこのたびもまた大変お世話になった。衷心より厚くお礼を申し上げる。索引を付すという新書としてはやや異例な本造りに同意していただくなど、むやみに固有名詞の多い書物を何とか読みやすくしようと努力されている皆さんの姿勢を、著者としてまた一読書人としてありがたく思い、また深く敬意を表する次第である。

本書をジョルジュ・ネラン神父とピエール・ショニュ先生の思い出に捧げる。

平成三〇年八月

平成最後の晩夏を迎える軽井沢にて　著者

Corée à l'époque médiévale, VIIᵉ-XVIᵉ siècle（中世の日本・中国・朝鮮間の商業。7～16世紀), Publication de la Sorbonne, 2014.
Hélène Vu Thanh, "Les liens complexes entre missionnaires et marchands ibériques : deux modèles de présence au Japon（1549-1636)"（宣教師とイベリア半島商人の錯綜した紐帯——日本に現前した二つのモデル, 1549年から1636年）, *Le Verger-bouquet V*, janvier 2014, 1-19.
Hélène Vu Thanh, *Devenir japonais. La mission jésuite au Japon*（*1549-1614*）（日本人になること。日本におけるイエズス会宣教, 1549年から1614年), Presses de l'Université Paris-Sorbonne, 2016.
Thomas Worcester（ed.), *The Cambridge Encyclopedia of the Jesuits*（ケンブリッジ・イエズス会百科事典), Cambridge University Press, 2017.

図版出典一覧

FOST / Alamy Stock Photo　口絵表
Iberfoto/ アフロ　「はじめに」キャラベル船
SIME/ アフロ　図２—６
筆者撮影　図３—４
アフロ　図６—４
一般社団法人長崎県観光連盟　図７—３，図７—７（教会の写真撮影・掲載にあたっては大司教区の許可をいただいています）
㈱シルバー生野　図８—１
岩田穆　図９—３

地図制作・関根美有

Jean Lacouture, *Jésuites. Une multibiographie*（イエズス会士。複数伝記）, t.2, *Les revenants*（帰って来た者たち）, Éditions du Seuil, Paris, 1991.
John W. O' Malley, *The First Jesuits*（最初のイエズス会士たち）, Harvard University Press, Cambridge (Massachusetts), 1993.
Luce Pietri, Marc Venard, *Le monde et son histoire: La fin du moyen âge et les débuts du monde moderne*（世界とその歴史。中世末期と近代の開始）, 《Bouquins》, Robert Laffont, 1971.
Robert Ricard, *La 《conquête spirituelle》 du Mexique. Essai sur l'apostlat et les méthodes missionnaires des Ordres Mendiants en Nouvelle-Espagne de 1523-24 à 1572*（メキシコの霊的征服。1523-24年から1572年までのヌエバ・エスパーニャにおける諸托鉢修道会の宣教活動と宣教方法の考察）, Institut d' Ethnologie, Paris, 1933.
Jean Richard, *La Papauté et les missions d'Orient au Moyen Âge*（中世の教皇庁とオリエント宣教活動）, École Française de Rome, Roma, 1980.
Peter Spufford, *Money and Its Use in Medieval Europe*（中世ヨーロッパの貨幣とその使用）, Cambridge University Press, 1988.
Sanjay Subrahmanyam, *The Career and Legend of Vasco da Gama*（ヴァスコ・ダ・ガマの経歴と伝説）, Cambridge University Press, 1997.
Sanjay Subrahmanyam (trad. Marie-José Capelle), *L'Empire portugais d'Asie, 1500-1700*（アジアのポルトガル帝国, 1500年から1700年）, Éditions Points, Paris, 2013.
Alain Tallon, *La France et le concile de Trente (1518-1563)*（フランスとトレント公会議, 1518年から1563年）, École Française de Rome, Roma, 1997.
Alain Tallon, *L'Europe au XVIe siècle. États et relations internationales*（16世紀のヨーロッパ。国家と国際関係）, 《Nouvelle Clio》, Presses Universitaires de France, 2010.
Thomas Tanase, *《Jusqu'aux limites du monde》. La Papauté et la mission franciscaine, de l'Asie de Marco Polo à l'Amérique de Christophe Colomb*（《世界の果てまでも》教皇庁とマルコ・ポーロのアジアからクリストフ・コロンブのアメリカまで）, École Française de Rome, Roma, 2013.
Charlotte von Verschuer, *Le commerce entre le Japon, la Chine et la*

［外国語文献］
Pierre Chaunu, *L'Expansion européenne du XIIIe au XVe siècle*（13世紀から15世紀までのヨーロッパ勢力の膨張），《Nouvelle Clio》, Presses Universitaires de France, 1969.
Pierre Chaunu, *Conquête et exploitation des nouveaux mondes*（新世界の征服と搾取），《Nouvelle Clio》, Presses Universitaires de France, 1969.
Xavier de Castro（ed.）, Rui Loureiro（pref.）, *La découverte du Japon par les Européens*（*1543-1551*）（ヨーロッパ人による日本発見，1543年から1551年），Éditions Chandeigne, Paris, 2013.
Jean Delumeau, Thierry Wanegffelen, Bernard Cottret, *Naissance et affirmation de la Réforme*（宗教改革の誕生と定着），《Nouvelle Clio》, Presses Universitaires de France, 2012（1965）.
Jean Delumeau, Monique Cottret, *Le catholicisme entre Luther et Voltaire*（ルターとヴォルテールの間のカトリシズム），《Nouvelle Clio》, Presses Universitaires de France, 2010（1971）.
Jacqueline de Durand Forest, "Algunas observaciones sobre el 'Diario' de Chimalpahin Quauhtlehuanitzin（チマルパイン・クァウトレワニツィンの日記に関する若干の考察）", *Estudios de Cultura Náhuatl*, no.25, 1995, 417-423.
Serge Gruzinski, *Les quatre parties du monde. Histoire d'une mondialisation*（世界の四つの部分。ある世界化の歴史），Éditions de La Martnière, 《Points Histoire》, 2004.
Serge Gruzinski, *Quelle heure est-il là-bas? Amérique et islam á l'orée des Temps Modernes*（あちらは何時だろうか。近代劈頭のアメリカとイスラーム），Éditions du Seuil, Paris, 2008.
Serge Gruzinski, *L'Aigle et le dragon. Démesure européenne et mondialisation au XVIe siècle*（鷲と竜。ヨーロッパ人の逸脱と16世紀の世界化），Fayard, Paris, 2012.
Jacques Heers, *L'Occident aux XIVe et XVe siècles. Aspects économiques et sociaux*（14, 15世紀の西洋。経済社会的側面），《Nouvelle Clio》, Presses Universitaires de France, 1966.
Jean Lacouture, *Jésuites. Une multibiographie*（イエズス会士。複数伝記），t.1, *Les conquérants*（征服者たち），Éditions du Seuil, Paris, 1991.

参考文献

［日本語文献］

オドリコ著、家入敏光訳『東洋旅行記――カタイ（中国）への道』桃源社、1979年

カルピニ・ルブルク著、護雅夫訳『中央アジア・蒙古旅行記』《講談社学術文庫》講談社、2016年

神田千里『島原の乱――キリシタン信仰と武装蜂起』《中公新書》中央公論新社、2005年

河野純徳訳『聖フランシスコ・ザビエル全書簡』2、《東洋文庫》平凡社、1994年

五野井隆史『キリシタンの文化』《日本歴史叢書》新装版、吉川弘文館、2012年

杉山正明・北川誠一『大モンゴルの時代』《世界の歴史 9》中央公論社、1997年

R・W・スクリブナー／C・スコット・ディクスン著、森田安一訳『ドイツ宗教改革（ヨーロッパ史入門）』岩波書店、2009年

高橋均／網野徹哉著『ラテンアメリカ文明の興亡』《世界の歴史 18》中央公論社、1997年

東野治之『貨幣の日本史』《朝日選書》朝日新聞社、1997年

ウィリアム・V・バンガート著、上智大学中世思想研究所監修、岡安喜代／村井則夫訳『イエズス会の歴史（上・下）』《中公文庫》中央公論新社、2018年

平川新『戦国日本と大航海時代――秀吉・家康・政宗の外交戦略』《中公新書》中央公論新社、2018年

深沢克己「カルヴァン以前のフランス宗教改革」、踊共二編著『記憶と忘却のドイツ宗教改革――語りなおす歴史 1517-2017』ミネルヴァ書房、2017年

A・プロスペリ著、大西克典訳『トレント公会議――その歴史への手引き』知泉書館、2017年

ルシオ・デ・ソウザ／岡美穂子『大航海時代の日本人奴隷――アジア・新大陸・ヨーロッパ』《中公叢書》中央公論新社、2017年

森田安一「宗教改革の時代」、成瀬治／山田欣吾／木村靖二編『世界歴史大系・ドイツ史 1』山川出版社、1997年

渡邊伸著『宗教改革と社会』京都大学学術出版会、2001年

リオ・デ・ジャネイロ 155
リオ・デ・ラ・プラタ 137
リグリア海 129
リスボン viii, ix, 70, 71, 107-109, 115, 117, 118, 129, 130, 164, 183, 200, 201, 232
リーフデ号 186
リマ（大学） 153, 154
リャマ 139, 145, 146
琉球 164
漁師海岸 117
リヨン 19, 86
リンダウ 16, 17
『ルイ・ロペス・ヴィラロボス航海記』 164
ルーヴァン大学 6, 37, 53
ルター思想 45
ルター主義 21, 25
ルター派 16, 17, 23, 24, 40, 46, 48, 51
ルッカ 220
ルネサンス 40, 66, 222, 224
『霊操』 65, 66, 71, 75, 76
『霊的生活の鍛錬』 65
暦術 123
レーゲンスブルク帝国議会 48
レコンキスタ → 再征服 110, 232
レシフェ 155
列聖 61, 78
ロシア 78, 85
ロチェスター 26
ロッテルダム 11
ローマ（古代ローマ文明、帝国） v, x, 34, 40, 216, 222-224
ローマ（教会） 6-8, 10, 19, 24-26, 28, 30, 33, 35, 40-47, 49, 52, 56-58, 69, 76, 78-81, 85, 89, 90, 93-95, 98-101, 103, 119, 128, 145, 156, 165, 166, 218, 220, 227, 229
ローマ劫掠 40
『ローマの信徒への手紙』 2, 3, 12
ローマ・フランス学院 43
ロヨラ城 62, 63
ロラード派 24
ロレト 154
ロンドン 25, 67
ロンドン塔 26

【ワ　行】

和歌山 209
ワークワーク 161
倭寇 165, 190
ワルトブルク城 4, 8, 13

マラッカ 114, 116, 125, 165, 167, 190, 193
マラッカ海峡 114
マラーノ 40
マラバール（王国、海岸） 113, 120, 121, 167
マリアナ 155
マリンディ ix
マルティニク島 150
マレー人 139
マンレーサ 65, 77
『満ち足りるまで』 205
密貿易 164
南ドイツ 13
美濃 183
ミュルーズ 9
ミュンスター 13
ミラノ 40
明 123, 124, 163
ムーア人 v
無謬性 iv, 3, 7
メキシコ xi, 138, 140, 141, 143, 144, 151-153, 156, 213, 215, 216, 222-225, 228
メキシコ高原 138, 141, 142, 151
メキシコ・シティ xi, 141, 151, 215-219, 221, 223, 227, 229
メキシコ大学 223-225
『メキシコ論理学』 226
メシア思想 110
メッシーナ 80
メディチ家 38
メミンゲン 16, 17
メメント・モリ ii
モー 19, 20, 21, 42
モー・サークル 21
モザンビーク ix, 117, 200
モスクワ公国 221
木綿 114, 178, 190
モルッカ（人） 116
モルッカ諸島 114, 136, 137, 164, 165, 221
モルドバ 101
モンゴル（軍、人、帝国） 86-89, 91, 94-101, 231
モンスーン ix, 118, 176
モンセラート修道院 64
モンテギュー学寮 67
モンマルトルの丘 68, 69

【ヤ　行】

ヤコブ派 91
山口 169, 170, 178, 184
ユカタン半島 140, 141
ユマニスト 12, 20, 35, 36, 53, 224
揚州 98
羊毛 190
ヨーク 24
預言者 13
横瀬浦 175

【ラ　行】

ライプツィヒ 12
ライン川 11
ライン地方 iii, 78
ラテン教会 89, 92, 97-99, 101
ラテン語 iii, 16, 20, 22, 34, 35, 66, 67, 82, 95, 222-224
ラ・パス 153
ラ・プラタ 153
ラブラドル半島 133
ラントシュトゥール 9
リエティ 92
リオ・グランデ（川） 138, 156

ブルゴーニュ i, ii
ブルボン 40
ブレスラウ 10
ブレーメン 10
プレモントレ会 x
プロイセン（地方） 16, 158
プロヴァンス 69
プロテスタンティズム 3
プロテスタント
iv, 16, 17, 22, 27, 29-31, 45, 47, 49, 51, 54, 56, 57, 61, 78-81, 231
フロリダ半島 221
ブロワ 22
「文芸共和国」 18
豊後 169-173, 175, 179-184, 197, 198, 201, 211
北京 92, 93, 95-97, 102, 123-125
ペスト（禍）
i, 42, 47, 51, 52, 65, 102-104
ヘッセン 16
ベトナム（語） 125-128
『ベトナム・ポルトガル・ラテン語辞典』 127
ベネズエラ 133, 154
ベネディクト派 50, 64
ヘブライ語 35
ベーリンジア 139
ペルー xi, 148, 153, 221, 224
ペルシア（語、人）
x, 91, 110, 113, 161, 163
ペルシア湾 92, 115
ペルナンブコ 155
ベルン 11, 17
ベンガル地方 114
ベンガル湾 118
『変身物語』 222
宝石 114, 148
ボゴタ 154
北海 107
ポトシ 153
ポーランド 38, 78, 85, 101
ポリネシア人 139
ボルティモア 156
ボルドー 89
ポルトガル（王国、語、人）
vii-ix, 67, 105, 107-118, 120-122, 124, 125, 129-133, 135-138, 154-156, 162-169, 171-173, 176, 177, 181, 186, 189-194, 198, 203, 204, 207, 208, 220, 222, 223, 227, 231
ホルムズ 115
ボローニャ 51, 118
ポワシー 79
ホンジュラス 140, 221

【マ　行】

マインツ 4, 5
マカオ（澳門）
122, 125, 126, 169, 186, 190, 191, 194, 195, 200, 201, 218, 227
マカオ大船団 190
マキアヴェリズム 45
マクデブルク 1, 4, 10
マゼラン海峡 137
『マタイによる福音書』 86
マデイラ諸島 viii, 107, 130
マドゥライ（王国） 119, 120
マドリード 206
マトレガ 102
マードレ・デ・ディオス号 187
マニラ 188, 206-210
マムルーク朝 88, 101, 111, 112, 114
マヤ（人、文明） 140-142, 150
マヨルカ島 75

113, 114
バルセロナ 64-66
ハルツ山 1
パレスティナ 69, 88
バレンシア 169
パロス港 132
ハンガリー王国 85
パンダラ 120
パンプローナ防衛戦 63
半ペラギウス派 36
バンベルク 220
『東インド国の要塞、都市、集落全図 117
東シナ海 165, 190
ピカルディー 68
ビクトリア号 136
肥後 183, 184
ビザンティン帝国 v
ビスケー湾 62
秘跡 i, 6, 7, 25, 31, 55-57, 59, 199
肥前 207, 210
百年戦争 i
日向 183, 211
ヒューロン人 159
平戸 167, 168, 173, 175, 176, 181, 186, 202, 210, 211
ピラミッド 142
ヒンドゥー教徒 116, 117
ファルツ 9
ファルネーゼ宮殿 43
フィリピン（諸島） 137, 205-207, 209, 216, 221
フィレンツェ v, x, 40, 52, 107, 131, 133
ブエノス・アイレス 137
プエブラ 222
プエルト・リコ 149
伏見 184, 209
フス戦争 i
豊前 172, 183
復活祭 69, 203
葡萄酒 7, 23, 56, 57, 108, 190, 192
府内（大分） 172, 175, 181, 198, 201
普遍公会議 51
普遍派 91
ブラウンシュヴァイク＝リューネブルク 16
ブラガンサ 105
ブラジル 133, 137, 155, 156
プラハ 80
ブラーマン 119, 120
フランクフルト 12
フランケン地方 9
フランケンハウゼン 14
フランス（語、人） i, iii, 18, 20-24, 40, 43, 48-50, 52, 58, 63, 64, 69, 78, 80, 82, 87, 89, 91, 94, 96, 108, 124-126, 150, 151, 156, 158, 159, 166, 213-217, 220
『フランソワ１世治下のパリ一市民の日記』 17
フランチェスコ会 x, xi, 19, 46, 50, 65, 86, 90, 93-96, 98-100, 103, 117, 118, 149, 151-153, 204-209, 211, 214, 216, 218, 220, 221, 227, 231
——原始会則派 158
ブランデンブルク 4
ブランデンブルク＝アンスバッハ 16
フランドル 6, 67, 107, 124
ブリストル 130, 133
フリブール 80

トルデシリャス条約　133, 136, 204
奴隷　95, 108, 118, 150, 155, 156
トレント　49, 51
トレント公会議
49, 52, 54, 56, 57, 59, 79, 201, 202
トンキン（地方）　125-127

【ナ　行】

内蒙古　94
長崎　175, 179, 185, 187, 188, 195, 201-203, 207-211, 218, 227, 228
名護屋　207
ナバーラ（王国）　63, 67
ナヘラ　63
ナポリ　81
ナワトル語　215, 222
南京　123, 125
ニカラグア　154
西インド諸島　138
西ガート地方　121
26聖人殉教　218
日本（語、人）　vii, xi, 62, 72, 78, 94, 114, 119, 125, 127, 140, 161, 164-172, 175-179, 181-184, 186-212, 216-221, 231
『日本史』　171
日本人町　127
ニュー・ブランズウィック州　158
ニュー・メキシコ　152, 153
ニュルンベルク　10, 16, 18
ニュルンベルク帝国議会　38
ヌーヴェル・フランス・アメリカ社　159
ヌーヴェル・フランス百人会社　158
ヌエバ・エスパーニャ（新エスパーニャ、新スペイン）　144, 150, 151, 214, 218, 221, 222, 225, 227, 228
ヌエバ・グラナダ　154
ネストリウス派
89, 91, 93, 97, 98, 101
ノヴァスコシア州　158
「農民の殺人・強盗団について」　14
ノサ・センホラ・デ・モンテ　203
ノーフォーク　27
ノルマン人　158
ノワイヨン　22

【ハ　行】

バイア（サルヴァドール）　155
バイエルン　80
ハイチ島　149
パーヴィア　220
バグダード　87
『博物誌』　130
ハザル地方　95
バスク地方　62
バーゼル　9, 11, 17, 18
伴天連追放令　181
パナマ　146, 148, 149, 154
パナマ地峡　133
ハノイ　125, 127
バハマ諸島　132
破門　6, 18, 26, 65, 208
パラグアイ　79, 153, 154
バラ戦争　i
パラティナ地方　9
パラナ　154
パリ（大学）
ii, 18-21, 24, 39, 42, 43, 50, 62, 66-69, 80, 82, 89, 214, 220
パールシー（ゾロアスター）教徒

丹後 184
断食 2, 65, 202
筑後 183
筑前 172
チチェン・イッツァ 141
「父なる神の無辺」 86
地中海 39, 48, 107, 129
チベット仏教 93
チャガタイ家 90, 96
チャガタイ・ハン 95, 99, 100
中国（語、人）
vii, x, xi, 79, 91, 96, 98-100, 114, 116, 122-125, 127, 130, 131, 162, 163, 165, 167, 178, 190, 191, 194-196, 206, 219, 221, 227
チューリヒ 9, 11, 17
肇慶 122
朝鮮 99
チリ 137, 145, 154
ツヴィッカウ 12
テアト会 44, 48
ディウ 116
帝国議会
　アウクスブルク 17
　ヴォルムス 7, 10, 16, 18, 37
　シュパイアー 16
　ニュルンベルク 38
　レーゲンスブルク 48
ティティカカ湖 145
ティモール 116
『提要』 → 『キリスト教騎士提要』
デカン高原 104
『鉄炮記』 164, 191
徹夜勤行 2, 64
テノチティトラン 141, 144
テベレ川 43
テューダー朝 25
テューリンゲン 1, 12-14, 17
テューレ島（アイスランド） 129
テルセイラ島 ix
『天主主義』 123
天文台 123, 141
ドイツ（語、人） iii, 5-10, 13, 17-19, 21, 27, 40, 45, 48-51, 78, 79, 95, 123, 133, 220, 221, 228
ドイツ騎士修道会 16
「ドイツ国のキリスト教徒貴族への呼びかけ」 7
ドイツ式ミサ 12
ドゥエ 80
トゥクマン 153
同宿 193
東方教会 85, 90, 91, 100-102
『東方見聞録』 vi, 161
『東方旅行記』 vi
玉蜀黍 139, 140, 142
ドゥランゴ xi
トゥール 22
トゥルーズ 151
トゥンベス 148
ドナウ地帯 v
トピア xi
ドミニカ島 150
ドミニコ会
v, x, xi, 4, 9, 12, 19, 46, 48, 50, 53, 66, 68, 83, 86, 92, 93, 95, 96, 101-104, 118, 148-151, 153, 207, 209-211, 216, 225, 227, 231
トラカテクートリ 141
トラスカラ 143
トリーア 8, 9
トリニダード号 136
トルキスタン 104
トルテカ人 141

7, 25, 37, 40, 49, 136
人文主義（者）
9, 18, 25, 29, 34, 44, 223
新約聖書 iii, 20, 34
『新約聖書』（エラスムス） 35
『新約聖書付註』 34
スイス 11, 21, 80
スコットランド 29
スコラ学（者）
53, 68, 223, 225-227
スーダン地方 107
ストラスブール 11, 12, 16, 17, 21
スペイン（語、人）
v, 28, 29, 37, 39, 46, 53, 58, 62, 63, 66-69, 80, 131-133, 136, 143, 144, 146, 148, 149, 154, 155, 164, 169, 204-208, 210, 213, 216, 218, 220, 221, 223, 224, 227, 231
スルタニヤ 102, 104
スンダ列島 114, 136
聖アウグスティノ会 18
聖女ウルスラ会 81
聖職禄 iv, v, 42, 45, 59
聖庁学院 44
「聖トマス」キリスト教徒
120, 121
聖パウロ・コレギウム 118, 119
「聖母の娘」学校 81
聖霊原理 12
セイロン（島） 114, 120
『世界像』 vi
関ヶ原の戦い 182
セネガル川 viii
セビーリャ 77, 107, 214
セブ島 137, 221
セミナリオ（神学院）
179, 181, 193, 197, 203
施療院 172, 173, 207, 209
セルビア v
泉州 98
先住民指定居留地 154, 155
セント・ローレンス川 158
千年王国 13, 110, 111
洗礼（名） 7, 13, 54, 55, 95, 127, 128, 148, 151, 154, 167, 170, 171, 173, 175-177, 182, 187, 210, 215
ソルボンヌ 21, 39
ソロコ 216

【タ 行】

対抗宗教改革 33
第5ラテラノ公会議 44
大西洋 vii, ix, 107, 108, 110, 130, 132, 133, 137, 138, 224, 232
タイノ人 149
大分裂（シスマ） i, 103
太平洋 vii,
135, 137, 139, 145, 216, 220, 228
ダウ船 ix
高槻 181
『高みにおわす神』 151
托鉢修道会 x, xi,
19, 48, 50, 86, 102, 103, 117, 118, 120, 149, 151, 186, 187, 204-206, 209, 211, 212, 216, 227, 230, 231
『戦う教会の統率に』 xi, 70
タタール人 86, 95
『タタール（蒙古）人の歴史』 87
田辺 184
種子島 164, 191
タブリーズ 91, 92
ダマスカス 87
タミル・ナドゥ 117, 119
ダリアン湾 133

ジェノヴァ　41, 44, 89, 107, 129, 132
『時間の目録』　221
司教座学校　1
四国　181
『自叙伝』（イグナティウス・デ・ロヨラ）　63
7人のスペインの悪魔　61, 67
7年戦争　158
シチリア島　80
シトー会　x
「使徒聖座よりの展望」　208
シドン　88
シナロア　152
シバス　92
ジパング　vii, x, 130, 132, 161-163
シベリア　139
『詩篇』　35
『詩篇五折』　35
『司牧の重さ』　206, 208
『司牧の務めから』　204
島原　177, 179
ジャマイカ　149
ジャワ島　163
ジャンク船　114, 167, 186
　外洋——　163
朱印　186
シュヴァーベン　10, 13
「シュヴァーベン農民の12箇条にたいする平和勧告」　14
シュヴァルツヴァルト　13
『11時に』　86
宗教改革　1, 6, 9, 10, 14, 16, 17, 19, 21-24, 33, 77, 230, 231
十字軍　x, 77, 85, 90, 110, 132, 231, 232
十字軍国家　88
重商主義　108, 109, 111
修道士　iv, 1, 3, 6, 18, 19, 27, 36, 45, 47, 48, 50, 53, 64, 76, 86, 89, 164, 197, 220, 221
修道誓願　1
自由都市　10
儒教　122
主キリスト騎士修道会　vii, ix, 107, 232
首席カピタン　190, 192
ジュネーヴ　23, 27, 48
ジュネーヴ派　28
シュパイアー　16
シュマールカルデン　17
シュマールカルデン戦争　53
シュマールカルデン同盟　16, 51, 56
『主よ急ぎ語り給え』　6
シュレットシュタット　9, 12
巡回兄弟団　103
ジュンガル盆地　91
巡察師　122, 177, 200
順応政策　178, 206
商館　109, 113, 115, 116, 186
『諸王のなかの王』　96
植民地　116, 117, 158
贖宥状　4, 5, 18, 19
『諸国諸道の書』　161
ジョージア　91, 92, 100
女性神秘家　53
シリア（人）　87-89, 110, 121
シリア正教会　91
シリア典礼　121
清　124, 125
シンガポール　201
真珠（貝）　ix, 133
新スペイン　→　ヌエバ・エスパーニャ
神聖ローマ（皇帝、帝国）

黒曜石 139, 142
小倉 183
コーチン 113, 115, 121
黒海 91, 95, 96, 98, 101
五島（列島） 176, 177, 179, 202
コドゥンガルール 121
コルテス（身分制議会） 105
コルドバ 131
コレギウム 81, 179, 224
コレジオ（学院）
166, 179, 181, 193, 197
コロンビア 154
コンキスタドール 152
コンスタンツ 10, 16, 17
コンスタンティノープル v, 89, 102
コンセプシオン号 136
『坤輿万国全図』 123

【サ　行】

再征服 78, 80, 110
再洗礼派 13, 22, 23
サヴォア 67
堺 181, 182
サカテカス xi
ザクセン（選帝侯、大公、地方）
4, 8, 12-14, 16, 18, 51
サグレス岬 vii
薩摩 164, 167, 183, 209, 210
砂糖 108
サポテカ人 141
サマセット 27
サラゴサ条約 204
サラマンカ（大学）
53, 66, 131, 143, 224, 227
サルヴァドール 155
サレット島 121
サレルノ 90
サン・アントニオ・アバド隠修礼拝堂 216, 220
サン・アントニオ号 136
サン・ヴィセンテ岬 vii
ザンクト・ラウレンティウス教会
11
サン・サルバドール島 132, 138
サン・ジェルマン修道院 iv
サン・ジェルマン・デ・プレ修道院
50
サン・ジャック街 68
サン・ジローラモ教会 52
サンス iv
サンスクリット語 119
サン・セバスチャン 62
サンタ・マリア号 132
サンタ・マリア・マッジョーレ教会
69
サンチャゴ騎士修道会 107
サンチャゴ号 136
サンチャン 169
サント・ドミンゴ（イスパニョーラ） 143, 221
サント・ドミンゴ（修道院） 225
サント・バルブ学寮 67
サン・パウロ 155
サン・ピエトロ大聖堂 4, 89
サン・フェリペ号遭難事件 208
サン・ペドロ・サン・パブロ・コレギウム 225
サン・ホルヘ・ダ・ミナ（エルミナ） 109
サン・マロ iv
サン・モール会 50, 230
サン・ルイス・デ・マラニョン
155
サン・ルカール 137, 138

95提題 6
旧約聖書 13
キューバ（島） 143, 149, 221
教会裁判所 46
『教会の改革について』 v
教皇庁 x, 4-6, 21, 24-28, 38, 40, 43, 51, 58, 79, 83, 85, 90, 96, 99, 103, 117, 189, 194, 206, 228, 231
アヴィニョン—— 102
『教皇のバビロン捕囚』 6
兄弟団 41, 44, 48
『共通祈禱書』 27, 30
京都（京、ミヤコ） 168, 169, 173, 179, 181, 182, 184, 195, 207, 209, 210, 216
キリキア地方 92
ギリシア（学、語） v, 9, 20, 34, 35, 82, 216, 221, 224
ギリシア正教 85, 98
キリスト教（徒） i, iii, v, x, 3-7, 17-19, 22, 35, 38, 40, 46, 55, 56, 62, 65, 69, 75, 86-91, 93, 94, 96-98, 100-104, 116-125, 128, 131, 132, 137, 149-153, 156, 159, 166, 167-173, 175, 176, 178, 179, 181-188, 194, 199, 201-203, 205, 206, 209-212, 214-216, 218-220, 222, 227-229, 232
『キリスト教騎士提要』 66, 76
『キリスト教綱要』 22, 23, 40
『キリスト教徒の自由について』 6
『キリストの生涯』 63
『キリストの倣び』 iii, 65
金 ix, xi, 107, 109, 131, 132, 139, 145, 148, 161, 190, 193-195
銀 ix, x, 139, 164, 165, 191, 194, 195
グアダルキビール川 137
グアダループ島 150
グアテマラ 140, 221
クア・バン 127
グアム島 137
グアラニ（語、人） 154, 155
クエルナバカ 218
クスコ 144, 145, 148, 153
熊本 183, 184
クマン人 85
グラナダ v
クリスマス 69, 203
クリミア半島 96, 101, 102
クレオール 152, 222, 225
グレゴリウス暦 140
グレゴリオ聖歌 95
クレルモン・コレギウム 80
黒いマリア 64
景教 → ネストリウス派 89
ケチュア語 144
ケベック 156, 158, 159
ケルン（大学） 6, 123
元 93, 131
原始キリスト教会 19
元和の大殉教 188
ケンブリッジ大学 9, 27
ゴア 71, 80, 113, 115-118, 121, 122, 165, 167, 170, 190, 200, 201
コインブラ 224
紅海 111, 112
公教要理 42, 118, 119, 128, 150, 155
『公教要理』（カニシウス） 80
郷士 62
香辛料 ix, x, 108, 112, 114, 116, 131, 135-137, 139, 190, 192
高等法院 21
国王至上法 30

186
オランダ東インド会社 186
オリノコ川 133
オルレアン i, ii, 22
オロン・スム 94
「オロン・スムとジャン・ド・モンテコルヴィーノのローマ・カトリック教会の発見」 94
オングト部 94

【カ　行】

海賊 108, 190
「会派信条」 70
『海洋と東方の地の発見と征服においてポルトガル人が達成した偉業』 110
カイロ 112
火刑 22, 29, 46, 148, 188
鹿児島 167, 168, 210
カザフスタン 104
カスティーリャ（王国、語） 63, 66, 77, 107, 193, 204, 222
カースト 112, 119, 120
カスピ海 95
カタイ → 中国 vii, x, 100, 102, 130-132
カタログ 179-181, 184, 188
カッファ 96
カディス 107
カトリック 12, 20, 21, 27-31, 33, 34, 39, 41, 42, 44, 48, 49, 51, 52, 54-57, 61, 78-81, 83, 93, 98-100, 131, 158, 202, 214, 219, 223-225, 231
カトリック式ミサ 12
ガーナ 109
カナダ 79, 133, 158, 159
カナリア諸島 107, 155
カハマルカ 148
カフカス 92, 98, 100
カプチン会 27, 45-47, 118, 150, 158
「神の愛」礼拝堂 19, 41, 44
神の義 2, 3
神の戦士 76
ガリア 98
カリカット ix, 113-116
カリフォルニア 152, 153, 221
カリブ海 138, 150
カルヴァン主義 23
カルヴァン派 23, 24, 27
カルメル会 50
　改革—— 53
ガンジス川 104
観想 71-76
カンタベリー 26, 30
ガンディア 80
完徳 iii, 230
広東 119, 122-124, 127
カンバリク（→北京） 92
生糸 195, 196
キエーティ 220
義化 48, 54-56
騎士団 8
騎士道 63
キト 145, 153, 154
ギニア（海岸） 108, 109, 130
義認 54
絹 178, 190, 191, 195
ギプスコア 62
キプチャク・ハン国（金帳汗国） 100
喜望峰 viii, ix, 138
キャッサバ 139
キャラベル船 vii, ix, 109, 163

31, 61, 80, 133, 156, 158, 159
諫早 187
イスパニョーラ（サント・ドミンゴ島） 143
イスパニョーラ島（ハイチ島） 149
イスラーム v, x, 87-89, 91, 100, 101, 110, 111, 113, 116, 231, 232
反—— 109
異端（者） 6, 18, 36, 40, 45-47, 53, 79, 111, 228
異端審問（所） 37, 46, 66, 69, 156
イニシエーション（通過儀礼） 71
イベリア（半島） 78, 107, 108-110, 205, 223-225, 231, 232
イラン 87, 88, 92, 98, 100, 102, 104
イロクオイ人 159
インカ（人、帝国、文明） 139, 144-146, 148, 153, 154
イングランド i, 9, 24, 26-29, 39, 89, 129, 130
イングランド教会 24, 26-28, 31
イングランド国教会 26
インゴルシュタット（大学） 53, 80
印刷術 5
インディオ 146, 151, 153-156, 218, 222, 225
インド viii-x, 70, 71, 79, 80, 92, 93, 104, 109, 112-121, 126, 131, 139, 161, 165-169, 171, 172, 178, 190, 196, 200, 221, 231
インド洋 x, 93, 110, 232
——交易 113, 114
ヴィエンヌ 220
ウイグル（人、地方） 89
ヴィッテンベルク（大学） 1, 6, 12
ウィンザー城 27
ヴェストファーレン 13
「ウェストミンスター信仰箇条」 31
ヴェネツィア 40, 65, 69, 112, 114, 133, 137, 161, 162, 193
ヴェローナ 41, 42
ヴォルムス 8
ヴォルムス勅令 10, 16
ヴォルムス帝国議会 7, 10, 16, 18, 37
臼杵 180, 211
宇都宮 183
ウルガタ版ラテン語聖書 35, 86
ウルム 16
エアフルト（大学） 1, 10
英国 → イギリス
エクアドル 154
エストレマドゥーラ 146
エチオピア x, 91, 93, 101, 112, 221
江戸 209
エルサレム 65, 111, 132
エルベ川 1
エルミナ 109
『黄金聖人伝記集』 63
王立科学アカデミー 124
大坂 181, 182, 184, 209, 210
大坂の陣 187
大隅 183
大村 173, 175, 176, 185, 186, 202, 210
オーストリア 13, 158
オスマン帝国 i, v, 101, 102, 231
オータン 220
オラトリウム 53
オラトリオ会 52, 53
オランダ 20, 37, 38, 48, 78, 156,

事項索引

【ア　行】

アイスランド　129
アイスレーベン　1
アイゼナハ　1
会津　183
アイマラ語　145
アヴィニョン　102, 103, 126
アウグスティノ会
xi, 1, 18, 19, 50, 53, 118, 151, 153, 209, 211, 212, 227, 230, 231
アウクスブルク　4
アウクスブルク帝国議会　17
明石　181
アカディア地方　158
アカプルコ　216
安芸　170
浅草　209
『アジアでの最初の10年』　110
アジュダ図書館　183
アステカ（人、帝国、文明）
139, 141-144, 150, 154, 214-216, 218, 220
アゼルバイジャン　104
アゾレス（諸島）　ix, 107, 130, 197
アッコ　88
安土　181
アナトリア　92
アパッチ人　153
アビラ　53
天草（諸島）　176, 177, 179, 202
アメカメカ　215
アメリカ・インディアン　152
アラゴン（王、王家）　25, 63, 77
アラスカ　139
アラブ人　ix, 113-115
アラン人　98, 99
アリストテレス主義　225, 227
有馬　176, 181, 185, 202, 210
アルカラ（大学）　66, 77, 79, 224
アルゴンキン人　158, 159
アルザス　9, 11, 13
「アルス・モリエンディ」　ii
アルゼンチン　154
アルバニア　v
アルメニア（王）
87, 90, 92, 98, 101, 221
小——　96
大——　104
アルンブラドス　66
アレクサンドリア　vi, 112
アレバロ　63
アンダルシア　107
アンティオキア　87
アンティール諸島　149, 150
アンデス（山脈）
138, 144-146, 148, 154, 224
アントウェルペン　19, 23
アンハルト　16
アンボン島　116
イエズス会
xi, 41, 47, 48, 50, 53, 61, 65, 68, 70-72, 75-83, 104, 117-128, 150-156, 158, 159, 165-168, 171-173, 175-189, 192-199, 201-208, 210-212, 222, 224, 225, 227, 228, 231
イエズス会学校　79-82, 119
イギリス（人）

ルイ14世 43, 124
ルイス（五島純定の子） 176
ルイス，バルトロメオ 207
ルイス・デ・モライス 200
ルーセル，ジェラール 20
ルソー 125
ルター，マルティン 1-14, 16-20, 22, 23, 33, 34, 36, 37, 39, 40, 54-56, 79, 230, 231
ルッジェリ，ミケーレ 122
ルビオ，アントニオ 226
ルフェーヴル・デタープル 20, 21, 35, 36
レオ10世 4, 18, 25, 37, 38
ロイヒリン 35
ロドリゲス，シモン 67
ロレイロ，ルイ 164

【ワ　行】

ワスカル 148

ボバデーリャ，ニコラス　67
ポブレ，フアン　206
ポランコ　77
ポール，レジナルド　28, 29, 44
本多忠政　187
本多正純　187

【マ　行】

マウロ，フラ　162
マクシミリアン　37
マゼラン（マガリャンイス，フェルナン・デ）　135-138
マッテオ・ダ・バスキオ　46
松浦氏　167, 168, 175
松浦隆信　167, 175
マヌエル（中国人信徒）　167
マヌエル1世　108, 110, 111, 115, 117
マリア　i, 73
マリアナ・リーダラー　221
マリー・ド・メデシス　214
マリンチェ　143
マルコ・ポーロ　vi, x, 90, 96, 104, 130, 131, 161-163
マルティン，ハインリヒ　221
マルティンス，ペドロ　200, 201, 207
マンデヴィル，ジョン　vi
ミケランジェロ　43
ミゲル（有馬直純）　187
ミゲル・デ・エグイア　66
ミュンツァー，トマス　12, 14
ムハンマド　110
メアリー1世（メアリー・テューダー／ブラディ・メアリー）　25, 28-30
メアリー・ステュアート　29
メランヒトン　9, 17, 48
メルシオール・ヌニェス・バッレト　168, 171
メンドーサ，シモン　192
毛利高政　182
毛利元就　170
モクテスマ　143, 227
モンテコルヴィーノ，ジョヴァンニ・ダ　90-96, 98-100, 102, 104
モンテスキュー　125

【ヤ　行】

ヤコブ・ダ・ヴォラギーネ　63
ユダ　i
ユリウス（→クレメンス7世）　38
ユリウス3世　51, 52
ヨアキム（フィオーレの）　111
ヨハネス22世　99
ヨハネ・パウロ2世　38
ヨハンネス（ザクセン選帝侯）　16

【ラ　行】

ライネス，ディエゴ　67, 79
ライプニッツ　49, 125
ラヴァイヤック，フランソワ　214
ラウレンソ　176
ラス・カサス，バルトロメ・デ　149
ラティマー，ヒュー　27, 29
リカール，ロベール　151
リシャール，ジャン　91, 92, 95, 104
リシュリュー　158
リッコルド（サンタ・クローチェの）　101
リッチ，マテオ（リ・マトウ／利瑪竇）　122, 123, 127, 178
竜造寺隆信　176
ルイ（オルレアン大公）　ii
ルイ9世聖王　87

ピコ・デッラ・ミランドラ，ジョヴァンニ 35
ピサロ，フランシスコ 146, 148
ファーヴル，ピエール 67, 68
ファルネーゼ（→パウルス3世） 43, 44
ファレル，ギヨーム 20, 21, 23
フアン・デ・オニャーテ 152
フアン・デ・スマラッガ 151
フアン・デ・ラ・アバディア 210
フィシャー，ジョン 26
フィリップ（ヘッセン方伯） 16
フィリップ（→フェリペ2世） 28, 29
フィリップ4世 89
フェリペ2世 29
フェリペ3世 154
フェリペ4世 154
フェルディナンド2世 105
フェルナンド2世 63, 77, 131
フォン・ザクセン，ルドルフ 63
フォン・ジッキンゲン，フランツ 8, 9
フォン・ニーハイム，ディートリヒ 103
フォン・フッテン，ウルリヒ 6, 9
フォン・ヘッセン，フィリップ 9
フォン・ベル，シャル 123
フス，ヤン 56
ブゾミ，フランチェスコ 127
ブーツァー，マルティン 9, 12, 21, 27
フッガー家 4
プトレマイオス，クラウディオス vi, 130
フナブ 140
プラトン 216
フランシスコ・デ・サン・ミゲル 207
フランシスコ・デ・モラレス 209, 210
フランソワ1世 21, 22, 40, 63, 108
（聖）フランチェスコ 63, 97
フランチェスコ・ディ・ピナ 127
ブリソネ，ギヨーム iv, 19, 21, 42
フリードリヒ3世（ザクセン大公） 4, 8, 14
プリニウス 216
ブルボン・シチリア家 43
フレグ 87, 88, 90, 232
プレスター・ジョン x, 112, 221
フロイス，ルイス 171, 175, 193
ブロエ，パシャーズ 69
フロリス，アドリアン（→ハドリアヌス6世） 37
ペッソア，アンドレス 186, 187
（聖）ペテロ 35
ヘトゥム1世 96
ペドロ・ダ・フォンセカ 199
ペドロ・マルティネス 127
ペラギウス 11, 36
ベラスケス，ディエゴ 143
ベラスケス・デ・クエラー，ホアン 63
ベルナル，ディエゴ 206
ヘンリー8世 25-30, 39
ボエモン6世 87
ボカロ，アントニオ 117
ホセ・デ・アンキエタ 155
ホセ・デ・サン・ヤキント 210
細川ガラシャ 183
細川忠興 183
ボッスュエ 49
ホノリウス4世 88

天啓帝 123
ドゥア 96
ドゥアルテ・ダ・ガマ 167
東野治之 165
徳川（家、幕府）
184, 187, 188, 209
徳川家康
182-187, 194, 208, 211, 216
トグン・テムル 99
トスカネッリ x, 131
（聖）トマス 121
（聖）トマス・アキナス
68, 82, 124, 225
トマス・デル・エスピリトゥ・サント・オ・スマッラガ 210
トマス・モア 25, 26
（聖）ドミニクス 210
ドミンゴ・デ・ソト 227
ドメニコ（コロンブス父） 129
豊臣秀吉
181, 182, 185, 195, 206-209, 218
豊臣秀頼 182, 187
トリスタン，ヌーノ viii
トリビオ・デ・ベナベンテ 151
ドリュモー，ジャン 52
ドン・アントニオ・マリク・デ・ララ 63
ドン・キホーテ 62
ドン・ジョアン（志岐鎮経） 177
ドン・バルトロメウ（大村純忠）
175
ドン・フランチェスコ（大友義鎮）
173
ドン・ロドリゴ・デ・ビベロ 216

【ナ　行】

ナダル，ヘロニモ 75
南浦文之 164
ニクサンティ，ヴィンチェンツォ
69
ニコラウス４世 89, 90
ニコラス（フランチェスコ会士）
99, 102
ニコラス・ダ・ピストイア 92, 93
ニコロ・デ・コンティ 163
ネリ，フィリッポ 52

【ハ　行】

パウルス３世
xi, 42, 44, 46, 51, 69, 70, 117, 151
パウルス４世 44, 52
パウルス５世 208, 218
（聖）パウロ 2, 3, 36
パウロ・ダ・トリンダーデ 209
パウロ・デ・サンタフェ（アンジロウ）
167
パーカー，マシュー 31
支倉常長 216, 218
蜂須賀家政 182, 184
ハドリアヌス６世 37, 38
ハプスブルク家 52, 78
バプティスタ，ペドロ 206, 207
バルシュ，ジョアン・ディ 110
バルド，ディアス 206
バルベルデ 148
バルボア，バスコ・ヌーニェス・デ
133
ピウス２世 130
ピウス４世 52, 59
ピウス５世 83
ピエトロ・ダ・ルッカロンゴ
92, 95, 104
（聖）ヒエロニュムス 34
ピガフェッタ 137

ジェロニモ 208
志岐鎮経 177
シクストゥス5世 83, 204, 206
島津氏 168, 210
島津貴久 167
シーモア，エドワード 27
シモンズ，ジョン・アディントン 61, 67
シャノン，ジャン 64
シャルル（ブルゴーニュ大公、豪胆公） i
シャルル6世 i
シャルル8世 iv, 19
ジャン（ブルゴーニュ大公） i, ii
シャンプラン，サミュエル・ド 156, 158
ジュリア・ラ・ベッラ 43
順治帝 124
ジョアン（日本人信徒） 167
ジョアン2世 105, 108, 111, 112, 130, 131
ジョアン3世 117, 118, 163, 193
ジョアン・デ・ブリト 120
ジョアン・フェルナンデス 167, 170
ジョヴァンニ・ディ・マリニョリ 102
ジョチ 100
ジョン・オブ・レミンスター 102, 104
シルヴェストル2世 x
陶隆房（晴賢） 170
スブラフマニヤム，サンジャイ 109-111
成宗テムル 93
セバスチャン・デ・モライス 200
セルケイラ，ルイス 200-203
セルバンテス・デ・サラザール 223, 224
宗義智 182
ソヒケツァル 215

【タ　行】

ダイイ，ピエール vi, vii, 130
高山右近 181, 188
田中勝介 216-218
田中吉政 183
タナズ，トマ 96
種子島時尭 191
ダランド，ミシェル 20, 21
チマルパイン・クァウトレワニツィン，ドミンゴ・フランシスコ・デ・サン・アントン・ムニョン 215-222
チャパル 96
チンギス・ハン 100
ツヴィングリ，ウルリヒ 11, 17, 23, 55-57, 231
ツェル，マテウス 11, 12
津軽信枚 182, 184
筒井定次 182, 183
ディアス，バルトロメウ viii, ix
ディエゴ・デ・エグイア 77
ディエゴ・デ・ゲバラ 211
ディエゴ・メヒア・デ・エルナンヒル 224
ディエス，ペロ 164
ディオゴ 176
ディ・ノビリ，ロベルト 119, 120, 126, 178
テツェル 4, 5
デューラー，アルブレヒト ii, 6, 8
テュロスの水夫 vi
テレサ（アビラの修道女） 53

ス 65
カールシュタット 56
カルピーニ，ジョヴァンニ・ダル・ピアノ・デイ 87
カルロス１世（カール５世） 77, 136, 144, 146, 150
カルロス５世 63
カンピオン，エドモン 80
キエリカティ 38
ギベルティ，ジョヴァンニ＝マッテオ 41, 42
キャサリン・オブ・アラゴン 25, 28
京極高知 182, 184
ギヨーム・ド・ルブルック 87, 100
キリスト i, iii, 2, 3, 5, 20, 22, 23, 28, 35, 36, 48, 54-57, 63, 65, 72-75, 220
クアウテモック 144
グアダルカサール侯爵 221
国姫 187
クビライ 90-93
グユク・ハン 86
クランマー，トマス 26-28
グリュザンスキー，セルジュ 217, 221, 228
グレゴリウス１世 x
グレゴリウス13世 193, 197, 204, 206
グレゴリウス15世 119
クレメンス５世 96
クレメンス７世 25, 38, 40-42
クレメンス８世 206, 208
黒田家 183
黒田孝高（如水） 182
クロムウェル，トマス 26
ゲオルク（ブランデンブルク＝アンスバッハ辺境伯） 16
ケッツァルコアトル 142
ケフェル，ヴォルフガンク 12, 21
康熙帝 124
コストカ，スタニスラウス 78
コスメ・デ・トレス 167-170, 172, 175-177, 196, 197
籠手田家 175, 176
五島（宇久）純定 176
コドゥール，ジャン 69
小西マルタ 187
小西行長 182, 183
小早川秀包 182, 183
コボ，フアン 207
ゴメス，フェルナン 108, 109
コルギス 94
コルテス，エルナン 143, 144, 150, 215
コレット，ジョン 25
コロンブス（クリストフォロ・コロンボ） vii, viii, x, 110, 129-132, 136, 138, 139, 143, 232
ゴンサガ，アロイシウス 78
コンスタンティヌス大帝 34
コンタリーニ，ガスパーリ 44, 48

【サ　行】

サヴォナローラ v
サウマ，ラッバーン・バール 89
サドレト，ヤコポ 44, 48
ザビエル，フランシスコ 67, 70, 71, 78, 79, 117-119, 122, 165, 170, 173, 178, 192, 196, 206, 212
サルタク 100
サルメロン，アルフォンソ 67, 79
シウトツィン 215
ジェイ，クロード 68

ヴァッラレッギオ，アレキサンドル 177
ヴァリニャーノ，アレッサンドロ 122, 177-180, 192-200, 202, 203, 205
ヴァルトゼーミュラー 133
ヴィエイラ，アントニオ 156
ウィクリフ 24
ウィツィロポチトリ 142
ヴェスプッチ，アメリゴ 133
ヴェルビースト，フェルディナンド 124
ヴェルミーリ 27
ヴォルテール 125
ヴォルフガンク（アンハルト公） 16
ヴナール，マルク 37, 41, 81
ヴュ・タン，エレーヌ 166
ウルジー 24, 26
江上波夫 94
エコランパディウス，ヨハンネス 9
エドワード1世 89
エドワード6世 27, 30
エラスムス 11, 20, 34-36, 38, 45, 66, 67, 76
エリザベス1世 29-31, 80
エル・カノ，セバスチャン 137
エルス，ジャック 107
エルナンデス，トマス 210
エルネスト（ブラウンシュヴァイク＝リューネブルク大公） 16
エンリケ航海王子 vii, viii, 105, 108, 163
オウィディウス 222
大内氏 170
大内義隆 170
大内義長（→大友晴英） 170
大友氏 171, 172
大友晴英 170
大友義鎮（宗麟） 171-173, 175
大友義統 182
大村氏 176, 183
大村純忠 173, 175, 192
大村喜前 182, 185
岡本大八 187
オキノ，ベルナルディノ 27, 45, 47
オゴデイ家 90, 96
オジェ，エドモン 80
織田信長 179, 181, 195
織田秀信（パウロ） 182, 183
オルティス，エスタシオ 211

【カ　行】

カイドゥ 90-92
加藤清正 183, 184
カニシウス，ペーター 78-80
カブラル，フランシスコ 197
カブラル，ペドロ・アルヴァレス 114, 133
カボット，ジョヴァンニ 133
ガマ，ヴァスコ・ダ viii, ix, 108, 110, 113, 114, 133, 232
蒲生秀行 182, 183
カラッチ一族 43
カラファ，ジョヴァンニ＝ピエトロ（→パウルス4世） 44, 52
カリクストゥス2世 x
カール5世 7, 17, 21, 25, 28, 37, 40, 49, 51, 52, 57, 136
ガルヴァーニョ，アントニオ 164
カルヴァン，ジャン 22, 23, 27, 40, 67, 231
ガルシア，ゴンサロ 207
ガルシア・ヒメネス・デ・シスネロ

人名索引

【ア　行】

（聖）アウグスティヌス　216
アウグスティン，フアン（イスピンツィン）　215
青山和夫　140
アクアビバ，クラウディオ　154, 197, 199
アダム　54, 72
アダム，ヨハンネス（フォン・ベル，シャル）　123, 124
アダムズ，ウィリアム（三浦按針）　186
アタワルパ　148
アッピアヌス　216
アバカ・カーン　90
アバン　167
アフォンソ５世　105, 108, 162
アマドール　167
アリク・ブケ　91
アリストテレス　vi, 82, 216, 225, 226
有馬氏　176, 177, 183
有馬直純　187
有馬晴信　182, 186, 187
アルヴァレス，マヌエル　223
アルグン　88, 90
アルデボル，ヘロニモ　66
アルバラド，ガルシア・デ・エスカランテ　164
アルブケルケ，アフォンソ・デ　115, 116
アルブレヒト　4, 5
アルベルト　16
アルメイダ，フランシスコ・デ　115, 116
アルメイダ，ルイス・デ　172, 173, 175-177, 195
アレクサンデル６世ボルジア　v, 43
アレクザンドル・ド・ロード　126-128
アロンソ・デ・メナ　210
アロンソ・デ・ラ・ベラ・クルス　227
アンジロウ　166, 167
（聖）アントニウス　220
アントニオ（日本人信徒）　167
アントニオ，ミゲル　203
アントニオ・ダ・サンガッロ　43
アンドレ・ド・ロンジュモー　87
アンドロニコス２世　89
アン・ブーリン　25, 26, 29
アンリ４世　156, 213, 214, 216, 220
イエス（・キリスト）→　キリスト　2, 3, 5, 20, 35, 36, 55, 57
（聖）イグナティウス　62
イグナティウス・デ・ロヨラ　41, 47, 61-63, 77, 78, 169
イザベル１世　131
イスピンツィン　215
伊東祐兵　182
イブン・フルダーズベ　161
インノケンティウス４世　86
ヴァスコ・ダ・ガマ　→　ガマ，ヴァスコ・ダ
ヴァターブル　20
ヴァッラ，ロレンツォ　34

佐藤彰一（さとう・しょういち）

1945年山形県生まれ．1968年，中央大学法学部卒，1976年，早稲田大学大学院博士課程満期退学．名古屋大学教授等を経て，同大学名誉教授．日本学士院会員．『修道院と農民——会計文書から見た中世形成期ロワール地方』により日本学士院賞受賞．専攻・西洋中世史．博士（文学）．

著書『禁欲のヨーロッパ』『贖罪のヨーロッパ』『剣と清貧のヨーロッパ』（中公新書，2014，2016，2017），『世界の歴史（10）西ヨーロッパ世界の形成』（中央公論社，1997／中公文庫，2008），『カール大帝——ヨーロッパの父』（世界史リブレット　人，山川出版社，2013），『中世世界とは何か　ヨーロッパの中世１』（岩波書店，2008），『歴史書を読む——「歴史十書」のテクスト科学』（山川出版社，2004），『中世初期フランス地域史の研究』（岩波書店，2004），『ポスト・ローマ期フランク史の研究』（岩波書店，2000），『修道院と農民——会計文書から見た中世形成期ロワール地方』（名古屋大学出版会，1997），『地域からの世界史（13）西ヨーロッパ（上）』（朝日新聞社，1992）

訳書『西洋写本学』（ベルンハルト・ビショッフ著，瀬戸直彦と共訳，岩波書店，2015）ほか

宣教《せんきょう》のヨーロッパ
中公新書 *2516*

2018年11月25日発行

著　者　佐藤彰一
発行者　松田陽三

本文印刷　三晃印刷
カバー印刷　大熊整美堂
製　　本　小泉製本

発行所　中央公論新社
〒100-8152
東京都千代田区大手町1-7-1
電話　販売 03-5299-1730
　　　編集 03-5299-1830
URL http://www.chuko.co.jp/

Published by CHUOKORON-SHINSHA, INC.
Printed in Japan　ISBN978-4-12-102516-6 C1222

中公新書刊行のことば

いまからちょうど五世紀まえ、グーテンベルクが近代印刷術を発明したとき、書物の大量生産は潜在的可能性を獲得し、いまからちょうど一世紀まえ、世界のおもな文明国で義務教育制度が採用されたとき、書物の大量需要の潜在性が形成された。この二つの潜在性がはげしく現実化したのが現代である。

いまや、書物によって視野を拡大し、変りゆく世界に豊かに対応しようとする強い要求を私たちは抑えることができない。この要求にこたえる義務を、今日の書物は背負っている。だが、その義務は、たんに専門的知識の通俗化をはかることによって果たされるものでもなく、通俗的好奇心にうったえて、いたずらに発行部数の巨大さを誇ることによって果たされるものでもない。現代を真摯に生きようとする読者に、真に知るに価いする知識だけを選びだして提供すること、これが中公新書の最大の目標である。

私たちは、知識として錯覚しているものによってしばしば動かされ、裏切られる。私たちは、作為によってあたえられた知識のうえに生きることがあまりに多く、ゆるぎない事実を通して思索することがあまりにすくない。中公新書が、その一貫した特色として自らに課すものは、この事実のみの持つ無条件の説得力を発揮させることである。現代にあらたな意味を投げかけるべく待機している過去の歴史的事実もまた、中公新書によって数多く発掘されるであろう。

中公新書は、現代を自らの眼で見つめようとする、逞しい知的な読者の活力となることを欲している。

一九六二年一一月

中公新書 RC 1886

世界史

e2

- 2050 新・現代歴史学の名著 樺山紘一編著
- 2223 世界史の叡智 本村凌二
- 2267 世界史の叡知 悪役・名脇役篇 本村凌二
- 2253 禁欲のヨーロッパ 佐藤彰一
- 2409 贖罪のヨーロッパ 佐藤彰一
- 2467 剣と清貧のヨーロッパ 佐藤彰一
- 1045 物語 イタリアの歴史 藤沢道郎
- 1771 物語 イタリアの歴史 II 藤沢道郎
- 1100 皇帝たちの都ローマ 青柳正規
- 2508 貨幣が語る ローマ帝国史 比佐 篤
- 2413 ガリバルディ 藤澤房俊
- 2152 物語 近現代ギリシャの歴史 村田奈々子
- 2440 バルカン―「ヨーロッパの火薬庫」の歴史 M・マゾワー 井上廣美訳
- 1635 物語 スペインの歴史 岩根圀和
- 1750 物語 スペインの歴史 人物篇 岩根圀和
- 1564 物語 カタルーニャの歴史 田澤 耕
- 1963 物語 フランス革命 安達正勝
- 2286 マリー・アントワネット 安達正勝
- 2466 ナポレオン時代 A・ホーン 大久保庸子訳
- 2027 物語 ストラスブールの歴史 内田日出海
- 2318 2319 物語 イギリスの歴史(上下) 君塚直隆
- 2167 イギリス帝国の歴史 秋田 茂
- 1916 ヴィクトリア女王 君塚直隆
- 1215 物語 アイルランドの歴史 波多野裕造
- 1546 物語 スイスの歴史 森田安一
- 1420 物語 ドイツの歴史 阿部謹也
- 2304 ビスマルク 飯田洋介
- 2490 ヴィルヘルム2世 竹中 亨
- 2434 物語 オランダの歴史 桜田美津夫
- 2279 物語 ベルギーの歴史 松尾秀哉
- 1838 物語 チェコの歴史 薩摩秀登
- 2445 物語 ポーランドの歴史 渡辺克義
- 1131 物語 北欧の歴史 武田龍夫
- 2456 物語 フィンランドの歴史 石野裕子
- 1758 物語 バルト三国の歴史 志摩園子
- 1655 物語 ウクライナの歴史 黒川祐次
- 1042 物語 アメリカの歴史 猿谷 要
- 2209 アメリカ黒人の歴史 上杉 忍
- 1437 物語 ラテン・アメリカの歴史 増田義郎
- 1935 物語 メキシコの歴史 大垣貴志郎
- 1547 物語 オーストラリアの歴史 竹田いさみ
- 1644 ハワイの歴史と文化 矢口祐人
- 2442 海賊の世界史 桃井治郎
- 518 刑吏の社会史 阿部謹也
- 2451 トラクターの世界史 藤原辰史
- 2368 第一次世界大戦史 飯倉 章
- 2516 宣教のヨーロッパ 佐藤彰一